创新创业教育译丛

杨晓慧 王占仁 主编

创业教育评价

〔德〕理查德·韦伯 著

常飒飒 武晓哲 译
吴 瑕 杨 欣 校
王安琪 张希汀

商务印书馆
创于1897
The Commercial Press

2017年·北京

EVALUATING ENTREPRENEURSHIP EDUCATION
by Richard Weber

Copyright © 2012 Springer Gabler | Springer Fachmedien Wiesbaden
Springer Fachmedien is a part of Springer Science + Business Media
All Rights Reserved

全国教育科学规划课题教育部青年专项"欧洲高校创业教育与专业教育的融合模式研究"(EDA150350)阶段性成果

中译丛书序言

高校深入开展创新创业教育对于提高高等教育质量、促进学生全面发展、推动毕业生就业创业、服务创新型国家建设发挥了重要作用。高校创新创业教育的基本定位是培养创新创业型人才，造就"大众创业、万众创新"的生力军。为了切实提高创新创业型人才培养质量，就要把创新创业教育真正融入高校人才培养全过程，以培养创新创业型人才为核心目标，以把握创新创业型人才成长规律为基本依据，以创新创业型人才培养质量为主要评价标准，在创新创业型人才培养视域下规划和推进高校创新创业教育。

培养创新创业型人才是国家实施创新驱动发展战略、促进经济提质增效升级的迫切需要。在创新型国家建设的新形势下，国家对创新创业教育有了新的期待，希望创新创业教育能够培养冲击传统经济结构、带动经济结构调整的人才，这样的人才就是大批的创新创业型人才，以此来支撑从"人力资源大国"到"人力资源强国"的跨越。

培养创新创业型人才是世界高等教育发展的必然趋势。创新驱动的实质是人才驱动，国家需要的创新创业型人才，主要依靠高等教育来培养。但现有的高等教育体制机制还不足以满足创新型人才培养的需要，必须要进行深入改革。这种改革不是局部调整，而是系统革新。这恰好需要高校创新创业教育先行先试，发挥示范引领作用，以带动高等教育的整体转型。

培养创新创业型人才是高校创新创业教育当前所处历史方位的必然要求。我们要清醒地认识到高校创新创业教育当前所处的发展阶段，以及将来能够发挥什么作用。当前,高校创新创业教育已经在大胆尝试和创新中完成了从无到有的初级目标,关于未来发展就是要看它能为对它有所期待、有所需要的国家、社会、高等教育和广大学生创造何种新价值。国内外创业教育的实践都充分表明,高校创业教育的核心价值是提升人们的创新意识、创业精神和创业能力,即培养创新创业型人才。这是高校创新创业教育能够有所作为并且必须有所作为的关键之处。

在我国深化高等学校创新创业教育改革的同时,世界范围内的很多国家也在大力发展创新创业教育。这其中有创新创业教育起步较早的国家和地区,已经形成了"早发内生型"的创新创业教育模式,如美国的创新创业教育。也有起步较晚的国家和地区,形成的"后发外生型"的创新创业教育模式也值得学习和借鉴,如欧盟的创新创业教育。因此,我们需要从中国创新创业教育的发展逻辑和迫切需要出发,进行国际比较研究。创新创业教育的国际比较面临着夯实理论基础、创新研究范式、整合研究力量等艰巨任务,其中一个非常重要的前提性、基础性的工作就是加强学术资源开发,特别是要拥有世界上创新创业教育相关理论和实践的第一手资料,这就需要开展深入细致的文献翻译工作。目前围绕国外创新创业教育理论及实践,学界虽不乏翻译力作,但成规模、成系统的译丛还不多见,难以满足创新创业教育的长远发展需要。

正是从创新创业教育的时代背景和学科立场出发,我们精选国外创新创业教育相关领域具有权威性、代表性、前沿性的力作,推出了具有很高研究价值与应用价值的系列翻译作品——《创新创业教育译丛》(以下简称"译丛")。译丛主要面向创新创业教育领域的研究者,帮助其开阔研究视野,了解全世界创新创业教育的发展现状;面向教育主管部门的决策者、中小学及高校从事创新创业教育的工作者,帮助其丰富教育方法,实现理论认知水平与教育水平的双重提升;面向创新创业教育专业及其他专业的本科生与研究生,在学习内容和学习方法上为其提供导向性支持,使之具备更广阔的专业视角和更完善的知识结构,从而为自我创业打下坚实的基础并能应对不断出现的种种挑战。

基于以上考虑,译丛的定位是体现权威性、代表性和前沿性。权威性体现在译丛选取与我国创新创业教育相关性大、国际学术界反响好的学术著作进行译介。既有国外相关领域知名专家学者的扛鼎力作,也有创业经历丰富、观点新颖的学术新秀的代表性著作。代表性体现在译丛选取了在全球创新创业教育领域位居前列的美国、芬兰、英国、澳大利亚和新加坡等国家,着重介绍了创新创业教育在各国的教学理念、教育模式、发展现状,有力展现了创新创业教育理论研究与实践探索的最新现实状况及前沿发展趋势。前沿性体现在译丛主体选取了自2000年以来的研究专著,确保入选书目是国外最新的研究力作。在研究主题上,入选书目聚焦了近年来学界集中关注的热点难点问题,紧扣我国创新创业教育发展的重大问题,把握国外创新创业教育理论与实践的最新动态,为深化创新创业教育改革提供前沿性理论支撑和实践引导。

译丛精选了十二本专著,计划分批翻译出版,将陆续与广大读者见面。它们分别是《本科生创业教育》、《研究生创业教育》、《创业教育与培训》、《创业教育:美国、英国和芬兰的论争》、《创新与创业教育》、《创业教育评价》、《国际创业教育》、《广谱式创业生态系统发展》、《广谱式创业教育》、《创业教育研究(卷一)》、《创业教育研究(卷二)》和《创业教育研究(卷三)》。

译丛坚持"以我为主、学习借鉴、交流对话"的基本原则,旨在丰富我国创新创业教育在国外译著、理论研究与实践探索等方面的学术资源,实现译著系列在学科定位、理论旨趣以及国别覆盖上的多重创新,为推动学术交流和深度对话提供有力支撑。

杨晓慧

2015年12月25日

作者中文版序言

　　二十世纪七十年代末,中国开启了改革开放的新纪元,经济发展速度令世界惊叹! 细细思忖,这一经济奇迹并不仅仅是由国有大型企业驱动的,中国的初创企业也为这种经济转型升级做出了巨大贡献。即使与世界上其他国家的企业相比,中国企业(或者说中国创业者)在数字化生活领域以及设计领域也是先驱,例如马云(阿里巴巴公司)、马化腾(腾讯公司)、雷军(小米公司)、李彦宏(百度公司)等,不一而足。

　　这些创业者响应国家号召,以促进中国经济转型、不断创新为己任。而教育机构在鼓励更多学生成为创业者并且帮助他们抓住商机方面起到了巨大作用。其中,高等教育机构因其在数字化和信息技术方面的优势,在促使学生创办创新型企业方面发挥了巨大作用。

　　本书强调创业教育在大学中发挥的作用。有别于以往的结论,本书认为创业教育不是把学生转变为创业者,而是为学生提供足够的创业信息和传递创业技能。在此基础上,学生可以有能力了解自己的创业天赋,并且通过更好的自我评估来理性地决策其是创业抑或是在企业中成为雇员。因此,创业教育会为中国经济转型做出两方面贡献:一是新一代创业者会像马云等前辈那样促进中国的创业新发展;二是具备创业技能的优秀毕业生可以为中国企业带来新鲜的创意。

　　科学地说,将本书所提及的概念与中国的文化相融合,可以为未来的研究拓展更多的空间。由于中国文化深受孔子思想的影响,因此,创业教育对中国学生创业意识的影响可能与本书所述的实证研究有些偏离。果真如此,本书在完善创业教育方面的相关结论也需要相应调整。

着眼实践，我希望本书的读者可以洞悉有价值的见解，并对我提出的概念和得出的结论展开进一步的讨论，我将万分喜悦。

理查德·韦伯

目　录

图 …………………………………………………………… xi
表 …………………………………………………………… xiii
卷首语 ……………………………………………………… xvii
致谢 ………………………………………………………… xviii
缩略语列表 ………………………………………………… xxi

第一章　前言 …………………………………………… 1
一、本书的研究目的与结构 …………………………… 1
二、定义和文献综述 …………………………………… 7

第二章　理论基础 ……………………………………… 30
一、引言 ………………………………………………… 30
二、心理学和社会学视域下的创业者 ………………… 33
三、计划行为理论 ……………………………………… 39
四、计划行为理论在创业研究领域的运用 …………… 49
五、评价创业教育的基准模型 ………………………… 52
六、结论 ………………………………………………… 65

第三章　数据收集背景与数据描述 …………………… 67
一、引言 ………………………………………………… 67
二、背景 ………………………………………………… 69

三、数据收集过程 ………………………………………… 73
四、测量指标 ……………………………………………… 81
五、原始数据描述 ………………………………………… 97
六、课程相关变量和课程评价 …………………………… 115
七、研究项目数据库的合理性 …………………………… 119

第四章 创业意向的决定因素 ………………………… 121
一、引言 …………………………………………………… 121
二、假设 …………………………………………………… 122
三、对假设的检验和其他研究结果 ……………………… 125
四、结论 …………………………………………………… 131

第五章 评价创业教育的影响——准实验方法 ……… 134
一、引言 …………………………………………………… 134
二、实证研究法 …………………………………………… 135
三、结果 …………………………………………………… 143
四、结论 …………………………………………………… 158

第六章 运用贝叶斯更新法评价创业教育 …………… 161
一、引言 …………………………………………………… 161
二、计划行为理论与学习模型的结合 …………………… 163
三、实证分析 ……………………………………………… 173
四、讨论和结论 …………………………………………… 206

第七章 创业教育的同伴效应 ………………………… 209
一、引言 …………………………………………………… 209
二、教育和创业中的社会互动 …………………………… 212
三、计量经济学框架 ……………………………………… 223

四、数据集合和其他测量方法 ………………………… 228

五、研究结果 …………………………………………… 236

六、结论 ………………………………………………… 253

第八章　研究结论以及未来研究展望 ………………… 256

参考文献 …………………………………………………… 262

译后记 ……………………………………………………… 281

图

图 3-1 2008—2009 实验组前测的回应数量(按时间顺序排列) …… 76
图 3-2 2009—2010 实验组前测的回应数量(按时间顺序排列) …… 76
图 3-3 2009—2010 实验组后测的回应数量(按时间顺序排列) …… 77
图 3-4 2009—2010 对照组前测的回应数量(按时间顺序排列) …… 79
图 3-5 2009—2010 对照组后测的回应数量(按时间顺序排列) …… 79
图 3-6 样本的前测创业意向分布(实验组数量=403,
对照组数量=106) ………………………………………… 112
图 3-7 实验组样本学生的国籍情况(数量=403) ………………… 113
图 3-8 对照组样本学生的国籍情况(数量=106) ………………… 113
图 3-9 之前接触创业的程度(小组样本,数量=509) …………… 114
图 3-10 课程之前实验组学生已有的 ECTS 学分(数量=403) …… 115
图 3-11 实验组学生对课程的评价(数量=403) ………………… 116
图 3-12 学生对课程中创业技能学习的评价(数量=403) ……… 117
图 3-13 学生对与创业者合作的评价 ……………………………… 119
图 5-1 计划行为理论变量的双重差分估计值(含有舍入误差) …… 145
图 6-1 实验组学生前测和后测的创业意向 ……………………… 178
图 6-2 对照组学生前测和后测的创业意向 ……………………… 179
图 7-1 在课程过程中个体创业自我效能的变化 ………………… 234
图 7-2 不同背景性特征下创业自我效能的变化 ………………… 239
图 7-3 课程期间个体和同伴前测创业自我效能不同水平下
个体创业自我效能的变化 …………………………………… 241

表

表 1-1	有关创业教育效果评价的研究综览	18
表 2-1	基于意向的过程模型(Krueger and Carsrud,1993)	37
表 2-2	计划行为理论(Ajzen,1991)	43
表 2-3	针对创业教育评价的理论框架(作者的说明)	56
表 3-1	2008—2009学年冬季学期"创业计划"课程安排	71
表 3-2	2009—2010学年冬季学期"创业计划"课程安排	72
表 3-3	分组研究下两个小组的调查回应率	80
表 3-4	李克特七级量表中的题项	82
表 3-5	测量创业意向的题项	82
表 3-6	测量感知合意性的题项	83
表 3-7	测量感知社会规范的题项	83
表 3-8	测量感知行为控制的题项	85
表 3-9	人口统计变量代码	86
表 3-10	测量前期创业经历的题项	87
表 3-11	测量大五人格维度的十个题项	88
表 3-12	大五人格量表的结构	88
表 3-13	背景性因素界定下的子样本	89
表 3-14	评价创业技能学习的题项	90
表 3-15	标准课程评价题项	91
表 3-16	评价与创业者合作质量的题项	92
表 3-17	计划行为理论——题项因子载荷(前测数据)	94

表 3-18	计划行为理论——题项因子载荷(后测数据)	94
表 3-19	题项与因子的相关度(前测数据)	95
表 3-20	题项与因子的相关度(后测数据)	96
表 3-21	使用克隆巴赫系数对前测问卷调查和后测问卷调查进行的量表信度检验	97
表 3-22	检验无应答导致的数据偏差	100
表 3-23	差异性检验和等效性检验可能结果的组合	102
表 3-24	两个分组中实验组的等效性检验	103
表 3-25	两个分组中对照组的等效性检验	104
表 3-26	混合实验组和混合对照组的等效性检验	106
表 3-27	实验组数据的失访偏差检验	107
表 3-28	对照组数据的失访偏差检验	108
表 3-29	描述性统计数据(实验组样本)	109
表 3-30	描述性统计数据(对照组样本)	110
表 3-31	课程相关变量和情境变量的描述性统计分析	116
表 4-1	背景性因素和创业态度对创业意向的 OLS 回归模型	126
表 4-2	描述性统计分析和皮尔逊/点二列相关系数(Pearson/point-biserial correlations)(实验组样本)	127
表 4-3	子样本平均前测创业意向(实验组样本)	129
表 5-1	差异对比法——后测/前测差异 t 检验	144
表 5-2	双重差分法——后测/前测差异 t 检验	145
表 5-3	OLS 回归模型下的双重差分法估计(第一部分)	146
表 5-3	OLS 回归模型下的双重差分法估计(第二部分)	148
表 5-4	子样本下创业意向差异的 t 检验	152
表 5-5	运用 OLS 和 CEM 的三重差分估计(第一部分)	155
表 6-1	描述性统计数据(实验组)	175
表 6-2	描述性统计数据(对照组)	176
表 6-3	第一阶段信号变量强度的等效性检验(实验组 VS.对照组)	180

表 6-4	各组间第二阶段信号强度的比较	180
表 6-5	与前测回应相比,创业意向各题项的后测回应(实验组)	181
表 6-6	与前测回应相比,创业意向各题项的变化(实验组)	182
表 6-7	创业意向各题项回应的改变模式(实验组)	182
表 6-8	创业意向各题项回应的改变模式(对照组)	182
表 6-9	小组间前测创业意向的标准偏差对比	184
表 6-10	假设 6-1 的检验(小组创业意向的前测和后测变化)	185
表 6-11	子样本的创业意向方差(第一部分)	187
表 6-11	子样本的创业意向方差(第二部分)	188
表 6-12	对假设 6-2 的检验(OLS 回归模型,仅包括实验组数据,第一部分)	190
表 6-12	对假设 6-2 的检验(OLS 回归模型,仅包括实验组数据,第二部分)	192
表 6-13	对假设 6-2 的检验(OLS 回归模型,包括实验组和对照组数据,第一部分)	194
表 6-13	对假设 6-2 的检验(OLS 回归模型,包括实验组和对照组数据,第二部分)	196
表 6-14	对假设 6-3 的检验(OLS 回归模型,仅包括实验组数据)	199
表 6-15	对假设 6-3 的检验(OLS 回归模型,包括实验组和对照组数据,第一部分)	202
表 6-15	对假设 6-3 的检验(OLS 回归模型,包括实验组和对照组数据,第二部分)	204
表 7-1	衡量创业自我效能的问卷题项	228
表 7-2	描述性统计数据	230
表 7-3	描述性统计数据(团队和教学辅导层面的数据)	235
表 7-4	随机团队分配的测试	237

表7-5 有关前测创业自我效能水平以及背景性变量的
样本容量 ··· 240
表7-6 个体和同伴前测创业自我效能不同水平下的
样本容量大小 ·· 241
表7-7 平均同伴效应的估算(OLS回归) ····················· 243
表7-8 同伴效应的估计(OLS回归,考虑到同伴水平的
非线性) ·· 246
表7-9 不同性别下同伴效应的估算 ···························· 248
表7-10 之前接触创业不同程度下同伴效应的估算 ········ 249
表7-11 通过个体和同伴前测创业自我效能估计同伴效应 ········ 251
表7-12 不同团队组合下的同伴效应 ···························· 251
表7-13 重组带来的创业自我效能的社会增益 ··············· 253

卷首语

创业是当今社会经济繁荣的强大动力,鼓励创业依然是欧洲各国和美国创新政策的核心组成部分。由于大学毕业生在这些政策中扮演了重要角色,高等学府中潜在创业者的素质和所取得的进步受到了公众的广泛关注。欧美各国政府都需要发展创业教育,并将其融入学术课程体系。随着越来越多的资源投入到创业教育中,其投资合理性也亟须证明。然而,目前为止,关于创业教育效果的实证研究仍然十分有限。

在本研究中,理查德·韦伯通过对大型创业教育必修课程的数据库进行分析,试图填补该领域的研究空白。他运用准实验研究法(quasi-experimental approach)来评价创业教育的影响,并强调创业教育对学生的分流作用(sorting effects)。此外,他还探索社会互动在培养学生创业技能方面的作用。他的分析为衡量创业教育效果提供了全新的视角,也对改进课程设计具有重要的指导意义。

理查德·韦伯的研究新颖,见解独到,加深了我们对创业教育效果的理解。这本书是他历时三年多的研究成果,凭借该论文,他获得了慕尼黑大学的博士学位。理查德·韦伯的研究发现是创业教育领域和经济学教育领域的杰出成果,我相信它会获得相关从业者和研究者的热切关注。

迪特马尔·哈霍夫教授(博士)

致谢

这篇论文的完成离不开我的同事、朋友和家人，我十分感激他们一直以来的鼓励和帮助。在这里，我想特别感谢一些人。

首先，我要感谢我的博士生导师迪特马尔·哈霍夫（Dietmar Harhoff），感谢他在过去几年中对我的悉心监督、指导和帮助。在多次讨论中，老师对学术研究的热情深深感染了我。我非常感激他对我教学能力和研究项目的信任，以及在学院中他给予我的高度自由。是老师的帮助，才使得我有机会成为了慕尼黑大学创业教育中心的一员。

其次，在我完成论文的过程中，格奥尔格·冯·拉维尼茨（Georg von Graevenitz）同样起到了重要作用。与他讨论一直是我灵感和动力的源泉。他与我分享他对经济学研究的想法、知识和热情，对我的论文影响至深，直至最终顺利完成。他的鼓励帮助我度过了博士研究中许多艰难的时刻。另外，我还要感谢格奥尔格在我们共事时给予我平等参与和发言的机会。

此外，我要感谢我的论文评审兼指导教师迪特尔·弗雷（Dieter Frey），感谢他给我巨大的帮助和珍贵的建议。在论文写作之外，迪特尔·弗雷还是我人生中重要的导师。

感谢我的指导教师托比亚斯·克瑞奇米尔（Tobias Kretschmer）和托马斯·赫斯（Thomas Hess），是他们在我硕士阶段将我领进了科学的大门。

我还要感谢慕尼黑大学和慕尼黑工业大学企业管理专业的学生，感谢他们参与我的调查，有关创业教育效果的数据在我的论文中起到了至关重要的作用。同时,我要感谢冈瑟·弗里德尔(Gunther Friedl)和托拜厄斯·克里特斯克尔(Tobias Kretscher),他们帮助我收集了对照组数据。我还要衷心感谢西蒙·比尔鲍姆(Simon Bierbaum),他对我的调研工作给予了无私的帮助。

我非常感激我的博士同学和迪特马尔·哈霍夫委员会(Dietmar Harhoff's chair)的助理教授,我们共同营造了奋发向上、互帮互助、生动有趣的学习氛围。我要特别感谢菲利普·桑德勒(Philipp Sandner),在我攻读博士学位期间,他就像兄长一般对我关爱有加。还有我的好朋友、出色的研究者罗兰·斯图赫兹(Roland Stürz),数据难题和其他困难在他那儿都能够迎刃而解。我非常感谢我在慕尼黑大学创业教育中心的同事霍顿斯·塔拉德(Hortense Tarrade)、尼娜·修尔(Nina Schießl)和罗伯特·瑞德维克(Robert Redweik),作为小组成员我感到非常荣幸和愉快。最后,同样重要的是,能够与珍妮·苏特琳(Jeannine Sütterlin)在一间办公室里共事,我感到非常幸运。她不仅在过去几年中给予了我诸多建议,还与我一同在大学行政机构的严酷环境中并肩作战,我们因此培养了一种有趣的幽默感。我非常感谢珍妮与我共同度过的那段时光和我们之间的友谊。

特别感谢罗斯玛丽·威尔科克斯(Rosemarie Wilcox)帮助我校对论文,纠正里面严重的语言错误。还要感谢阿曼达·海尔勃朗(Amanda Herbrand)、丹妮拉·奥什(Daniela Hoche)、康斯坦丁·克劳斯(Konstantin Krauss)和丹尼斯·塞德尔(Dennis Seidel),他们为我的研究提供了极大的帮助。

感谢慕尼黑大学创业教育中心的领导对我工作能力和研究项目给予的信任,特别是"安迪"(Andrew Goldstein),他的创业精神和远见卓识令我印象深刻,与他共事极大地促进了我的专业素养的提升。

感谢我的朋友,他们在我学习之余为我带来了莫大欢乐,特别感谢安德烈亚(Andrea)、约瑟夫·伊克尔(Josef Eckl)和丹尼尔·斯坦霍夫(Daniel Streithoff),他们是维系我与家庭关系的纽带。感谢约翰尼斯

(Johannes)、巴邦（Baben）、丹尼尔·施密特（Daniel Schmidl）和多米尼克·威特曼（Dominik Wittmann），我们在完成论文期间曾经同甘苦、共患难。最后，我要感谢斯蒂芬妮·施耐德（Stefanie Schneider）过去几年中坚定的支持和不懈的鼓励。

最后，我要感谢我的至亲们。首先感谢我的女朋友西尔维娅（Silvia），言语不能描述她在我撰写论文期间所扮演的重要角色。感谢你的爱与理解，在困境中对我的鼓励和对我工作的关注。我要格外感谢我的双亲：玛丽亚（Maria）和赫伯特（Herbert），我的兄弟斯蒂芬（Stefan）、罗伯特（Robert）以及他们的家人。你们给我的无时无刻的鼓励、亲情和一直以来的支持帮助我实现了我的目标。谢谢你们对我的信任，这本书是献给你们的。

理查德·韦伯

缩略语列表

CEM	广义精确匹配
DD	双重差分
DDD	三重差分
DV	因变量
ECTS	欧洲学分转换系统
e.g.	例如
ESE	创业自我效能
et al.,	等等
etc.	等等
GPA	平均绩点
IDA	丹麦劳动力市场研究的整合数据库
i.e	即
KMO	Kaiser-Meyer-Olkin
LMU	慕尼黑大学
OLS	普通最小二乘法
P25	第一四分位数
P75	第三四分位数
PISA	国际学生评估项目
P.	页码
SAT	学术能力评估测验
STAR	"学生教师成就比率"项目

S. D.	标准偏差
S. E.	标准误差
TEA	总体初期创业指数
TIMSS	第三届国际数学及科学研究
TU	工业大学

第一章 前言

一、本书的研究目的与结构

许多国家的政府部门都相信,在高等教育阶段,鼓励高校学生进行创业是可行的。近期举办的世界经济论坛强调了创业教育和培训的重要性(《2009年世界经济论坛》,第7—8页):"……教育是经济发展最重要的基础之一。与此同时,创业是创新和经济增长的主要动力。从基础教育开始,创业教育就在态度、能力和文化的塑造中起着至关重要的作用……我们相信创业技能、态度和行为是可以学习的,无论在各阶段的教育过程中,还是在个人终身学习之路上,持续接受创业教育都是至关重要的。同时,让那些在经济和社会地位上都处于劣势的人接触到创业教育也势在必行。"

到目前为止,创业教育是否达到了政治家的预期仍然不甚明确,对创业课程的评价也寥寥无几。单从概念出发,目前仍不清楚政策的目标是否应该只是单纯地通过创业教育"生产"出更多的创业者。

在这本书中,我首先探讨了后者。基于公认的创业教育定义,我认为创业教育并非如大众所普遍理解的那样,即"生产"更多的创业者。创业教育的目标更注重为学生提供创业信息,传授创业技能。在这些新知识的基础上,学生能够发掘自己的创业天赋。通过有效的自我评价,创业教育帮助学生理性地决定自己更适合创业,还是更适合作为雇员将所学应用到现有企业中。相应地,不论学生选择创业还是就业,创业课程都应该更突出学生的职业意向。创业教育至少应有两个目标:一是培养学生的创业技能；二是为适合创业的学生提供动力，并引导不适合创业的学生进行择业。这显然与"创业教育一定程度上会提高学生成为创业者意愿"的观念不同。

在本书的实证分析中，我采用了三种方法来评价创业教育对学生的影响，这些方法运用了社会心理学、经济学和社会学的理论。将这些理论相结合有助于回答本文的三个主要研究问题，进而从不同角度阐释本课题。首先，从经济学视角来看，创业教育对学生的职业规划是否有影响，以及有多大影响？第二，运用社会心理学理论研究，这种影响如何在个人能力塑造和职业意向培养中体现？第三，从社会学视角出发，学生作为投入要素，在教育产出方面有着重要作用。那么应如何在创业教育，尤其是传授技能方面，利用这种作用来进一步发挥创业教育的影响？为了回答这些问题，我运用前测后测对照组设计（ex-ante-ex-post-test control group design），研究了德国一所重点大学的大型创业教育必修课程的影响。

对于包含政策制定者、为创业教育提供资金方和接收资金方、课程教师、学生和此课题的研究者等在内的创业教育利益相关者而言，以上问题的回答非常重要。

作为最高层次的利益相关者，政策制定者对这些问题十分感兴趣。他们在资金上支持高等学府开展创业教育的决策建立在理性计算的基础之上。创建新企业是经济繁荣的重要动力，主要体现在提供就业机会和促进创新两个方面（e. g. van Praag and Versloot，2007；Fritsch and Müller，2008）。

大学毕业生在促进经济发展方面扮演了很重要的角色。实证研究证明，与没有大学学历的创业者相比，大学毕业生创业者创造的就业机会更多（Dietrich，1999），对自己创建的企业投入也更多（Reynolds et al.，1994）。而且，他们创建的企业也更加成功（Shane，2004）。总体而言，研究者发现大学对周边地区的经济有溢出效应（spillover effects）。通过主动将知识转变为地区价值，大学衍生企业成为了地方经济发展的动力之一(Harhoff,1999;Shane,2004)。在发现这些影响后,政治家开始关注高等学府中潜在创业者的能力和发展。他们的目标是在大学营造一种创业文化,进而提高国际竞争力。而开展和推广创业教育就是实现这个目标的有效策略(Liñàn,2004;European Commission,2006)。欧美各国政府都极力主张推动创业教育,并将其融入高等教育的学术课程体系中(Liñàn,2004;Kuratko,2005)。这个主张已经在多方面得以体现,例如创业教育教席的数量。在德国,高校创业教育领域的教授职位从1998年的21位增长到2008年的58位(Kland and Heil,2001;Klandt et al.,2008)。如果要达到美国的同等水平,德国还需要近120个教授职位(Vesper and McMullan,1997;Hills and Morris,1998;Fiet,2001;Klandt et al.,2008)。考虑到创业教育的前景和高等教育中创业教育的缺失,德国政府发起了EXIST项目。1997—2005年间,为促进创业教育的发展,政府共投入总计4600万欧元的专款,来资助高等教育的教席和创业中心发展(Kulick,2006)。2006—2010年间,政府再次投入3900万欧元,激励和促进高校中有创业潜力学生的发展(Isfan et al.,2004)。对创业教育效果的研究有助于政策制定者了解其政策对经济繁荣促进作用的大小和本质。其次,他们可以明确公共投资是否合理。

现在有一点非常清楚,那就是为什么我的研究问题对另外两个利益相关者(创业教育资金的提供者和接收者)是有意义的。因为不仅各国政府在为有能力的学生提供经济帮助,鼓励他们创业,私人机构(公司、基金会等)也参与其中。随着创业教育项目的增加,更多的资源分配到该领域,投资合理性也亟需得到证明。政府和私人资金提供者也都越来越关注这些项目的效果和效率,希望可以找出最佳解决办法(Fiet,2001)。在高等学校中,只有当项目成果符合资金提供者设立的目标时,项目的投资合理性才能够得到证明。克兰特等学者(Klandt et al.,2008)提到了大学中的套利效应(arbitrage effects),例如,受资助的教授或者创业教育研究中心经常需要展示教学活动的效果。但是在培训机构中,这些教授或者研究中心最感兴趣的是最大限度地增加参与人数,把数字当做成果的衡量指标。在大多数情况下，他们缺乏专业知识和资源来有理有据地评价培训的作用。如果一个研究项目既证据充分，又包含理论和方法，并保证具有可重复操作的流程，那么可能会减少评价创业教育效果的成本。项目的成果和机构进行的评价也能够为今后资助的申请提供依据。另一方面，对资金提供者而言，研究结果可以证明这一投资的合理性，为其提供调控工具，或者帮助他们发掘进步空间，以便对现有投资条款进行调整。

当然，对课程设计者而言，通过研究发现创业教育的改进空间是最为重要的。他们的职责就是设计最适合学生的课程理念，以便传授创业知识，培养创业实践能力。从经济角度对创业培训作用的评价能够反映出这些目标是否已经完成。从社会心理学角度进行评价，也能够发现这些作用的本质是什么。本书进行的理论探讨和研究（以及其他相似的研究）得到的启示能够帮助课程设计者调整课程理念，在教学中取得最理想的效果。

对本书研究成果感兴趣的第五个利益相关者就是学生。尽管学生对创业的兴趣越来越浓厚（Kolvereid，1996a），但在学习初始阶段，他们通常缺少对未来职业道路进行理性判断的信息和经验（Cox et al.，2002）。创业教育课程在这方面可以作为一个良好的信息来源。学生可以从课程中获得必要的信息和技能，并在稳定的环境中学习并实践创业活动。在完成这一课程后，学生将更有能力选择"正确的"职业道路。即便学生最后决定投身管理事业，创业课程也取得了成功，因为学生避免了在现实世界中进行一项代价很高，且往往以失败告终的实验来检验自己是否适合创业。

最后的利益相关者是创业教育领域的其他研究者，他们会在我的理论模型和实践启示中发现可取之处。通过沿用本研究对创业教育目标的论述，并以我的研究成果为基础，他们可以推广本书的研究方法，进一步开拓这个新兴的研究领域。

考虑到众多利益相关者的浓厚兴趣，研究者（特别在近十年间）对创业教育效果进行了一系列实证研究。这些研究通过直接观测指标（创建的企业及创造的就业机会)和间接观测指标(吸引力、创建企业的可行性和创业意向)发现了创业教育的一些积极影响(Cox et al.,2002;Peterman and Kennedy,2003;Henry et al.,2004;Fayolle et al.,2006a;Souitaris et al.,2007;Oosterbeek et al.,2010;von Graevenitz et al.,2010)。上述研究都获得了学术界的认可并经过了实践的检验。然而,在这些研究中运用的研究方法的信度并不高,还有一些研究结果自相矛盾、违背常理。总之,由于对相同的理论使用了不同的理论框架和研究方法,这些成果的可比性值得商榷。学者们得出了这样的结论:现有的研究并没有为创业教育效果的大小和性质提供有力的实证支持(Cox et al.,2002;Souitaris et al.,2007)。

此外,学者们发现对创业教育效果的实证研究还存在着很大的研究缺口(Béchard and Gregoire,2005),所有已知的利益相关者都亟需更多的实证研究项目,来评价创业教育对学生创业积极性和创业技能的影响(Kantor,1988;Donckels,1991;Gorman et al.,1997;McMullan et al.,2001;Souitaris et al.,2007)。

本研究旨在弥补前人研究方法的不足,避免研究结果相互矛盾。另外,本文运用新的研究方法来评价创业教育效果的大小和性质,指出如何通过改进课程设计来完成设定的目标,并阐释创业教育对学生的影响。

本书共有八章内容,每一章都记录了本研究的研究过程,并对创业教育效果提出了见解。

在本章的后续部分,基于公认的定义,我回顾并探讨了创业教育的目标。我认为,创业教育的目标既不应该是鼓励学生在课程结束后立即创建企业并创造就业机会,也不应该是提供千篇一律的课程,强调在创建企业的吸引力、可行性和意向等方面给学生带来的变化。一方面,创业教育应该帮助学生获得完成创业项目所需要的技能,另一方面应帮助学生更好地选择"正确的"职业道路——不论是创业方向还是管理方向。从这个角度出发,我回顾了以往的研究,对之前的研究进行了概念和方法层面的评述。

第二章是全书的概念阐述部分,我在计划行为理论(Theory of Planned Behavior)的基础上,提出了全书的理论模型(Fishbein and Ajzen,1980;Ajzen,1985),并用以评价创业教育效果。在前人的研究中,计划行为理论也曾被用来评价创业教育的效果(e.g. Fayolle et al.,2006a;Souitaris et al.,2007),并得到了证实。我将这一模型进行了拓展,用以解释个体背景特征,包括人口统计变量、前期经历以及性格特质。这些变量不仅影响着个体对创业的好恶,而且在其接受创业课程信息的过程中起着重要的作用。

接下来,在第三章中,我详细地探讨了对创业课程的评价及评价手段。我反复查阅了社会心理学的文献以及之前与创业教育效果相关的实证研究。课程及评价手段的具体描述和数据生成过程的详细记录保证了评价手段和他人研究数据分类的效度。另外,这也方便与其他研究结果做比较,有助于后续研究的重复进行。

在本书的实证研究部分,我采用了三种方法来评价创业教育效果。

在第四章中,我利用生成数据检验了计划行为理论,以确定相关假设在学生样本中是否成立。

在第五章中,我参照之前对创业教育效果的研究,运用双重差分法分析了实验组(学习创业教育课程的学生)和对照组(没有学习创业教育课程的学生)的数据,得出了计划行为理论框架下创业课程对创业态度和意向的一般性影响。与其他使用双重差分法的研究相比,本书对研究方法的拓展能够保证更为可靠的研究结果。首先,我运用匹配法减少了由于系统差异产生的实验组学生和对照组学生的偏差。其次,根据人口学变量、前期经历和个性特质等背景性特征的差别,我研究了创业教育课程是否对不同学生产生了不同的影响。当班级规模有限时,三重差分法的研究结果可以为授课对象的选择提供指导。

第六章以冯·拉维尼茨等学者(von Graevenitz et al.,2010)的研究为基础,运用了评价创业教育的新方法。本章的主要假设是学生行为主要由贝叶斯更新(Bayesian Updating)模型驱动。在创业教育的课程中，学生不断更新对自身创业天赋的看法。更确切地说，最初犹豫不决的学生反而最有可能改变看法。因此，参加过创业教育后，学生会更有能力决定自己是否适合创业。本章在理念和方法上都拓展了这一理论框架，一方面，我将其与计划行为理论相结合，深入探索如何设计创业教育课程才能强化这种分流作用。另一方面，我使用了对照组数据来检验这一模型，这在冯•拉维尼茨等学者(von Graevenitz et al.，2010)的研究中尚未涉及。

在实证研究的最后一章中，我不再使用计划行为理论，转而关注创业技能的形成。在该部分，我研究了社会互动中的外部因素是否能提高学生的创业技能，这在创业教育效果研究中被前人完全忽略。既然人们普遍认为基于团队合作的"创业计划"课程是创业教育的组成部分，课程设计者或许可以通过社会互动将学生按能力分组，以便促进创业技能的最优发展。

在第八章中，我总结了本实证研究的研究成果，探讨了各利益相关者应该如何利用这些成果实现各自的目标。另外，我还进一步为未来的研究指明了方向。

二、定义和文献综述

创业教育的研究始终要解决一个中心问题：究竟是什么在激发和强化个体的创业意向[①]和创业活动(Shane and Venkataraman，2000)？为了回答此问题，心理学、社会学和经济学领域研究者从以下几个方面开展研究：

① 从前测角度探讨创业意向和创业活动的发生(e. g. Kolvereid，1996a；Tkachev and Kolvereid，1999；Kolvereid and Isaksen，2005；Souitaris et al.，2007)。

---

① 即表现出来的要创建公司的行为意向(Bird，1988)或决心。

② 从后测角度研究创业者决定创业的原因(e. g. Hansemark,2003；Shane et al.,2003；van der Sluis et al.,2005；Zhao et al.,2010)。

③ 创业者和非创业者或管理者的个体差异(e. g. Chen et al.,1998；Stewart,2001；Markman et al.,2002；Stewart and Roth,2007)。

本书的研究属于第一类,首先从心理学和经济学视角出发进行前测研究,接着从社会学视角进行分析。在高等教育中,学校培养学生创业意向的主要方法是提供创业教育(Linàn,2004),这个方法的基本前提为创业教育是可以被教授和被学习的。彼得·德鲁克(Peter Drucker,1985,第450页)曾就此问题发表了鲜明的观点,"创业不是魔法,也并不神秘,和基因没有一点关系。它是一门学科,而且和任何学科一样,它是可以被学习的"。

本书的开篇部分讨论了学生创业意向的形成以及基本术语的定义,同时也对不同种类的创业教育进行了分类。之后会讨论高等教育中创业教育课程追求(或者应该追求)的目标。另外,我还介绍了前人的研究结果,力图说明创业教育项目在多大程度上完成了既定的目标。最后,本章的结尾部分将陈述这个评价中存在的问题和面临的挑战。

(一) 创业的定义

在为创业教育下定义并进行分类之前,本小节需要先对"创业"进行定义。2005年,美国管理学会(the Academy of Management)的创业分会在其成员中进行了一项调研:学会为成员们提供了一些对创业的定义,让他们投票选出创业分会涉及具体领域的描述。大部分人选择了如下描述:"创业具体领域包括:新公司的创建和管理、小企业和家族企业、创业者的特点和与其相关的特殊问题。主要课题包括:新企业的创意和战略、企业创立和倒闭的生态影响、风险投资和风险团队的获取和管理、个体经营、业主经理、管理继承、企业风险投资以及创业和经济发展的关系。"[①]

---

① http://division.aomonline.org/entlEntprDiv.htm,于2011年3月27日访问。

由于课题众多,涉及如经济学、社会学和心理学等(此处仅举几例)诸多领域,目前仍没有公认的"创业"或"创业者"的定义。而事实上,这也是研究者在帮助人们理解创业现象时的主要障碍(Shane and Venkataraman,2000)。许多研究都专门为创业下了定义,但这些定义通常只关注某一方面。夏皮罗(Shapero,1975)认为创业是"……一种行为,需要:①主动性,②能够意识到或运用社会经济机制,将资源和局面整合,③接受风险和失败的能力"(第 187 页)。加特纳(Gartner,1988)从行为研究法(behavioral approach)视角出发,认为创业是"个体创办企业的行为"(第 64 页)。他还认为,当企业创办阶段终结时创业就终止了。史蒂文森等学者(Stevenson et al.,1989)提出的定义主要与寻求机会相关:"创业是个体——无论是独立创业还是在企业内部——在不考虑现有资源的基础上寻找机会的过程"(第 23 页)。该定义认为创业并不局限于创建企业,创业在企业内部也能够发生,这就引出了"内部创业(intrapreneurship)"的概念。最后,沙恩和文卡塔拉曼(Shane and Venkataraman,2000)为创业学科下了定义:"……在学术视野下研究:发现、评估和利用机会来创造未来商品和服务的人、手段及其效果。因此,这个领域主要研究机会从何而来,如何发现、评估和利用机会以及谁来发现、评估和利用机会。"(第 218 页)。

沿用后者的概念,在本研究中,我将创业定义为自然人通过创建新企业,发现、评价和利用机会创造未来商品和服务的过程。[①] 在本书中,我将这些新建立的企业称为新创企业(start-ups)或新企业(new

---

[①] 和上文中所有的定义一样,这个定义并不是无懈可击的。例如,它并未考虑到一个事实,即不同的人可以发现不同的机会(Shane and Venkataraman,2000)。凯兰德等学者(Carland et al.,1984)区分了创业者和小企业主:创业者创建和经营企业的首要目的是盈利和促进企业成长,以创新为首要特点(机会驱动型);小企业主将创建企业作为主要收入来源,企业的经营占据了他们大部分的时间和资源。德语中创业者和小企业主这两个概念("Existenzgründung"和"Unternehmensgründung")经常被误用为同义词,但他们的确在某些方面有相似之处,例如,更倾向于创业而非到企业就业的意向。此外,本定义也没有包括企业内部的创业行为,本研究只考虑自然人建立新公司的行为,因为这才是政策制定者想从创业教育中获得的结果。

businesses),并用"创建自己的企业"这个术语描述所有的创业行为。

在创业定义的基础上,我将在下一节对创业教育进行分类。

(二) 创业教育的分类

范·德·斯勒伊斯等学者(Van der Sluis et al.,2005)在研究中发现,个体教育(以个体在学校期间所受教育的年限来衡量)对创业成功有积极影响。然而,对个体接受教育期间引发创业决定的研究却对学校教育和创业活动的关系提供了不同的见解。总体而言,研究者认为正规的教育并不鼓励学生创业。相反,它是为学生到企业就业做准备(Timmons,1994),鼓励"参加工作"的思维模式(Kourilsky,1995),因而压制学生创新和创业(Chamard,1989;Plaschka and Welsch,1990)。例如,豪斯塔和德克尔(Hostager and Decker,1999)发现普通商业管理课程的学习与创业项目不同,对创业行为并没有显著的影响。古普塔(Gupta,1992)在对印度创业者的调查中获得了类似发现,即管理课程的学习并不是创业态度形成的重要因素。维特洛克和马斯特斯(Whitlock and Masters,1996)甚至发现在学习过普通商业课程后,学生的创业兴趣反而会减弱。因此,德国(Klandt,2008)、许多欧盟成员国(European Commission,2006)和美国(Kuratko,2005)将专门的"创业教育"推广并融入到了中等学校和高等学校中,这种教育或许可以激发和促进学生的创业活动(Gasse,1985;Donckels,1991;Franke and Lüthje,2004)。随着这些措施的出现,研究者开始尝试为创业教育定义或进行分类,这个任务的难度并不亚于对"创业"本身定义的难度。贾米森(Jamieson,1984)提出了三种分类,并把它们命名为"关于创业的教育(Education about Enterprise)"、"为了创业的教育(Education for Enterprise)"和"在创业中的教育(Education in Enterprise)"。前两类强调提高创业意识,鼓励创业并为创业做准备(例如创业计划),第三类是帮助现有创业者拓展业务。格拉瓦尼和欧西内德(Garavan and O'Cinneide,1994a)提出了类似的分类,他们区分了"创业教育"和"小企业主的教育与培训"。后者和贾米森的第三个分类一致,"创业教育"的目标都是传授关于创建和领导企业的知识,以增加愿意选择创业的学生人数。以麦克马伦和朗(McMullan and Long,1987)建立的理论框架为基础,麦克马伦和吉林(McMullan and Gillin,1998)指出了创业教育六个不同的要素:目标、完成目标的员工或教学团队、学生、课程内容、教学方法和为学生创办企业提供的具体培训。布洛克豪斯(Brockhaus,1994)指出创业教育中目标是基本问题,其他要素都以这一目标为基础。基于这一思路,柯伦和斯坦沃茨(Curran and Stanworth,1989)将创业教育的目标进行了分类。而利安(Linàn,2004)又对他们的分类进行了改良,最后格拉瓦尼和欧西内德(Garavan and O'Cinneide,1994a)采用了利安改良后的定义。本书也采纳了利安对创业教育的全面性概括,认为创业教育是:"……所有能影响创业意向的教育和培训活动(无论是否在教育体系内),如创业知识、创业活动的合意性或者可行性等因素"(Linàn,2004,第163页)。在这里意向指的是创建企业的意向。这个定义不仅包括将知识和技能转换成建立公司的能力,还涉及态度和个性特质。而普通管理课程主要关注的是实际知识的迁移,并没有涉及个性、职业态度和学生意向。因此,这个定义也说明了两者的不同之处。另外,利安(2004)还将创业教育分成四类:

● 创业意识教育(Entrepreneurship awareness education)

此类教育的目标是教授关于小企业、个体经营和创业方面的知识,而不是快速培养出更多的创业者。教师也并不试图将学生培养为创业者,而是为学生未来职业的选择提供更广阔的视角。在学习完这门课程后,学生应该更有能力在职业选择上做出明智的决定。

● 新创企业教育(Education for start-up)

此类教育的课程目标是为学生成为传统小企业(这是企业中的主力军)的老板做好准备。该课程面向已经具备了创业意向并试图进一步发展的学生,致力于强化他们的意向。课程的重点内容是创业起步阶段的实践练习,如融资方法和相关法律规定和税务知识等(Curran and Stanworth,1989)。

- 创业动态教育(Education for entrepreneurial dynamism)

该教育的目标是教授参与者拓展业务和市场方面的知识,从而确保企业的可持续发展。格拉瓦尼和欧西内德(1994b)详细描述了此类教育项目的相关案例。

- 创业者的继续教育(Continuing education for entrepreneurs)

这类教育以提高创业者现有能力为目标,是普通成人教育的特殊类别(Weinrauch,1984)。然而,受访者认为这些项目太过宽泛,不能满足企业的特殊需求。

高等学校的大部分课程属于第一类(Garavan and O'Cinneide, 1994a),即"创业意识教育",其中许多创业课程(通常为短期课程)实际上只是意识项目(Curran and Stanworth,1989)。这些课程让学生评价自己的创业技能和创业天赋,帮助他们更加谨慎地选择未来的职业。确切说,这些课程安排在本科生课程的初始阶段,此时学生的职业意向还尚未明确(Cox et al.,2002)。因而教师的角色可以被定义为:赋予学生进行自我评价的能力。所以,潜在创业意向的实现并不在教师控制的范围之内,而是取决于一些特定因素(个人环境、商业机遇和资源等)(Linàn,2004)。由于我的研究对象是高等教育中的创业教育,因此后文中我都称"创业意识教育"为"创业教育"。

人们最初认定的高等学校创业教育目标——创造更多的企业和就业机会(这也是政策制定者所希望的)可能并不是最恰当的目标。让一个不适合创业的学生不用付出巨大的代价(如成立自己的公司)就能意识到自己的职业倾向,也可以视作创业教育的成功之处。

并非所有课程参与者都应该在完成课程后立刻创建自己的公司。甚至在学习第一学期的课程后,很多学生都无法创业。因此,为了使课程评价适用于不同的课程目标、课程受众和不同时长的创业教育课程,评价这些课程效果的标准应该做出适当调整。在下一小节中,我将介绍前人在评价创业教育的"成功之处"方面的研究成果。

（三）对创业教育效果的研究

对创业教育效果的研究仍然处于初始阶段(Gorman et al., 1997)。到目前为止，许多研究只是简单地介绍了创业课程(Vesper and Gartner, 1997)，探讨了优秀的创业课程内容，或者通过对课程参与者与没有参加课程的学生进行比较来评价课程的经济效应(Chrisman, 1997)。一些研究者提出，创业教育与创业态度、意向或者行为之间存在着积极的联系，但其论据仍不充分。

职业社会化理论认为决定选择何种职业受诸多社会因素影响，如教育经历。例如，吉布·戴尔(Gibb Dyer, 1994)提出，专门的创业教育会给予一些人创业的信心，他还指出创业态度是接受创业教育的重要因素。罗宾逊等学者(Robinson et al., 1991)通过计划行为理论分析了创业态度的作用(Ajzen, 1985)，他们认为创业态度模型对创业教育会产生影响，因为态度是可以改变的，而且会受到教育者和从业者的影响。克鲁格和布雷泽尔(Krueger and Brazeal, 1994)则认为创业教育提高了创业的"可行性"。目前已有研究者意识到了评价创业教育对检验上述论断的必要性(Gibb, 1987; Curran and Stanworth, 1989; Block and Stumpf, 1992; Cox, 1996; Storey, 2000)。而且一些研究已经开始了这样的尝试，无论是使用直接的标准(如创办的企业数量或创造的就业岗位数量)，还是间接的标准(如参与者创业意向的提高)来评价。上述研究开始于20世纪80年代和90年代，这也是创业教育在美国高等学校中大规模增长的年代(Kuratko, 2005)。

克拉克等学者(Clark et al., 1984)对参加过基础创业课程的美国学生进行了调查，在课程结束时，80%的调查者产生了创业意向，而且许多创业计划也得到了实施。另外，76%的调查者表示，学习创业课程对其做出创业这一决策有重大的影响。

英国一项针对创业教育的分析显示，课程参与者实践创业意向的时间大大早于预期时间(Brown, 1990)。

在一项针对五门创业课程的分析中,格拉瓦尼和欧西内德(1994a)运用创办的企业数量和创造的就业岗位数量来评价这些课程取得的成绩。研究结果显示:755个参与者创造了2665个就业机会。通过使用成本收益法(cost-benefit-calculation),研究者还发现,包含参加课程的费用在内,创造一个就业机会的成本是1283美元。

克里斯曼(Chrisman,1997)的研究视角与之相似,但评价方法有所不同。他对卡尔加里大学(University of Calgary)"企业发展计划"中的713家公司进行了调查,这些公司的创业项目由学生在课程中完成。最终,这个项目为每家公司创造了1.23个就业岗位,增加了100万—470万加元税收(其中项目花费125万加元)。

另外,在对爱尔兰"业主-管理经营计划项目(Owner-Management Business Planning Programme)"的分析中,亨利等学者(Henry et al.,2004)也使用了相似的评价标准。此项目为大学校友提供具体的商业创意。最终,共有35名参与者创办了8家企业,提供了40个就业机会,而对照组的40名成员只创办了3家企业,提供了19个就业机会。

然而,最近的一些研究猛烈抨击了在宏观经济层面上利用创办的企业数量和创造的就业岗位数量等数字作为评价创业教育标准的这一方法(Peterman and Kennedy,2003;Fayolle et al.,2006b;Souitaris et al.,2007)。因为创业项目对个人的影响是极其复杂的。实际上只有在学习课程几年之后,创办的企业数量和创造的就业岗位数量才能作为衡量指标(Béchard and Toulouse,1998;Fayolle et al.,2006b)。评价者无法在课程进行中或课程结束后不久就评价一家新公司的状况。但是,评价工作进行得越晚,对促成个体选择创业的相关因素的筛选就越复杂(Block and Stumpf,1992;Fayolle et al.,2006a)[①]。

基于此,研究者应更加关注学习课程的个体,而非上述后果。在研究创业教育对个体的影响时,认知方法和行为方法为创业教育提供了评价

---

① 参见第一章第二部分。

的主要指标。

科尔沃雷德和莫恩(Kolvereid and Moen,1997)将挪威某一商学院创业教育专业的毕业生与其他专业的毕业生进行了对比。研究结果显示:与其他毕业生相比,创业教育专业的毕业生从事创业活动的可能性更大,创业意向更强。

赵郝(音译)等学者(Zhao et al.,2005)对工商管理硕士研究生在校期间学习相关创业知识的主要情况进行了调查。研究发现学生对正规教育的看法与创业教育自我效能(self-efficacy)[①]呈正相关。

威尔逊等学者(Wilson et al.,2007)调查了创业教育对不同性别学生的影响,其研究对象是美国工商管理硕士研究生。研究发现,与男性学生相比,创业教育课程更能够显著提高女性学生的创业自我效能感。

在对多特蒙德工业大学(Technical University of Dortmund)111名工商管理专业学生的调查中,哈克等学者(Hack et al.,2008)发现创业教育课程能够整体提高学生的创业意向。另外,吸引力(perceived attractiveness)、压力感(perceived pressure)和创业自我效能感(perceived entrepreneurial self-efficacy)也受到了创业教育的正面影响。

沃尔特等学者(Walter and Walter,2008)对德国30所高校中2621名学生进行了跨学校和跨学科的数据库研究,专业覆盖计算机科学、电子信息工程以及工商管理专业。他们区分了非应用型创业教育和应用型创业教育,旨在研究不同类型的创业课程与学生创业意向之间的关系。研究发现大学开设的非应用型课程并不能显著影响特定学生的创业意向,而且似乎只有男性学生对应用型课程感兴趣。

其他研究与这个研究项目非常类似,均是评价某门创业课程对学生的影响。

例如,汉塞马克(Hansemark,1998)研究了参与创业课程是如何影响

[①] 自我效能指人们对自己实现特定领域行为目标所需能力的信心或信念,简单来说就是个体对自己能够取得成功的信念。

个体创业性格特质的。他发现,与对照组相比,实验组对成功和控制源(locus of control)表现出了更强烈的需求。

考克斯等学者(Cox et al.,2002)在另一项研究中使用了同样的研究方法,却获得了意外发现。他们通过学生的创业自我效能感来评价基础创业课程的影响。总体而言,在创业自我效能感上,实验组学生低于对照组学生。

在对一所法国大学为期三天的创业教育课程进行评价时,法约尔等学者(Fayolle et al.,2006a)发现创业课程对不同样本学生的影响是不同的。他们发现,课程能够对没有学习过此类课程,并且家人没有创业经历学生的创业意向产生积极效果。而且,创业课程对学生创业意向的影响取决于学生参加课程前的创业意向水平。对前测创业意向非常低的学生而言,创业课程能够非常显著地提高他们的创业意向;而对前测创业意向非常高的学生而言,创业课程则会产生反作用。

彼得曼、肯尼迪(Peterman and Kennedy,2003)、萨塔瑞斯等学者(Souitaris et al.,2007)以及欧斯特贝克等学者(Oosterbeek et al.,2010)使用的研究方法与本书相似,都运用了前测后测对照组设计来评价创业教育的真实影响。第一项研究调查了澳大利亚的高中生,数据来自109个匹配实验组的前测后测调查问卷和111个对照组的调查问卷。他们发现创业课程对学生创业的感知合意性(perceived desirability)和感知可行性(perceived feasibility)产生了积极影响。萨塔瑞斯等学者(2007)调查了欧洲两所重点大学的自然科学和工程学专业学生,对124个匹配的实验组和126个对照组的学生进行了实证研究。他们发现参加创业课程可以提高创业意向。欧斯特贝克等学者(2010)的数据皆来源于参加同一门创业教育必修课程的学生。该研究建立在104个匹配的实验组和146个对照组的问卷调查的基础之上。通过使用双重差分模型,研究发现课程并没有取得预期效果,因为课程对学生创业技能和特质(由学生自评)的影响几乎为零,对创业意向的影响甚至为负。最后,冯·拉维尼茨等学者(2010)用前测后测对照组设计调查了参加《创业计划》必修课程的189名学生[①]，他们的研究结果与欧斯特贝克等学者(2010)的研究结果一致：随着课程的逐步开展，学生的创业意向有所下降，但他们的职业方向却变得更为明确。研究者认为，学生通过学习创业课程，找到了"正确"的职业道路。

(四) 对前人研究的评述

上述研究显示，高等教育机构的创业教育可以促进创业活动的发展。然而，这些研究常常会因其在研究方法上的缺陷而饱受批评(Gorman, 1997；Peterman and Kennedy, 2003；Souitaris et al., 2007)。

首先，这种批评来源于评价创业教育时对相关变量的选择(Wyckham, 1989)，因为评价标准必须根据教育现状、课程目标和目标受众进行适当调整(Béchard and Toulouse, 1998)。正如本章第二部分所述，在大学开展创业教育的目的并不一定是让所有参与者在短期内创办自己的企业(Curran and Stanworth, 1989)。并且，基于数字(例如创办的企业数量或工作数量)的创业教育评价也颇具争议。然而，在完成创业课程和创建新企业之间往往存在漫长的潜伏期，大学也无法为创业活动提供有影响力的条件，这些状况都阻碍了因果关系的建立(Cox et al., 2002)。即使进行历时性研究，也很难得出合适的因果关系。因为评价的越晚，研究出创业课程对决定创办企业的影响就越富挑战性(Lüthje and Franke, 2002；Fayolle et al., 2006b)。所以，描述性或回溯性的研究方法(McMullan et al., 1985；McMullan, Gillin, 1998；Garavan, O'Cinneide, 1994a；Chrisman, 1997；Henry et al., 2004)可能无法提供令人信服的证据来证明创业教育会影响创业活动(Gorman, 1997；Alberti, 1999)。

因此评价创业教育效果应该在结束课程之后立刻进行(Block and Stumpf, 1992)。评价者必须考虑不同的评价标准，这也是他们将个体及课程对个体的影响作为评价核心的原因。(从表1-1中可以发现，在

[①] 他们的数据库是本书数据库的一部分(更多详细内容参见第三章)。

18　创业教育评价

表 1-1　有关创业教育效果评价的研究综览

作者（年份）	文章名和期刊	各研究中创业课程的特点	研究方法（括号里为回访率）	相关变量	研究结果
评价某门创业课程效果的研究					
克拉克戴维斯/哈尼什（Clark, Davis/Harnish, 1984）	《创业课程有助于开创新事业吗？》；《小企业管理杂志》第 22 卷（Journal of Small Business Management）	● "你在商业中的未来"（美国一所大学中开设的课程） ● 讲座、创业者的客座演讲、案例研究	● 1978 年至 1982 年通过邮件对 1855 名参加者的调查 ● 1265 个回复（68.2%） ● 536 个电话采访，452 个回复（84.3%）	● 创办的企业数量 ● 创造的工作数量	● 新创 129 家企业 ● 新创 813 份工作 ● 新创企业的年销售额（累计）为 1350 万美元
布朗（Brown, 1990）	《鼓励创业：英国的毕业生创业》；《小企业管理杂志》第 28 卷（Journal of Small Business Management）	● "毕业生创业项目"（在英国范围内提供的项目） ● 持续时间：16 周 ● 创业计划，针对投资者的展示以及企业创建	● 1987 年对该项目 214 名申请者的调查 ● 没有关于数据收集步骤的信息	● 创造的工作数量	● 新创企业在一年半之后平均创造了 3.3 个工作岗位 ● "毕业生创业项目"中新创企业的年销售额（累计）为 800 万英镑

续表

作者(年份)	文章名和期刊	各研究中创业课程的特点	研究方法(括号里为回访率)	相关变量	研究结果
评价某门创业课程效果的研究					
格拉瓦尼/欧西内德(Garavan/O'Cinneide,1994b)	《创业教育和培训项目:回顾和评价第二部分》，《欧洲工业培训杂志》第18卷(Journal of European Industrial Training)	● 欧洲五所大学的不同项目 ● 持续时间(依项目而定):25天至12个月	● 参加者的多样化 ● 755名参加者 ● 没有关于数据收集步骤的信息	● 创办的企业数量 ● 创造的工作数量	● 316个新企业，其中253家企业在研究进行时依然存在 ● 新创2665个工作岗位 ● 成本收益的计算:每创造一份工作的成本为1283美元(数据来自五个项目中的三个)
克里斯曼(Chrisman,1997)	"项目评价和卡尔加里大学的创业发展项目:一项研究记录"，《创业理论与实践》第22卷(Entrepreneurship Theory and Practice)	● 课程由卡尔加里大学创业发展小组开设 ● 主要为基于项目的课程:学生分组进行新创企业(市场调研、可行性研究、产品设计及财务规划等)	● 对于1990年到1994年间提交项目的713个新创企业的纸介型调查 ● 181个有效回复(25.4%)	● 创造的工作数量 ● 税收收入影响 ● 新创企业增加的价值	● 每个新创企业平均新增1.23个新工作岗位 ● 额外增加的税收收入大约在1,019,712到4,657,747加元之间(课程的运营费用:125万加元) ● 总体增加的价值:700,000加元

续表

作者(年份)	文章名和期刊	各研究中创业课程的特点	研究方法(括号里为回访率)	相关变量	研究结果
评价某门创业课程效果的研究					
汉塞马克(Hansemark, 1998)	《一个创业项目对成就和心理控制源的需求强化的影响》;《国际创业行为与研究杂志》第4卷(International Journal of Entrepreneurship Behavior & Research)	没有提供信息	● 没有相关参加者的信息 ● 前测后测对照组设计 ● 有效回复: 实验组:19个 对照组:51个	● 对成就的需求(李克特量表) ● 控制源(李克特量表)	● 实验组成员在课程结束后对成就有更高的需求 ● 实验组成员在课程结束后对控制源有更高的需求
考克斯/米勒/莫斯(Cox/Mueller/Moss, 2002)	《创业教育对创业自我效能感的影响》;《国际创业教育杂志》第1卷(International Journal of Entrepreneurship Education)	● 美国西南部一所大学的创业课程 ● 讲座、创业计划 ● 持续时间:5个月	● 对两个分组同时进行纸介型调查: 分组1为未参加课程的学生(394个对象) 分组2为刚完成课程的学生(254个对象)	● 创业自我效能	● 课程对创业自我效能产生了负面影响

续表

作者(年份)	文章名和期刊	各研究中创业课程的特点	研究方法（括号里为回访率）	相关变量	研究结果
评价某门创业课程效果的研究					
彼得曼/肯尼迪(Peterman/Kennedy,2003)	《创业教育：影响学生对创业的看法》；《创业理论与实践》第28卷(Entrepreneurship Theory & Practice)	• "澳大利亚青年成就创业项目"（在高中开展） • 小型企业的创办、建立、巩固、提升以及清算 • 持续时间：9个月	• 参加者：昆士兰州17所高中的学生 • 前后测试验对照并有效的调查问卷：实验组：109个 对照组：111个	• 创业意向（虚拟变量） • 感知可行性（5项，李克特量表） • 感知合意性（3项，李克特量表） • 前期创业经历的评级和相关变量（8项，虚拟变量）	• 实验组学生有更为丰富的前期创业经历，并且这些经历产生了积极影响 • 课程对感知合意性和感知可行性产生了积极影响（与对照组相比） • 课程对几乎没有前期创业经历或拥有负面的相关经历的学生有更大的影响
亨利/希尔/利奇(Henry/Hill/Leitch,2004)	《新企业创建培训的有效性：一项纵向研究》；《国际小企业杂志》第22卷(International Small Business Journal)	• "业主管理创业计划项目" • 持续时间：6个月	• 35名拥有大学学位和商业创意的参加者 • 超过三年的纵向研究 • 33个有效回复 • 实验组（另外一个创业课程的38名参加者） • 对照组（48名参加者）	• 创办的企业数量 • 创造的工作数量	• 8家新创企业（对比组：9个） • 对照组：3个 • 40份新增工作（对比组：9份） • 对照组：19份

续表

作者(年份)	文章名和期刊	各研究中创业课程的特点	研究方法（括号里为回访率）	相关变量	研究结果
评价某门创业课程效果的研究					
法约尔/加伊拉塞斯-克勒克（Fayolle/Gailly/Lassas-Clerc,2006a)	《创业教育和社会背景对学生创业意向的作用和反作用》《经济研究的应用》第24卷（Estudios de Economica Aplicada）	法国一所大学的创业课程 对商业创意评价 持续时间:3天	• 275名参加者（"管理学硕士"学生） • 前测后测的纸介型调查 • 匹配并有效的调查问卷:144个(52.0%)	• 创业意向（3项，李克特量表） • 创业态度（32项，李克特量表） • 感知社会规范（6项，李克特量表） • 感知行为控制（6项，李克特量表）	• 课程对参加者子样本的感知行为控制和创业意向产生了积极影响: ①之前从未参加过创业课程的参加者 ②家庭中没有创业者的参加者 • 课程对最初创业意向低的学生产生了积极影响,对最初创业意向高的学生产生了消极影响

第一章　前言　23

续表

作者（年份）	文章名和期刊	各研究中创业课程的特点	研究方法（括号里为回访率）	相关变量	研究结果
评价某门创业课程效果的研究					
萨塔瑞斯/泽尔纳比蒂/阿尔-拉哈姆（Souitaris/Zerbinati/Al-Laham,2007）	《创业项目提高了理工科学生的创业意向吗？学习、激励和资源的影响》；《企业创业学杂志》第22卷（Journal of Business Venturing）	● 伦敦和格勒诺布尔的大学为理工科学生提供的类似课程讲座、创业计划	● 前测后测实验对照组设计参加者：实验组：232 名（伦敦154名，格勒诺布尔78名）对照组：220 名（伦敦148名，格勒诺布尔72名）匹配并有效的调查问卷：实验组：124个（79+45；51.3%和57.7%）对照组：126个（84+42；56.8%和58.3%）	● 创业态度（33项，李克特量表）● 感知社会规范（6项，李克特量表）● 感知行为控制（6项，李克特量表）● 创业意向（3项，李克特量表）● 课程期间出现的创业行为（19项，虚拟变量）● 课程益处：学习（5项，李克特量表）激励（7项，虚拟变量）资源利用（11项，李克特量表）	● 课程结束时的创业意向和课程之后的创业活动之间没有关系● 课程对感知社会规范和创业意向产生了积极影响● 通过该课程产生的激励对感知规范和创业意向产生了积极影响

续表

作者(年份)	文章名和期刊	各研究中创业课程的特点	研究方法(括号里为回访率)	相关变量	研究结果
评价某门创业课程效果的研究					
欧斯特贝克/范·普瑞格/艾瑟尔斯恩（Oosterbeek/van Praag/Ijsselstein,2010)	《创业教育对创业能力和创业意向的影响：一项对青年成就微型公司项目的评价》；《欧洲经济评论》第54卷(European Economic Review)	● 艾文思大学的"青年成就型项目"小企业的创办、管理和清算 ● 持续时间：9个月	● 前测后测实验对照组设计 实验组：219名参加者 对照组：343名参加者 ● 匹配并有效的调查问卷： 实验组：104个(47.0%) 对照组：146个(43.0%)	● 个性特质(均为李克特量表) ① 对成就的需求(10项) ② 对自主权的需求(9项) ③ 对权力的需求(8项) ④ 社会取向(8项) ⑤ 自我效能(9项) ⑥ 忍耐力(11项) ⑦ 承担风险的倾向(6项) ● 技能(均为李克特量表) ① 市场意识(10项) ② 创造性(11项) ③ 灵活性(7项) ● 创业意向(1项,李克特量表)	● 课程对所有个性特质或技能均没有显著影响 ● 课程对创业意向产生了显著的消极影响

续表

作者（年份）	文章名和期刊	各研究中创业课程的特点	研究方法（括号里为回访率）	相关变量	研究结果
评价某门创业课程效果的研究					
冯·拉维尼茨/哈霍夫/韦伯（Von Graevenitz/Harthoff/Weber, 2010）	《创业教育的影响》；《经济行为与组织杂志》第54卷（Journal of Economic Behavior and Organization）	● 慕尼黑大学的"创业计划"课程 ● 讲座、创业计划 ● 持续时间：4个月	● 前测后测设计 ● 匹配并有效的调查问卷：189个（46.2%）	● 创业意向（1项，李克特量表）	● 创业意向在课程期间变低 ● 创业意向变得更极端，例如：课程帮助学生自我选择进入了"正确的"职业道路
针对参加过一门创业课程的整体效果的研究					
科维莱/莫恩（Kolvereid/Moen, 1997）	《商学院毕业生创业：创业作为主修课会产生巨大影响吗？》；《欧洲工业培训杂志》第21卷（Journal of European Industrial Training）	—	● 对端典的博多商学院1987年到1994年间所有"企业管理"课程毕业生的纸介型调查 ● 总体：720名学生 374个有效回复（51.8%）	● 创业意向（李克特量表） ● 创业活动（虚拟变量） ● 选择的创业主修课程（虚拟变量）	● 主修创业课程的毕业生有更高的创业意向 ● 主修创业课程的毕业生比其他学生更多地创办了自己的企业

续表

作者(年份)	文章名和期刊	各研究中创业课程的特点	研究方法(括号里为回访率)	相关变量	研究结果
针对参加过一门创业课程的整体效果的研究					
赵/塞伯特/希尔思(Zhao/Seibert/Hills, 2005)	《自我效能感在创业意向发展中的调节作用》；《应用心理学杂志》第90卷(Journal of Applied Psychology)	—	● 对美国大学工商管理硕士在两个时间点上的调查(t1和t2) ● 总体：778名学生 ● 匹配并有效的调查问卷：265(34.0%)	● 在工商管理硕士教育期间对正规创业学习的看法(4项,李克特量表)	● 在创业相关课程中对正规创业学习的看法同创业自我效能呈正相关
威尔逊/凯昆/马里诺(Wilson/Kickul/Marlino, 2007)	《性别、创业自我效能和创业意向：创业教育的启示》；《创业理论与实践》第31卷(Entrepreneurship Theory & Practice)	—	● 2002年到2004年间的调查 ● 总体：美国七个研究生课程的5126名工商管理硕士 ● 933个有效回复(18.2%)	● 创业自我效能(6项,李克特量表) ● 所选择的创业意向(虚拟变量)	● 与男性相比,创业教育显著提高和加强了女性的自我效能感

续表

作者（年份）	文章名和期刊	各研究中创业课程的特点	研究方法（括号里为回访率）	相关变量	研究结果
针对参加过一门创业课程的整体效果的研究
哈克/雷特贝格/威特（Hack/Rettberg/Witt,2008）	《创业教育和创业意向：在多特蒙德的实证调查》；《中小企业和创业杂志》第56卷（Zeitschrift für KMU und Entrepreneurship）	—	●对德国多特蒙德工业大学商科学生的纸介型调查 ●总体：1172名学生 ●111个有效回复（9.5%）	●创业意向（1项，李克特量表）	●创业教育显著提高了创业意向
沃尔特/沃尔特（Walter/Walter,2008）	《作为德国大学基础教育资料：学生的创业教育对意向确立的贡献》；《企业管理研究》第60卷（Schmalenbachs Zeitschrift für betriebswirtschaftliche Forschung）	—	●对德国30所大学机构的计算机科学、电子信息工程和工商管理专业学生的纸介型调查 ●总体：5962名学生 ●2721个有效回复（45.64%）	●创业意向（1项，李克特量表） ●应用型和非应用型创业教育（虚拟变量）	●只有应用型创业教育显著提高了意向，但此结果仅适用于男性学生

20世纪九十年代末期,该领域的研究方法发生了变化)。最初采纳这种观点的研究分析了创业课程对创业相关个人特质的影响,认为这些影响可以区分创业者和非创业者(参见第二章第二部分)。然而,这些个人特质是相对稳定并且难以被影响的(Robinson et al.,1991),这就解释了欧斯特贝克等学者(2010)的研究结果,即无法证明课程会显著影响个人特质。因此,创业意向或者创建企业的"感知可行性"和"感知合意性"等认知变量是更为合适的目标变量。我将在下一章就这一点进行深入讨论。

但是,即使运用了这些评价标准,也可能存在研究方法上的缺陷。第一,虽然这些研究在评价创业教育效果时使用了相同的结果变量,他们的评价项目却是不同的。这使得对比分析研究结果并确认其有效性的过程变得更为复杂,继而引发了对课程设计意义的质疑。第二,部分研究没有使用对照组来证实研究结果(Cox et al.,2002;Fayolle et al.,2006b;von Graevenitz et al.,2010),而且在前测后测的调查中也没有进行基础条件控制(Kolvereid and Moen,1997;Cox et al.,2002;Zhao et al.,2005;Wilson et al.,2007;Hack et al.,2008;Walter and Walter,2008)。第三,无论学生有怎样的个体背景性特征,例如人口学特征或前期创业经历(Souitaris et al.,2007),大多数研究都认为创业教育对所有学生的影响是一致的。然而,卢瑟和弗兰克(Lüthje and Franke,2002)认为事实并非如此。欧斯特贝克等学者(2010)专门研究了创业课程是否会对女性学生和男性学生产生不同影响,他们确实发现女性学生比男性学生更容易受到课程的影响。但是上述研究中,几乎所有接受调查的学生都是自愿参与到创业课程中的。这就有可能使研究结果倾向于支持教育干预,因为参加课程的学生已经对创业有了一定的积极倾向(Lüthje and Franke,2002)。因此研究者在评价创业课程对创业意向和创业态度的影响时,可能会获得截然不同的研究结果。然而,归根结底,从概念层面来看,上述研究都没有深层次地探讨过创业教育的目标。而且,研究者在创业教育效果的概念模型上也仍未达成共识。在评价创业教育效果时,大多数研究只是在寻找课程给创业意向带来的积极转变。我认为这种方法有误导性,因为它忽略了创业课程的分流作用:创业课程可以让学生了解不同的职业生涯,帮助他们更好地选择正确的职业道路(参见第一章第二部分对创业教育目标的探讨,以及冯·拉维尼茨等学者[2010]的研究)。即使创业培训导致学生的创业意向下降,它的社会效应也可能是积极的。

虽然上述研究提供了许多有价值的观点,但是人们对创业教育效果的理解仍然不够深入,对该领域的研究仍然存在很大的空白。因此,许多研究者呼吁对该领域开展更多的调查,探讨创业教育是否能够影响人们对创业的看法和创业意向(Kantor,1988;Donckels,1991;Krueger and Brazeal,1994;McMullan et al.,2001)。但是仅凭描述性研究和回溯性研究并不足以为之前的研究假设提供充分的论据(Matthews and Moser,1996;Gorman et al.,1997;Alberti,1999)。因此,彼得曼和肯尼迪(2003)呼吁应开发更为可靠的研究方法来检验之前的假设,使用大容量的样本和对照组来推动这个新兴研究领域的发展,使其走出探索阶段(Alberti,1999)。

我将在每一章的开篇简要介绍该章在突破上述局限方面做出的贡献。

第二章 理论基础

一、引言

本研究项目旨在评价创业教育对学生的影响。上一章我已提及,这项评价必须在学生结束相关课程后直接进行。但课程教师和课程研究者都认为,产生创业意向的学生并不会在此时直接开始创业。因此,考虑到在课程结束后和创业开始前往往存在一个时间差,我们首先应该选用一个合适的理论框架来预测创业活动。

在本章,我会提出一个理论框架,用以评价创业教育对个体创业态度及其创业意向影响的大小和性质。利用该理论框架,我们可以评价课程内容对学生态度和意向的影响,或者对比课程之间的不同之处,以便获得有关课程设计的启示,从而将课程带来的益处最大化。这一理论模型采用了已被广泛应用于创业领域的社会心理学方面的理论。

早期创业研究一般基于个性或人口学特征(Brockhaus,1980;McClelland,1961)。研究者试图建立一个有关性格或个人背景的模式,用以区分创业者和管理者。然而实证研究发现,相关变量并不能准确预测创业活动。"典型"创业者的特质仍然十分模糊(Autio et al.,1997)。

预测创业活动的更为有效的途径是运用行为研究法和意向模型来研究创业过程(Bird,1988;Shapero and Sokol,1982)。社会心理学方面的研究发现,个人意向是预测某些计划行为的有力参照因素,比如创建企业等等(Ajzen,1991;Shapero and Sokol,1982;Bird,1988;Katz and Gartner,1988;Krueger and Brazeal,1994)。阿杰恩和菲什拜因(Ajzen and Fishbein)的研究在宏观层面意向研究中具有重要的意义(Ajzen,1991;Fishbein and Ajzen,2010),他们提出"计划行为理论",认为意向的形成取决于感知合意性、感知社会规范(perceived social norm)以及对研究行为的感知行为控制(perceived behavioral control)[①]。几项元研究的结果都表明了"计划行为理论"的行为研究法在预测未来行为中的优越性(Kim and Hunter,1993;Armitage and Conner,2001)。而在创业领域,计划行为理论也被广泛应用于预测创业意向和创业活动(e.g. Kolvereid,1996a;Tkachev and Kolvereid,1999;Krueger et al.,2000;Kolvereid and Isaksen,2006;Fayolle et al.,2006a)。

计划行为理论也经常被应用于创业教育评价领域(Fayolle et al.,2006a;Souitaris et al.,2007)。克鲁格和卡什伍德(Krueger and Carsrud,1993)明确指出了该理论的用途:"研究者可以利用这一模型来分析……创业教育是如何影响个人意向的。"即计划行为理论关注的是意向的变化,并非创业行为本身(Fayone et al.,2006a)。这一论断解释了计划行为理论在该研究领域的合理性:该理论并不试图根据实际创业行为来直接评价创业教育效果,因为很难获得确切的结果(见第一章第二部分)。此外,这一理论还有利于结构化分析创业教育对产生创业意向的三种态度的影响。运用该理论,我们可以将创业课程内容与创业态度联系起来,并在实证中发现创业课程影响的大小和性质,从而为如何对创业教育进行最优设计提供启示和指导,最终实现既定目标。

在本章中,我设计的理论模型也基于计划行为理论。根据此模型以及克鲁格、卡什伍德和法约尔(2006a)等学者提出的建议,我对创业教育效果进行了评价。因此,我提出的这一模型(以及接下来在本书实证研究部分提出的相关变量)是建立在经过多次实证检验的可靠的理论基础之上的(该理论也是评价标准)。这样我就可以避开其他研究遭受的诟病(第一章第二部分对此有所提及)。此外,我并没有创造一种新的模型,也

---

① 译者注:有学者将其译为知觉行为控制。

没有由此提出一系列未经验证的评价标准。我的评价标准皆建立在经过检验的指标之上,并且这些指标已被多次应用于预测创业行为以及评价创业教育效果中。再者,计划行为理论作为评价创业教育的理论框架,已经得到了广泛认可。由此,我能够保证实证章节的研究结果可以与之前和之后进行的研究进行对比分析。关于这一问题,舒克等学者(Shook et al.,2003)发表过重要的评述:"由于理论限制,有关创业意向的文献并没有加深我们对该领域的了解,因为它们都是在不同理论视角下的孤立研究……未来针对创业意向的研究应该尝试对之前的研究加以整合,减少模型的数量"(第386页)。

  本章有三方面贡献。首先,通过回顾基于特质研究法和人口社会学研究法(demographic-sociological approach)预测创业行为的文献资料,我发现行为研究法非常适合创业领域的研究。其次,我介绍了计划行为理论,分析它在宏观上预测未来行为的合理性。其中,还着重讨论了行为干预(behavioral interventions)在态度和意向形成过程中所起的作用。除此之外,我还解决了这一理论在理论和实践方面面临的挑战,这些挑战在我的研究项目中可能也会遇到。接着,我回顾了基于计划行为理论预测创业行为的文献资料。通过对比计划行为理论在其他行为中的应用,讨论了该理论在这一特定领域的适用性。最后,我展示了本研究的理论模型,该模型基于计划行为理论来评价创业教育作为行为干预对学生产生的影响。我认为计划行为理论定义的三种态度会因创业课程教授的内容而改变。所以在进行实证检验时,分析三种态度和课程内容之间的关系,可以对课程设计有所启示。另外,与其他研究不同的是,我专门研究了背景性变量对创业课程学习过程中产生的影响(人口学特征、前期经历、性格特点)。我采用了弗兰克和卢瑟耶(Franke and Luthje,2004)的观点,即创业课程并不会对所有学生产生同样的影响。而亨利等学者(Henry et al.,2005)也强调了个体背景特征的重要性。他们指出,如果忽略了这一特征,评价创业教育效果时可能会产生偏差。由于教育预算有限,确认创业教育课程在不同子样本上的影响能够优化对授课对象的选择。

本章共包含六个部分。第二部分我将分别回顾特质研究法、人口社会学研究法以及行为研究法这三种方法对创业活动的预测。第三部分主要介绍计划行为理论。第四部分则讨论该理论的具体应用。第五部分提到的理论模型是我在之后章节中评价创业课程的基础。第六部分则分别从该理论的实践应用和创业教育利益相关者的利益方面对这一理论进行评价（见第一章第一部分）。

二、心理学和社会学视域下的创业者

正如上文所述，创业研究是一个跨学科领域。因此，心理学和社会学相关理论的应用有助于提升对创业和创业者概念的理解。从以往的研究来看，研究者通过提出以下相关问题来推进研究进程：什么样的人是创业者（特质研究法），什么样的环境造就了创业者（人口社会学研究法）以及为什么有些人会选择成为创业者（行为研究法）。可见，研究者们最初关注的是创业者的特质，而现在他们更关注创业行为本身。下文将简要回顾这些研究方法。

（一）特质研究法

心理学家认为，广义的秉性变量（dispositional variables）能预测行为。这种观点也被转而应用于创业研究领域。早期创业研究着眼于定义创业者，描述创业者的特质和他们的创业决策。此类研究试图通过个人性格特征来区分创业者与非创业者（McClelland，1961；Brockhaus，1980；Brockhaus and Horwitz，1982）。之后的研究总结了创业者相关的特质，如长于行动、善于控制内心、有创造力、渴望获得成就感、有变革精神、积极主动、敢于冒险、有一套解决问题的方法、渴望获得自主权，并且能够容忍含混不清和不确定性（Robinson et al.，1991）。此研究的论证基于一个假设，即新企业的表现主要取决于创业者。这一研究希望通过一些检验来确定何为"理想的"创业者，从而降低风投失败的可能性。

这种特质研究法虽然发现了大量与创业者有关的性格特质和特点，却没有加深对创业研究领域的认识和理解，因而引起了该领域的混乱(Shane et al.，2003；Rauch and Frese，2007)，而且在理论层面，该方法受到了大量质疑(Gartner，1988；Krueger et al.，2000)。首先，特质研究法存在缺陷，其研究工具从心理学借鉴而来，并不适合直接应用于创业研究领域(Hornaday，1982)。只有很少的研究工具是为研究创业而特别设计的(Wortman，1986)，而且获得的新发现也十分有限(Gartner，1988；Krueger et al.，2000)。其次，用来衡量相同概念的不同研究工具缺少聚合效度(convergent validity)(Robinson et al.，1991)，导致现有文献中可能包含有关创业特质的误导信息。再者，这种方法其实更适合在宏观上预测创业意向(Abelson，1982；Epstein，1984)，而在特定的领域(如创业行为)则会失去效用(Mischel，1968；Carsrud et al.，1987；Krueger and Carsrud 1993)[①]。最后，研究者在调查前就已经确定了创业者的相关特质。而且研究人员还假定创业者相关特质在其创业之前就已存在，并不是在创建并管理企业的过程中形成的。但如果想要证明性格与创业之间的因果关系，我们必须在创业行为发生之前就对个体进行观察。这才是行为研究法的侧重点。

通过回顾相关文献，我们可以得出这样的结论：性格与创业之间并不存在一致的关系。因此仅凭个性特质，并不能有效地预测创业活动。在有关创业教育评价的文献中特质研究法也没有提供多少重大研究发现。欧斯特贝克等学者(Oosterbeek et al.，2010)在评价创业课程对个性特质的影响时使用了这一方法。他们发现，在接受创业课程后个性特质并没有发生改变。这样的发现其实是在意料之中的，因为个性特质在一段时期内都是稳定不变的(Epstein and O'Brien，1985)。因此，个性特质并不会因为短期干预(如创业课程)而受到影响。

[①] 这个问题并不仅仅存在于创业研究领域。经研究，特质研究法的预测能力有限，并且与其他特定行为并没有一致性的联系。即使存在重要的关联，也并不十分重要(Mischel，1968；Fishbein and Ajzen，2010)。

由于特质研究法无法有效预测创业活动,研究者开始寻找其他评价创业教育的方法。虽然有观点认为未来研究应完全摒弃特质模型(Brockhaus and Horwitz,1982;Gartner,1988;Zhao et al.,2010),但该研究法仍具有价值。尽管该方法在预测创业意向方面的解释力较弱,但是根据假设,特质和特定行为之间可能存在间接影响。但由于存在更为直接相关的因素(见本部分第三小节),这些间接影响可能并不那么明显(Ajzen and Fishbein,1980)。人口社会学研究法的情况与此类似。

(二)人口社会学研究法

研究者假定,人口学变量或社会学变量与行为差异有关(Fishbein and Ajzen,2010)。因此,人口社会学研究法试图通过对个体背景特征以及个人所处社会环境的分析来研究这些变量是如何影响个体,使其决定创业的。该方法假定,有相似背景的人往往拥有相似的性格特征,这一论证与特质研究法有些相似,即从知名创业者身上发现的社会人口学特征可以用来预测未知人群的创业行为。这与特质研究法具有相似的优势。在创业研究领域,经常使用的人口学变量有:家庭背景及经历,如出生顺序、榜样、婚姻状况、年龄、性别、父母以及个人的受教育水平、社会经济地位、前期工作经历以及工作习惯(Robinson et al.,1991)。而社会学家开展的创业研究主要关注邻域(neighborhood)和社会互动对创业的影响(见第七章第二部分的文献综述)。

与特质研究法相似,人口社会学研究法在创业研究领域也受到了研究者的质疑。研究者认为决定是否开启创业生涯的并非一些人口学特征,而是对环境的特定反应——即使相似的人口学背景可以导致相似的经历,个体得出结论并付诸实践才是决定创业的关键(Robinson et al.,1991)。然而这些结论并不是一成不变的,因为个体在拥有了更多不同的经历后,就会对创业相关决定进行再评价(Fishbein and Ajzen,2010)。

所以,该研究方法使用的变量会产生不一致,甚至相互矛盾的结果,并且其预测能力有限(Robinson et al.,1991)。因此,应用人口社会学研究法也不能有效地预测创业活动(Krueger et al.,2000)。但在上一小节中我提到,社会人口学变量可能会间接影响特定行为,并且会更直接地影响态度因素(Fishbein and Ajzen,2010)。

虽然特质研究法和人口社会学研究法都颇受质疑,它们却都有助于对创业研究的进一步理解。这可以摆脱单一模型的局限,推动创业研究领域的发展。为了对该领域进行更加深入的研究,新的模型应该整合这两种研究法,在继承这些方法优点的同时弥补其中的缺陷。创业研究领域的行为研究法能够满足以上要求,有效地预测创业活动。

(三) 行为研究法

对导致某种行为的意向进行研究是十分有前景的方法。当研究者希望更好地了解行为产生的原因、行为相关环境以及行为造成的影响时,就会采用这种方法(Ajzen and Fishbein,1980;Ajzen,1987;Fishbein and Ajzen,2010)。由于伯德(Bird)对意向(intention)的定义已经得到了公认,我在研究中采用了他的定义,即"意向性(intentionality)是一种将注意力(以及相应的行为和经历)集中于某一特定事物(目标)或达成该事物的方法(手段)的心理状态。[①]"意向包括能够影响研究对象行为的动机性因素,并且能够反映研究对象在完成该行为中需要付出多少努力。通过研究对象针对相关行为的意向(而非研究对象的性格或人口学特征),可以有效地预测计划行为(Bagozzi and Yi,1989)。社会心理学方面的研究发现,意向是唯一针对任何计划行为都有效的最佳预测方法(Bagozzi and Yi,1989),即使该行为十分少见、很难被观察,或者在意向和行动之间存在难以预测的时间间隔(Ajzen,1991)。大家可以参照人们对未来职业的选择这一实例(Lent,1994)。和实际行为相比,意向可以被实时测量并且不受干扰因素的影响。除此之外,意向并不取决于任何研究对象的后测

---

① 虽然这个定义是从创业相关文献中得出的,但它仍然适用于普遍层面的意向。

理性(ex-post rationalization)。总之,意向越强,就越有可能预测研究行为是否能够得到执行(Ajzen,1991)。

意向可以预测行为,然而特定态度也会影响意向。这些态度是由外部影响因素造成的(Ajzen,1987;Bagozzi and Yi,1989),包括个人性格特质以及社会人口学特征等变量(Ajzen,1991)。基于此,行为研究法能够满足上一小节最后提出的要求:该方法可以将上述特质研究法和人口社会学研究法结合在一起,既能发挥以上两种方法的优势,又能充分利用现有理论。

由此,那些使用了这些方法却未能得到满意调查结果的情况就可以得到充分解释:不管是强化(弱化)针对行为的态度,还是减弱意向和行为之间的联系(即阻止或促进意向转化为行动),意向(尚且不论行为)都只会间接地受到外部的影响。此外,除了外部影响因素,隐藏在意向之下的态度还会受到个人感知的影响(Ajzen,1991),这说明意向因人、因地而异。因此,基于意向的理论表明,外部因素会影响个人态度,间接影响个人意向,并最终影响实际行为(Ajzen,1987,见表2-1)。

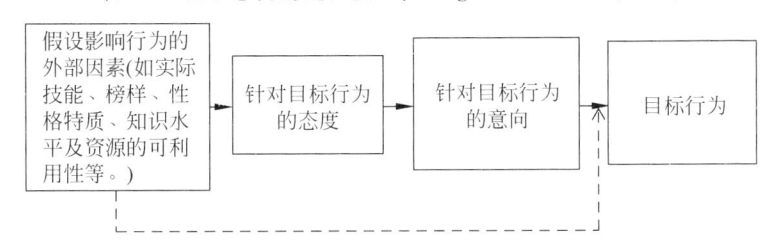

表2-1　基于意向的过程模型(Krueger and Carsrud,1993)

假设影响行为的外部因素(如实际技能、榜样、性格特质、知识水平及资源的可利用性等。) → 针对目标行为的态度 → 针对目标行为的意向 → 目标行为

可见,对于特定行为的强烈意向会促使人付诸行动。阿米蒂奇和康纳(Armitage and Conner,2001)对48个不同领域的行为进行了元分析。他们发现意向—行为的平均相关性为.47,这可以解释22%的方差。其他研究也发现,该相关性系数(correlation coefficients)在.45-.62之间(Randal and Wolff,1994;Notaui,1998)。

"鉴于认知方法在其他领域(比如心理学或教育学方面)的出色表现,

我们有理由相信,将这种方法应用于创业研究领域也会取得成功"(Baron,2004,第237页)。因此,行为研究法被认为是预测创业活动最有前景的方法。许多研究者认为创业是通过有意识的计划产生行为的典型例子,尽管在通常情况下,计划和实践间总会存在一段时间差(Shapero and Sokol, 1982; Bird, 1988; Katz and Gartner, 1988; Krueger and Brazeal,1994)[①]。根据伯德(1988)对创业的定义,克鲁格(1993)将创业意向定义为创立一项新事业的决心。针对创业意向的研究是非常有前景的,因为研究者不用观察意向到行动的转化,只需分析背景性因素、环境因素(如创业课程等资源的可利用性)以及行为的最终结果(即对职业生涯的决策)。而且,这一研究可以解释为什么许多创业者在明确具体创业思路之前就已经萌生了创业的想法(Brockhaus,1987;Krueger et al.,2000)。即个体在采取相应手段实现目标(例如,发现某个商业创意)之前就已经确立了目标(例如,创建一项自己的事业)(Ajzen,1987;Tubbs and Ekeberg,1991)。对于本研究的一个重要事实是,基于行为研究法的理论可以解释创业教育作为外部影响因素,是如何影响人们基于感知产生的态度,从而间接影响创业意向的。对于和职业生涯选择相关的意向来说,这一点尤为重要。根据阿杰恩(1991;2002)的研究,相比其他仅受个人意志控制的实例(例如决心戒烟或者短期内的选举倾向),与职业生涯选择相关的意向更容易受到外部干预的影响。

虽然已经证明了行为研究法相比特质研究法或人口社会学研究法具有的优越性,但是将这种方法应用于创业研究领域时,仍然存在一些问题(在其他领域也是如此)。研究者常常会进行"点对点式"研究("ad-hoc" studies),设计无理论基础的调查问卷,并称之为态度研究法。但是该方法没有开发标准量表,也没有遵从一定的检验步骤,忽略了之前从社会心理学研究发展而来、已投入使用并且可靠的标准量表,即便这些量表能够很容易地应用到创业研究领域之中。

---

① 高等教育所有与创业计划相关的课程理念介绍中都强调了这一点。

为了克服这些问题,20世纪90年代以来,创业领域的研究者都大量使用了社会心理学领域已成型的行为理论。该领域中最为重要的模型当属艾斯克·阿杰恩和马丁·菲什拜因的研究,他们建立了一个用于预测大范围行为的理论框架。这个框架的最新版本就是"计划行为理论"。在接下来的章节我会首先简要介绍这一理论,然后讨论其在创业领域和创业教育评价方面的应用,接着说明该理论对本研究的良好适用性。这一理论为评价创业教育对实际行为的影响提供了一种间接的方式(Fayolle et al.,2006a)。它有助于避免本节提到的缺陷,以及"点对点式"研究中出现的问题(比如基于新创企业数量的评价)。

三、计划行为理论

阿杰恩和菲什拜因(1980)建立了一个理论模型,用于解释有意识的计划行为背后的认知过程。最新的版本为"计划行为理论",这一理论在社会心理学领域关于意向的研究中占有重要的地位,而且能够保证研究者更好地理解外部影响因素对研究行为产生的假定影响。研究者不仅可以更好地理解哪些外部影响因素能显著作用于态度和意向,而且还能了解这些因素是如何影响目标行为的。在接下来的部分,我将介绍这一理论及其在创业意向预测方面的应用。

(一)意向和行为的预测

计划行为理论来源于菲什拜因和阿杰恩的理性行为理论(Theory of Reasoned Action)(Fishbein and Ajzen,1975;Ajzen and Fishbein,1980)。该理论认为,人们在采取某种行为之前,有两种因素会影响其意向,一种是针对该行为的态度(也称作行为的感知吸引力或感知合意性),另一种是感知社会规范(或感知社会压力)。

然而,由于理性行为理论不能解释意向和行为之间的确切联系,它也受到了研究者的批判。具体而言,当个体不能或不能完全控制自己的行为时,意向并不是唯一的决定性因素。换句话说,即便一些人有意向实践某种行为,但由于他们缺少自信,最终还是无法付诸行动。在计划行为理论中,阿杰恩(1985)本人修正了理性行为理论。并且在上述两个因素的基础上,他又增加了感知行为控制因素,用以表明相关行为对个体而言是否可控或可行。个性特质、社会人口学特征都是能够间接影响意向的背景性因素(见本部分第三小节)。外部环境不会直接影响行为,但有助于对个人信念(有意识或无意识)的分析,即分析个体思考不同选择的过程(Ajzen,1991)。接下来,我将分别探讨三种态度因素。

● 感知合意性[①]

研究行为的感知合意性(perceived desirability)是指个体对一种行为或积极或消极的评价程度[②]。感知合意性是由以信息为基础并且可获取[③]的行为信念(behavioral belief)决定的。行为信念是个体主观认识到某种行为会产生特定(积极或是消极)结果的可能性。每种行为信念的强度是对特定行为在实践后可能出现的结果的主观预测,它决定了感知吸引力或感知合意性。

● 感知社会规范

人们倾向于遵守社会规范,因为违反了规范就要受到惩罚。社会环境对于意向和行为的影响便来源于这一因素。感知社会规范(perceived social norm)是由基于信息且可获取的规范信念(normative belief)决定的。这一信念表明,个体所处群体(如配偶、家人、朋友或者其他人,取决于研究对象总体或行为)是否会接受或者排斥特定的行为表现。每种规范信念的强度是由个体遵守各自群体行为规范的动机来衡量的。规范信念的强度决定了感知社会规范(压力)。

---

① 这一因素通常被称为"行为态度(Attitude towards the behavior)"。但是,为了避免混淆"态度"和"行为态度"这两个概念,我使用"感知合意性"来指代"行为态度"。

② 研究者们区分了"合意性"和"情感"这两个概念。"情感"和心境、情感以及情绪觉醒有关,而"合意性"是根据整体评价情况来估计的。

③ 针对每种行为,一个人可能会持有多种行为信念,然而只有少部分(大约 5—9 个)(Miller,1956)可以在特定时刻轻易获取(即所谓的"显著的"信念,见本部分第三小节)。

● 感知行为控制[①]

任何行为的成功不仅仅取决于针对该行为的意向,而且还取决于行为控制是否达到了足够的水平(参照上文关于理性行为理论到计划行为理论转变过程的讨论)。可利用的资源、技能、机会以及实践相关行为所需的前提条件统称为"实际行为控制(actual behavioral control)"。然而,从心理学角度来讲(特别是在研究未来行为时),对可控制性的感知以及这一感知对意向和行为的影响是更具研究意义的。当个体感知某一行为在自己能力范围之内时,个体就会为实践相关行为而付出更多的努力(Linan,2004)。因此,感知行为控制(perceived behavioral control)可以代替实际行为控制预测将来的行为。这种感知是个体对自己实践特定行为能力的认知(即个体认识到实践该行为是否困难)。感知行为控制由可获取的控制信念(control belief)决定,即对促进或阻碍特定行为付诸实践的因素的认识(比如,前期经历、与行为相关的"间接"信息以及榜样)。控制信念的强度由个体对这些因素感知的强度来衡量,它决定了感知行为控制。需要注意的是,这些态度既存在于广义层面,也存在于特定层面。因此,当针对态度因素的衡量标准在应用于特定行为领域时,需要对其进行完善,以确保其在衡量过程中的准确性(Ajzen and Madden,1986;Ajzen,1991;Fishbein and Ajzen,2010)。

计划行为理论提出了这样的假设:这三种态度因素越明显,个体就越有可能将相关行为付诸实践(或者越抗拒这种行为)。但对于三种态度因素的相对贡献,该理论并没有提出相关假设。计划行为理论倾向于认为,

---

[①] "感知行为控制"与"感知自我效能感(perceived self-efficacy)"这两个概念有许多重叠的部分,这是根据班杜拉"社会学习理论"(Bandura,1977;1982)得出的。班杜拉(1991,第257页)将"自我效能感"定义为"……人们对于自身某种能力的信念,这种能力是用来控制自身运转,以及其他一些影响他们命运的行为的"。因此,这一定义描述了个体对能力的自我评价,包括实施必要行为、完成未来任务以及有效地将技能转化为理想成果的能力。这一定义以过去经历和对未来困难的预测为基础,决定了个体对特定目标是否可以实现的感知。

需要注意的是,自我效能感在不同任务和领域中是不同的。一个人在某一领域可能会拥有很强的自我效能,确信能够成功地完成某种行为。但在另一个领域中,情况可能是相反的(Bandura,1977,1982,1997)。

态度因素在预测意向方面的作用因人、因群体、因行为而异(Ajzen and Madden,1986;Ajzen,1991;Fishbein and Ajzen,2010)。因此这三个因素的相对重要程度通常可以根据实证估计得到,不必事先假设。但是,根据直觉或者基于其他理论作出的预测也是可行的(Ajzen and Madden,1986;Ajzen,1991;Fishbein and Ajzen,2010)。

  研究者在元分析中表明:意向可以准确地预测一系列行为。行为与意向之间的相关性范围如下:感知合意性 0.45-0.60,感知社会规范 0.34-0.42,感知行为控制 0.35-0.46(Armitage and Connor,2001;Fishbein and Ajzen,2010)。阿米蒂奇和康纳(2001)进一步研究发现,计划行为理论能够解释39%的意向方差以及27%的行为方差。而单独使用个性特质研究法时,只能解释10%的方差(Ajzen,1987)。相比之下,计划行为理论研究方法明显优于特质研究法。而在运用人口社会学研究法预测特定行为的研究中也发现了相似的结果(e.g. Armitage et al.,2002)。计划行为理论在创业研究领域的应用和评价将会在本章第四部分详细讨论。

  我们已经讨论过了态度因素和意向之间的联系,下面我将探讨信念和态度的形成,并用一个段落来介绍行为干预作为信息来源在信念和态度形成上的作用。高等教育是一种特殊的行为干预,作为形成信念、态度和意向的信息来源,它使创业教育更为完整。

(二) 信念的根源:外部影响因素的作用

  计划行为理论认为,个体根据自己的行为信念、规范信念和控制信念形成针对特定行为的态度。由于这些态度皆以个人感知为基础,学习会在信念和态度形成的过程中发挥重要的作用,而影响特定意向的态度也会因此受到直接或间接的影响。在特定时刻,人们的信念各不相同,因为他们的背景不一样,比如个性特质或者社会人口学特征。另一方面,人们处于不间断的发展过程中,会持续通过直接观察和信息获取的方式形成自己的信念,并对其进行反复评价。因此,学习经历不同会造成信念上的差异(Fishbein and Ajzen,2010)。下面我将讨论这些信念的来源。

1. 信念的差异:个体背景的作用

由于背景性因素的差异(特质、社会人口学特征),人们拥有不同的经历,接收了不同来源的信息,也从不同经历中得出了不同的结论,并因此在信念上产生了差异。菲什拜因和阿杰恩将这些信念形成过程中的潜在影响因素称为"外部影响(exogenous influences)",并将其融入计划行为理论(见表2-2)。

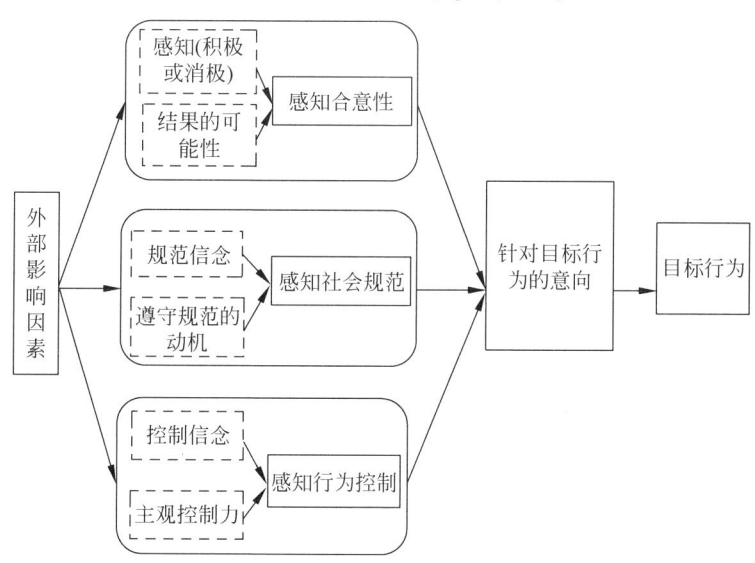

表 2-2 计划行为理论(Ajzen,1991)

```
                  ┌─感知(积极或消极)─┐
              ┌──→│                  │──→感知合意性──┐
              │   └─结果的可能性────┘                │
              │                                      │
  外部影响    │   ┌─规范信念────────┐                ↓
  因素      ──┼──→│                  │──→感知社会规范──→针对目标行为的意向──→目标行为
              │   └─遵守规范的动机──┘                ↑
              │                                      │
              │   ┌─控制信念────────┐                │
              └──→│                  │──→感知行为控制─┘
                  └─主观控制力──────┘
```

● 个人性格

计划行为理论假设,相关行为的个性特质或前期经历会对意向和实际行为产生间接影响。这些影响因素又会通过影响行为信念、规范信念和控制信念而受到三种态度因素的调节。然而之前的研究表明,通常来说,个性特质对意向和行为的影响并不一致(Fishbein and Ajzen, 2010)[①]。个人性格中的心境和情绪也会影响意向和行为,被称为"情感"

---

① 参见第二章第二部分关于预测创业活动的特质研究法。

(Giner-Sorolla,1999)。社会学习理论(Social learning theory)认为,当面对特定任务时,个体的生理状态(即身体状况、个性特质或情绪和情感方面的因素)可能会影响感知自我效能。例如,因即将实践某一行为而造成的焦虑或许会加大失败的可能,因此个体可能会逃避实施该行为(Gist and Mitchell,1992)。

● 人口学特征

性别、年龄、出生顺序、社会经济地位或其他人口学特征可能会导致不同的个体经历,或在处理新信息时拥有不同的认知过程。在不同伴体中,这些经历和结果会形成不同的行为信念、规范信念以及控制信念。因此计划行为理论认为,人口学变量也会通过这三种态度因素和一些潜在信念间接影响意向(Ajzen,1991)。

2. 对信念的再评价:现实带来的影响

正如前文所述,计划行为理论认为信念并不是一成不变的。这意味着个体在现实中能够"学习"并再次评价自己的信念,并针对特定行为形成不同的态度。这种学习风格非常可能会受到背景性因素的影响,也有可能会受到一些更为直接的信念来源的影响。

● 直接观察

根据社会学习理论,对他人的直接观察可以提供间接经验,这些经验会通过在社会互动中与潜在榜样的对比来影响态度(Wood and Bandura,1989)。当个体意识到了自己与榜样的相似之处(根据性格和技能),而榜样的行为产生了某一后果(或巨大的成就)之时(Bandura,1986;Gist and Mitchell,1992),个体倾向于推断,如果自己实践这种行为也会产生相似的结果。这会影响个体的行为信念。同样,直接观察也可能通过这些榜样的社会说服力来影响个体的规范信念。当榜样告知个体应该做什么时,个体便倾向于听从榜样的意见(Fishbein and Ajzen,2010)。最后,通过对榜样的观察,个体可以了解到,在实践某种行为时自己会遇到哪些阻碍或促进的因素。在这个过程中,个体的控制信念又会受到影响。

● 社会互动

心理学家关注个体,而社会学家关注社会环境影响,即同伴效应(peer-effects)[①]。当人们属于同一群体时,他们倾向于呈现相似的行为方式。这与向榜样学习是一样的道理。从接下来的讨论中我们可以发现,该现象确实受到了个性特质和人口学特征等因素的影响,而某一群体的定义也建立在这些因素之上。但相比心理学家,社会学家则针对特定群体来发掘更为完整的数据,采集更为丰富的社会互动例证,并用以假设特定行为之间的相互作用(Manski,1993;2010)[①]。

● 信息的直接获取

外部信息(电视、收音机、网络、报纸、书籍、演讲、朋友、亲属以及同事)也可能影响态度(即潜在信念)的形成。例如,电视上关于成功创业者的播报能够影响个体的行为信念,而其他人的反馈则能帮助个体客观地评价自身技能(Gist and Mitchell,1992),继而影响规范信念和控制信念。

● 行为干预

个体有时会接收一种来源特殊的信息,该信息被称作"行为干预",即"改变行为的干预"。大体上,个体接收的行为干预是与行为相关的一些信息。通过对特定行为的逐渐了解,个体会形成相应的行为信念、规范信念和控制信念。行为干预的目的在于缓解"社会问题",因为许多社会问题都是由人类行为引起的。所以社会学家希望通过合理的行为干预来改变特定人群的行为。这最终或许会导致特定行为的产生或强化。韦伯和希兰(Webb and Sheeran,2006)对47项分析(不同领域)行为干预影响的研究进行了元分析,发现行为干预对意向(平均值=0.66)和实际行为(平均值=0.36)造成了巨大改变。计划行为理论为设计和评价行为干预提供了有效的框架,因为在研究特定行为时,它有助于识别影响行为的最重

---

① 译者注:同伴效应也称为同群效应或同辈效应。尽管本研究没有在实证部分(第四至第六章)提及社会互动作用,但在第七章对其进行了详细讨论。

要的信念,以及受行为干预影响的信念(Fishbein and Ajzen,2010)①。

　　计划行为理论认为,人们根据自己的信念采取合理的行动,并认为该信念和与行为相关的信息是可靠的(Ross and Ward,1996)②。这意味着当个体遗忘了某些信息或接收了相互矛盾的信息时,其信念的强度会有所降低(Fishbein and Ajzen,2010)。上述所有变量都可能会通过影响态度和潜在的行为信念、规范信念和控制信念而间接影响意向和实际行动。因而实证研究关注的问题是,这些变量、信念(或态度)甚至意向之间,究竟存在着何种联系。

　　另一个实证研究关注的问题是,针对特定行为的干预(例如改变创业意向和行为的创业教育)是否会影响行为背后的信念和态度。计划行为理论为研究这些联系的本质提供了一个有效的框架。该理论框架可以评价创业教育在提供创业相关信息从而改变创业意向方面的效果。但是,在讨论计划行为理论在创业领域及创业教育评价方面的应用和适用性之前,需要指出该理论面临的一些批判。

(三) 计划行为理论所面临的挑战

　　虽然计划行为理论得到了许多研究领域的认可,并且已被应用于成百上千的实证研究中,该理论仍然受到一些质疑。在本小节,我将简要指出针对该理论的所有批判,它们对我的研究项目和研究结果都提供了参考。

1. 理论层面

　　第一个批判与该理论的充分性相关。计划行为理论认为,意向的形

---

① 本研究旨在评价一种特殊的行为干预,即缓解特定社会问题(大学毕业生缺乏创业相关知识的这一问题)的创业教育。由于这是我的研究基石,我将在本章第五部分对其进行专门说明。在这里就不再赘述。

② 这也表明,人们可以在劝说他人时提供错误或误导的信息。这也是行为干预的一种形式。我在本章第五部分中对该问题进行了道德层面的讨论,并介绍了计划行为理论在评价行为干预方面的应用。

成以感知合意性、感知社会规范以及感知行为控制为基础。这一论断的假设是附加变量的增加并不会提升对意向和行为预测的准确度。该假设遭到了多次质疑(Conner and Armitage,1998)。之前使用该理论的研究甚至允许附加其他预测变量(Ajzen and Fishbein,1980;Ajzen,1991)。这些质疑主要集中于三个方面:过去行为(past behavior)、自我认同(self-identity)和先验情感(anticipated affect)(Fishbein and Ajzen,2010)。

- 过去行为

根据习惯的形成过程,研究者认为过去行为可以有效地预测未来行为。将过去行为加入研究中可以令可解释的意向和未来行为的方差大幅增大(Ouellette and Wood,1998;Sandberg and Conner,2008)。由于过去行为和未来行为的关系似乎并不会受到计划行为理论三种态度因素的影响(Ajzen,1991),许多研究者都建议将过去行为作为一种预测变量加入理论模型。然而,过去行为并不能解释理论假设中的因果关系。因为过去行为的频率与计划行为理论中影响意向的三种态度因素不同,不能合理地预测未来行为。况且,如要证明当前行为受到了过去行为的影响,我们首先应回答:为什么个体在过去会实施该行为(Fishbein and Ajzen,2010)?

- 自我认同

角色理论(role theory)和社会认同理论(social identity theory)认为,个体的自我认同能够影响其意向和行为。如果个体认为自己扮演着某种角色,或属于某一社会群体,就会表现得与这个角色相符(Armitage and Conner,1999)。然而,目前对自我认同的测量并没有带来除计划行为理论三种态度因素以外的新发现(Fishbein and Ajzen,2010)。

- 先验情感

计划行为理论经常因其忽略了情感或情绪反应的作用而被批判"过于理性"。关于先验情感的研究指出个体预先的情感反应也对意向和行为有着直接的影响。(Sandberg and Conner,2008)。但该因素并未增加新的变量,因为它测量的仍是个体对特定行为的合意性(Fishbein and Ajzen,2010)。

理论层面经常被提及的第二大问题是关于理性的问题。这一理论被指过于理性,强调对模型的谨慎运用,却忽略了凭借直觉或自发产生的态度及行为。菲什拜因和阿杰恩在回应上述评论时指出,这一理论并没有强调人们是理性的(Ajzen and Fishbein, 1980; Fishbein and Ajzen, 2010),并且人们的态度和意向是由自己的信念自然而然转化而来的,这些信念既来自于谨慎的推理过程又来自于直觉,既基于逻辑思考又基于主观意愿或其他动机。而关于理性问题的另一个质疑是,由于该理论相关的行为模型都来源于信仰个人主义的西方国家,计划行为理论是否也可用于对非西方文化的分析仍未可知(例如,倾向于集体主义的文化①)。

2. 实用性层面

当利用计划行为理论来预测特定意向或行为时,研究者也需要考虑研究方法层面的问题。通常,这一方法包括向特定群体发放问卷。和基于其他理论的问卷一样,基于计划行为理论的问卷也面临这些问题:

第一个问题与问卷设计效度相关。在计划行为理论框架下,对调查问卷的回复或许能够促使受访者对特定行为进行思考,从而让之前不能获取的行为信念、规范信念和控制信念明显化,甚至使个体产生或改变其针对特定行为的合意性、规范信念、控制信念以及意向。

另一个与效度相关的问题是一致性偏差(consistency bias)。由于对自我展示的考虑,受访者可能会在回应问卷的过程中保持一致,导致在后期对数据进行分析时过高估计计划行为理论各个因素之间的相关性(Budd,1987)。

此外,还有可能出现自陈报告(self-reports)的效度问题。在应用计划行为理论时,自陈报告因其在实用性上的优势而常常被采用。但是自

---

① 由于这一问题未对本研究项目产生影响,有兴趣的读者可以参见费茨本和阿杰恩(2010)所著书中关于该问题的详细讨论。

陈报告也存在一些缺陷:受访者可能遗忘了过去的行为,或因主观感知和对社会期望的考虑(很大程度上取决于特定行为)而不能准确陈述过去行为。为了避免这种偏差,调查者可以鼓励受访者说出事实,鼓励他们按直觉回答,并且承诺为他们保密。最后,问卷调查中也可能出现最高和最低效应(floor-and-ceiling effects)[①]。例如,基于计划行为理论设计的调查问卷常常使用李克特量表(Likert-type scales)。当两个受访者都表现出对特定行为极端的合意性时(即他们在测量合意性的题项上选择了最大值),研究者便无法进一步区分他们对该行为的渴望程度。而且,当应用计划行为理论来评价行为干预时,如果受访者在行为干预前后都选择了最高值,研究者便无法进一步调查这一感知在行为干预后是否变得更强烈。

尽管存在这些问题,计划行为理论仍然受到了许多研究领域的认可。到目前为止,这一理论已被应用到1000多项研究中。同样,这一理论也适用于创业领域,用以预测创业活动。现在,我已介绍了计划行为理论的理论基础及其优势。接下来,我将讨论其在创业领域的应用并介绍关于预测创业意向和行为的研究。最后我将讨论计划行为理论在创业教育评价上的良好适用性,并为本研究选择合适的理论变量。

四、计划行为理论在创业研究领域的运用

我们已经介绍了计划行为理论在预测创业态度和意向上的优越性,而该理论也已被频繁应用于预测创业和职业的意向。根据阿杰恩(1991)的假设,每一种变量都必须符合特定类别的行为:

- "感知合意性"反映了个体在评价自主创业和被雇佣这两种职业上的差异(在考虑相关信息之后);
- "感知社会规范"指个体在创建企业或被企业雇佣方面对外在压力的感知;

---

① 译者注:最高和最低效应也叫天花板和地板效应。

- "感知行为控制"指个体对创建并经营企业和成功完成创业相关任务的可控性感知。

根据克鲁格(1993)的研究,我将创业意向定义为开创一项新事业的决心。在接下来的讨论中,我把计划行为理论的三种态度因素称作创业领域的"创业态度(entrepreneurship attitudes)"。

如前文所述,还没有针对三种态度因素在解释创业意向方面的先验假设。每种特定行为都对应一个实证研究问题(Ajzen1991,2002),此行为在本研究中指的是创建自己的企业。

计划行为理论能够帮助研究者获取对创业领域有意义的发现。研究者在大量关于创业意向的文献中频繁使用了该理论来预测创业活动。在这一小节,我只回顾了充分应用计划行为理论的研究。

科尔沃雷德(Kolvereid,1996a)曾使用计划行为理论来预测创业活动。研究基于128份挪威学生的调查问卷。这个研究证明了计划行为理论在创业研究中的适用性:创业意向是由感知行为控制、感知主观规范(perceived subjective norm)以及感知合意性产生的(按照其影响大小排列)。

塔卡沃和科尔沃雷德(Tkachev and Kolvereid,1999)也应用了计划行为理论。其研究目的在于确定影响创业意向的变量。在调查了561名医学院和理工大学学生后,他们获得了大致相同的研究发现。

科尔沃雷德和埃塞克森(Kolvereid and Isaksen,2006)调查了297名挪威创业者,运用调查数据,他们对计划行为理论进行了检验。研究结果证实了之前的假设,即感知合意性、感知社会规范与创业意向之间的关系是正相关的。虽然该数据不能证明感知行为控制对创业意向的积极影响,但他们通过挪威创业者普遍良好的状况证明了这一点。

法约尔等学者(2006a)和萨塔瑞斯等学者(Souitaris et al.,2007)的研究也证实了计划行为理论对意向和态度关系的假设。他们在课程前后都对该模型进行了检验。和其他(既包含创业领域又包含其他领域)应用计划行为理论的研究有所不同,研究者发现在创业研究领域,感知社会规范对创业意向有最大的(积极)影响。

哈克等学者(2008)以德国学生为研究对象进行了研究(见第一章的第二部分)。他们的数据也证实了计划行为理论对意向和态度关系的假设。但在态度因素的相对贡献上,研究发现对创业意向产生了最大(积极)影响的是感知合意性,其次是感知行为控制和感知社会规范。

除此之外,一些研究者还开发了基于计划行为理论的感知模型,每个模型都与相应的态度因素相关(e. g. Davidsson,1995;Autio et al.,1997; Luthje and Franke,2002)。

总体而言,大量实证研究表明,创业意向是由三种态度因素决定的。这些因素可以在目前基于意向的模型中找到:创建企业(对个体来说)是否值得、是否可行、个体参照群体(reference groups)的意见是什么。基于上述应用计划行为理论的研究,我们可以计算得出态度和意向在预测创业意向方面的平均相关性。感知合意性范围在 0.33-0.56 之间(平均 r 值为 0.44),感知社会规范范围在 0.31-0.60 之间(平均 r 值为 0.49),感知行为控制范围在 0.25-0.61 之间(平均 r 值为 0.42)。取所有研究的平均值,计划行为理论解释了创业意向 36%[1]的方差。上述数据都在阿米蒂奇和康纳(2001)对大量行为元分析得出的数据范围内(我在本章第三部分简单地回顾了他们的结果)。此外,弗兰克等学者(2007)在对 14 所奥地利学校的研究中发现,计划行为理论解释的创业意向的方差与特质研究法解释的创业意向的方差(20%)相比,前者有明显的优越性。

实际上,现有实证研究的确缺少解释意向和行为之间关系的确切研究方法。卡茨(Katz,1992)甚至怀疑这种联系在创业研究中的存在。雷诺兹(Reynolds,1997)则认为意向和行为之间可能还存在重要的潜在因素,尤其在创业领域[2]中。然而,计划行为理论也可用于评价行为干预,

---

[1] 科尔沃雷德(1996a)没有说明决定系数(R-squared)。

[2] 实际上,科尔沃雷德和埃塞克森(2006)确实研究过态度和创业活动之间的相关性,这体现在感知合意性 r=0.24,感知社会规范 r=0.21。由于它们是通过感知创业自我效能感来衡量感知行为控制的,其显示的相关系数不能与其他的相关系数比较。同样的情况也存在于创业活动对方差的解释中,该方差为 41%。

如一项创业课程。这种干预的目的(见第一章第二部分)就在于影响实验对象在创业意向和创业行为方面的态度,而创建企业这一行为通常并不在创业教师的控制范围内。接下来,我将更加详细地介绍计划行为理论在评价行为干预等方面的应用,然后为本研究提出一个理论基准模型。

五、评价创业教育的基准模型

正如上述讨论,信息、信念以及针对特定行为的态度产生于多个源头。这些源头可能是个体的背景性因素,比如性格特质或社会人口学特征,抑或是电视、收音机、网络、与家人和朋友的交流,以及通过正规教育所了解的"现实世界"。根据这些信念和信息,人们会相应地实施(通过推理或自发进行)特定行为。因此,获取行为相关的新信息能够改变个体的信念。行为干预也由此被认为是改变意向和行为的有效途径(Webb and Sheeran,2006,也见第二章第三部分)。

本研究着眼于评价特定行为干预(比如高等教育中的创业教育)对特定意向(如创业意向)的影响,试图回答以下问题:创业教育是否对创业态度和意向有影响?这些影响的大小和性质是怎样的?研究结果是如何被应用于创业课程的?针对这些研究问题,计划行为理论提供了有效的理论框架。本部分我将介绍这一理论模型,结合实证分析对研究问题做相应的解答。

(一)创业教育对创业态度和意向的影响

创业教育传授相关创业知识和技能,意在减少成为一名创业者的成本。然而,课程也包含一些基本教学内容(如学习制定创业计划),这对企业员工也有非常大的帮助。从这个角度看,创业教育或许不会对创业意向有太大的影响。但是,根据行为研究法对创业的预测,这种行为干预也会影响个体的态度和意向,进而影响行为。此外,创业教育鼓励学生参与创业实验,比如创业模拟或企业的创业项目。这将有助于缓解学生对自己是否适合创业的不确定心理。创业教育最重要的作用就是传授创业相关的信息。该信息能够促使学生形成相关信念，并因此形成创业态度和意向。

例如，信息性信号可以引起个体在创业天赋方面行为信念（如感知合意性）的变化。此类信息的来源可以是成功的（或失败的）创业者针对学生开展的讲座。学生可以借此机会了解创业是否值得（Krueger and Brazeal,1994）。在制定创业计划时，与创业者互动也能产生该信息性信号，从而影响学生的创业态度，因为学生在这一过程中能逐渐了解创业者的日常工作，并且获得创业天赋方面或积极或消极的信号。在讨论个体在创业教育课程上的表现时，教育者的反馈以及和同学、家人的讨论都可能引起规范信念（感知社会规范）的改变（Krueger and Carsrud,1993）。例如，在以小组为单位的项目中，与同学讨论自己的表现能够增加或减少创办企业的感知压力。个体在处理这些信号时会完善对自身创业天赋的评价。

最后，学生能够通过积累隐性知识获得与控制信念变化相关的信息性信号（Reuber et al.,1990；Krueger and Brazeal,1994）。通常，创业课程包括"做中学"的部分，如制定创业计划或进行创业模拟。学生可以从中发现，创办一家企业对于他们而言是否可控，并由此改变他们对创业的信心。最后，他们会选择更加适合自己的职业发展路径（无论是否选择创业）（Bandura,1977）。因此，教授创业相关技能的课程会影响个体的感知行为控制。

与行为研究法关于创业的假设一致，米里提和拜格雷夫（Minniti and Bygrave,2001）认为，"……创业是一个学习的过程，所以创业理论也需要一套有关学习的理论"（第7页）。并且，"创业者在学习过程中，需要对过去从经验中获得的主观知识储备进行不断升级"（第5页）。

为了系统地评价创业教育对创业态度和意向的影响，研究者使用的理论框架应具备经过验证的研究方法和研究过程。计划行为理论能够满足这一点。

(二) 运用计划行为理论评价创业教育

计划行为理论定义并描述了个体行为产生的一系列因果关系。当个体获得了与特定行为相关的信息后,会形成或解读自己的行为信念、规范信念和控制信念。在某种程度上,这些显著的信念促使了感知合意性、感知社会规范以及感知行为控制的形成。而实施或逃避某种行为的意向都来源于这些态度(Fishbein and Ajzen,2010)。行为干预能有效地为个体提供特定行为相关的信息,由此个体能够形成、再评价或明确自己的信念。计划行为理论为评价行为干预提供了理论支撑和有效的研究方法,它适用于所有行为。克鲁格等学者(2000)指出,该理论尤其适用于评价创业教育对创业态度和意向的影响。因为在该方面,计划行为理论具备一定的优势。该理论仅需使用很少的变量,并且认为这些变量完全足够用以理解或改变创业意向和行为:三种态度因素中的任何改变都能引起创业意向的变化。这种简单但有效的机制为我们提供了两种重要的信息:

- 关于创业教育有效性的信息

在多个领域(特别是创业领域)对计划行为理论的大量使用和验证为研究者提供了一系列可靠的研究方法,用以测量行为干预前后的创业态度和意向。由于该方法只测量了少量的变量,因此可以确认因行为干预而改变具体态度因素,从而有效地评价课程在改变创业意向上的效果。

- 关于如何设计创业教育课程的信息

当发现创业课程有效地改变了意向时,计划行为理论可以检验出改变意向的相应态度因素,来进一步确认课程的影响。同时,它还能让研究者了解:什么样的背景性特征和课程内容促成了个体信念的形成,并使个体对信念进行重新解读,或让个体的行为信念、规范信念以及控制信念更为显著,从而进一步形成创业态度。另一方面,如果创业课程没有改变意向,研究者需要确认其中的原因。这不仅有助于改进创业课程设计,也有助于提升课程效果。这也可以帮助研究者进一步了解,什么样的学生(根据其背景性变量)会受到创业教育的影响。因此,在预算有限的情况下,他们能够确定应该选择什么样的授课对象(Lüthje and Franke,2002)。

克鲁格等学者(2000)提出,计划行为理论因其优势应被应用于创业教育的评价中。多名研究者响应了这一号召,可以参见法约尔等学者(2006a)、萨塔瑞斯等学者(2007),或哈克等学者(2008)的研究[①]。接下来,我将介绍附加理论变量,并将其用作基准模型来评价创业教育,之后我会对其进行总结。

(三) 基准模型的附加理论变量

创业教育对所有参加课程学生的创业态度和意向的影响并不完全相同(Lüthje and Franke,2002)。根据计划行为理论,特定背景性因素(如人口学变量、前期经历以及个性特质)会通过感知合意性、感知社会规范以及感知行为控制对意向产生间接影响。因此,个体在背景性因素上的差异可能会导致一些学生在参加创业培训之前就已经对创业有了一定的倾向,并且对自己的创业天赋有更理性的评价(Ajze,1991;Ajzen,2002)。

另外,个体之间的差异可能会影响其对现有信息和信念的记忆和解读,以及他们在创业教育中对新信息的理解。因此这些背景性特征不仅决定了在参加创业课程时个体的创业态度和意向的水平,而且还决定了关于态度和意向的现有信念是如何被重新考虑并评价的。这就是创业课程对学生产生的不同影响。首先,这些影响取决于学生对新信息的期待程度和处理能力。其次,这些新信息需要足够密集才能改变个体的创业倾向。只有这样,学生才会学习并"不断升级过去从经验中获得的主观知识储备"(Minniti and Bygrave,2001,第 7 页)。鉴于教育预算有限,研究者试图通过在教育和学习中解决这一矛盾,预测学生在学业上的能力,从

---

① 为了测量行为干预的影响,研究者通常会分别在干预前后将问卷发放给实验对象。在试验或准实验研究背景下,他们也会从对照组(未受到干预)获取数据。在创业教育研究领域,干预前后创业态度和创业意向方面的差异(最终会与对照组数据的差异进行对比)有助于解释实验中观察到的变化,并为评价课程效果以及提出更好的课程设计提供依据。

而提升创业教育有效性(De Raad and Schouwenburg,1996;Goldstein and For,2002)。这将会减少培训成本并且提升预期学习效果。

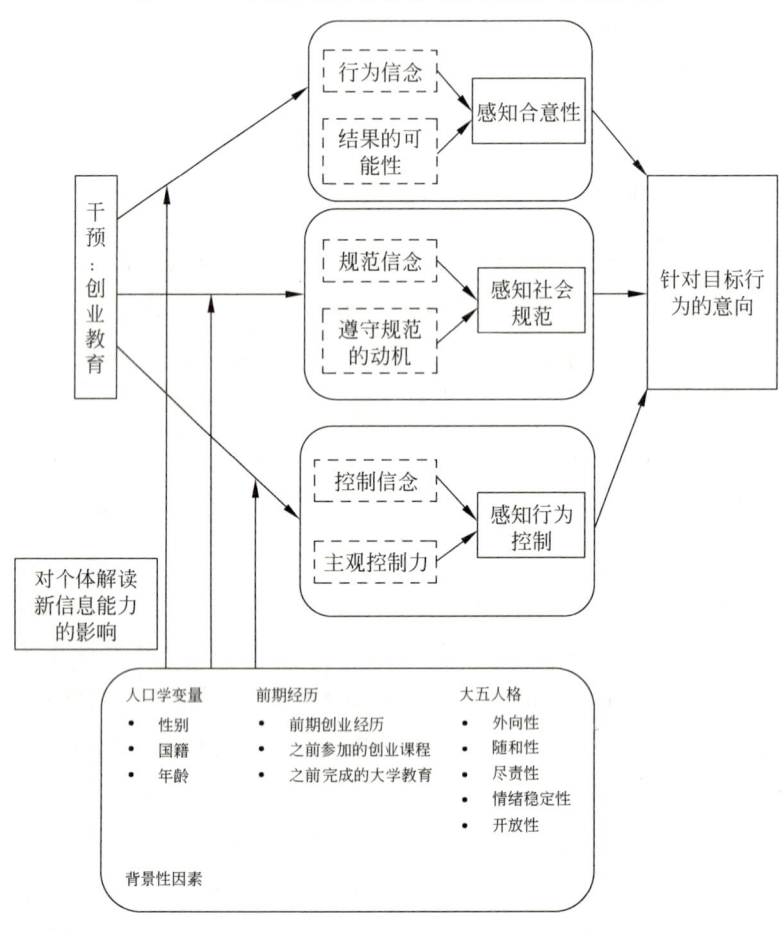

表 2-3　针对创业教育评价的理论框架(作者的说明)

```
                    ┌─────────────┐
                    │  行为信念    │───┐
          ┌────────→│  结果的可    │   │→ 感知合意性 ─┐
          │         │  能性        │                    │
┌─────────┤         └─────────────┘                    │
│ 干预:   │         ┌─────────────┐                    │   ┌──────────┐
│ 创业    │────────→│  规范信念    │───→ 感知社会规范 ─┼──→│针对目标行│
│ 教育    │         │  遵守规范    │                    │   │为的意向  │
└─────────┤         │  的动机      │                    │   └──────────┘
          │         └─────────────┘                    │
          │         ┌─────────────┐                    │
          └────────→│  控制信念    │───→ 感知行为控制 ─┘
                    │  主观控制力  │
                    └─────────────┘

┌──────────┐
│对个体解读│
│新信息能力│
│  的影响  │
└──────────┘

人口学变量     前期经历            大五人格
• 性别         • 前期创业经历      • 外向性
• 国籍         • 之前参加的创业课程 • 随和性
• 年龄         • 之前完成的大学教育 • 尽责性
                                   • 情绪稳定性
                                   • 开放性
背景性因素
```

在这一理论模型中,我介绍了三组用来解释个体间差异的背景性因素,该因素已被频繁地应用于与培训成效和创业相关的研究中。背景性因素包括人口学特征、前期经历以及个性特质。

1. 前期经历

每个人在一生中都会拥有不同的经历,因此个体在前期或许已经积累了一定的创业知识,或者对创业产生了一定的兴趣(Cooper,1985;Cooper,1993)。这种知识指的是个体了解的创业相关信息(Venkataraman,1997)。最近的研究则表明,该知识指的是个体将创业当做职业选择来看待的认识(Lilian,2004),以及个体发现的大量创业机会(其中包含很多新颖的想法)(Shane,2000;Shepherd and DeTienne,2005)。因此,前期经历可能会使个体在参加创业课程前就已经形成了职业意向。因此,课程的干预对拥有不同经历的学生可能会产生不同的影响(Fayoll,2006a)。

前期创业经历——榜样及过去行为

该因素包括对榜样的观察、前期工作经历或教育背景,榜样在知识的积累中有极其重要的作用(Carrier,2005;Matthews and Moser,1996;Rondstadt,1990),并且对于职业生涯选择来说是重要的决定性因素(Katz,1992)。当个体以非正式的方式观察并学习(非直接经验)他人的社会行为时,榜样就产生了(Bandura,1997)。根据社会学习理论,榜样是影响职业意向的重要环境因素(Mitchell et al.,2002)。夏皮罗和索科尔(Shapero and Sokol,1982)认为直系亲属,特别是父母,在个体形成创业行为的意向和信度方面起到了最大的作用。大量实证研究表明,如果亲属中存在创业榜样,个体会更倾向于自主创业(Scott and Twomey,1988;Scherer et al.,1989;Matthews and Moser,1996;Peterman and Kennedy,2003)。博伊德和沃兹奇斯(Boyd and Vozikis,1994)认为,如果亲属中有创业榜样,个体创业的自我效能更高,其创业意向也更强。在计划行为理论框架中,榜样主要影响感知行为控制,而对感知合意性与感知社会规范的影响次之(Scherer et al.,1989)。此外,实证研究表明,拥有或运营一家小公司,或者在刚成立不久的公司中工作过的经历有助于创业态度的完善和创业意向的提升(Matthews and Moser,1996)。本章第三部分已经讨论了过去行为的影响。上述经历能够影响个体的创业态度和意向,并且能让个体清楚明白,创业对自己而言是否是可控的,是否具有更大的意义。针对企业管理的相关研究认为,上层管理者可能都具有丰富的相关经历(McCall et al.,1988),克鲁格(1993)在创业领域的研究证明了这一说法。因此,相关经历的丰富程度应该比任何特定类型的经历都能更好地预测创业态度。克鲁格(1993)认为,可以接触创业的环境共有四种:家族企业,由亲属和朋友创办的公司,受雇于其他小型企业以及自己创办的公司。

之前参加创业课程的经历

在受到新的创业课程行为干预之前,有创业课程经历的学生或许已经获得了在创业教育中能够得到的所有信息。由于个体处理信息方式的不同,可能已经表现出了强烈的创业意向(或拒绝创业的意向)。

之前完成的通识教育经历

已经完成的教育是影响职业意向的另一因素。在高等教育中,学生以非创业者的身份为职业生涯做准备,他们参加的课程会传递"接受工作"的思想。例如,惠特洛克和马斯特斯(Whitlock and Masters,1996)发现,创业意向会在参加工商管理课程之后降低。同样,个体选择的专业(以及选修课程)在创业态度的形成上也有一定的作用——例如,商科学生比其他专业的学生能更清楚地认识到,创业也是一条可行的职业发展道路。

2. 人口学变量

个体因不同的人口学变量拥有不同的经历,这些经历又决定了个体不同的学习和理解方式。因此在评价创业教育影响之时,需要考虑个体的这些特质,还需不断分析该人口学变量和创业意向之间的联系。然而,目前依然少有针对人口学变量和培训成果之间联系的研究,在创业教育背景下的研究甚至更少。与创业培训相关的研究中使用最多的人口学变量是性别、年龄以及移居背景(Colquit et al.,2000)。

性别

之前针对创业教育效果方面的研究并没有明确表明哪些因素与其相关(Webster and Martocchio,1995;Colqui et al.,2000)。有关创业教育对不同性别影响的研究也没有得出一致的结论。威尔逊等学者(2007)在针对工商管理硕士的研究中发现,与男性相比,创业教育能显著提升女性的创业自我效能。另外,欧斯特贝克等学者(2010)发现,拥有创业相关经历对男性和女性的创业意向均产生了消极的影响,而对女性的影响更为强烈。虽然这两项研究的方向不同,但可以看出创业教育对女性学生似乎比对男性学生有更加显著的影响。现有研究已针对性别和创业意向进行了大量的分析。分析显示,妇女和年轻女性对创业的兴趣比男士和年轻男性低,而创业意向也没有那么坚定(Scherer et al., 1989; Matthews and Moser, 1996; Kolvereid, 1996a; Chen et al., 1998; Kourilsky and Walstad, 1998; Delmar and Davidsson, 2000; Gatewood et al., 2002; Veciana et al., 2005; Zhao et al., 2005)。班杜拉(1992)认为,这种情况出现的原因是,女性更容易因为感知到必要技能的缺失而限制自己的职业意向。这一点似乎在创业领域更为明显(Bandura et al., 2001)。

年龄

大量研究发现,年龄对学习有消极的影响(Colquit et al., 2000)。然而,可以推断的是,参加相同创业课程学生的年龄段都大致相同,所以我将不讨论这一变量对创业教育的潜在影响。

国籍

之前的研究发现,不同国家存在不同的创业文化。这些研究对其原因进行了分析(Hayton et al., 2002)。米勒和托马斯(2001)将文化定义为特定群体或社会特有的潜在价值观体系。参照全球创业观察(Global Entrepreneurship Monitor)的报告数据,德国的总体初期创业指数(TEA, Total Early-stage Entrepreneurial Activity)为4.2,在欧盟国家中最低(Kelley et al., 2010)。因此到德国留学一学期的学生,比身在德国的学生感受过更为强烈的创业氛围。另外,当某一经济体中其他的职业选择都行不通时,对于移居群体来说,创业是最好的安身立命之法(Hagen, 1962)。虽然并不是所有少数民族群体都更有意愿进行自主创业(Shapero and Sokol, 1982; Delmar and Davidsson, 2000),但生于移民家庭的德国学生也许比德国本土的学生更能体验到不同的创业环境。计划行为理论很少被用于研究不同的创业文化。奥托等学者(Autio et al.,

2001)以及莉莲和陈(2009)的研究是少有的两个例子。后者认为文化共有的价值观能够影响创业态度。并且,由于感知社会规范反映了创办一家企业所面临的社会压力,文化价值观对感知社会规范的影响更为强烈。因此,与父母一同移民德国的学生或者在德国留学一学期的学生会比其德国本土的同学展现出更强的创业态度和意向。可见,创业教育对这两类人的影响是不同的。

3. 人格维度

研究者假定,个体在特定性格特点上的差异和学习的成功之间存在一定的关联(Rothstein et al.,1994)。因为学习是一种受感知影响的信息处理行为,无意识的性格因素可能会通过与该行为的相互作用对其产生调节作用(Lindsay and Norman,1977)。然而,关注个体性格对培训意愿和培训成效影响的调查研究明显不足(De Raad and Schouwenburg,1996),而在创业教育这一特定背景下的研究则更少。最近,针对个性特质和学业表现之间关系的分析框架是从大五人格模型(Big 5 model of personality)借鉴得来的(Dean et al.,2006)。该模型将"人类性格中重要的、相关的或有用的所有方面"进行了归类(Cattell,1943)。根据诺曼(Norma,1963)的分类方法,这五种维度分别为外向性(Extraversion)、随和性(Agreeableness)、尽责性(Conscientiousness)、情绪稳定性(Emotional Stability)和开放性(Openness to Experience)。在该模型的基础上,一些研究试图描述"理想的"学生(Gough,1966;Middleton and Guthrie,1959;Oakland,1969;Schmit Ryan,1993)。

同时,大五人格模型也被应用于创业研究领域来区分创业型管理者和非创业型管理者之间的不同。研究证明,创业的决心在某种程度上至少应和性格结构有关(Brockhaus and Horwitz,1982)。赵等学者(2010)最先检验了人格与创业意向之间的关系。在本书的分析中,我也使用了这一模型。我会在接下来的部分具体讨论这五个维度。由于性格特质不会在短时间内改变(Fishbein and Ajzen,2010),我们可以假定其不会受到创业培训的影响(Oosterbeek et al.,2010)。

外向性

人们认为,外向性格的人活跃、充满能量、精力充沛,并且善于社交。他们自信果敢,积极主动。这一性格维度有利于学习新事物。在德拉德和施温伯格(De Raad and Schouwenburg,1996)的综述中,他们发现成绩好的学生往往在外向这一点上的得分较低,因为外向学生更愿意社交,而非专注于自己的功课。但是,巴里克和芒特(Barrick and Mount,1991)发现,外向性格有助于体现培训成效,尤其是需要投入大量精力进行互动的培训。因此,积极主动的学生往往在学习上更具效率(Burris,1976)。另一方面,这些特质通常与创业者联系在一起,因为他们需要与外界进行大量的互动。此外,外向性的人最具领导能力,这一点也是创业者必备的素质(Zhao et al.,2010)。因此,外向的个体应该更向往创业(Costa et al.,1984)。赵等学者(2010)对相关研究的元分析表明,外向性对于创业意向而言是十分重要的预测因素。

尽责性

与尽责有关的特质(或通常所说的"成就的必要因素")包括:条理清晰、高效务实、可靠认真、勤奋负责、目的性强以及坚韧不拔(Goldberg,1992)。在培训成效方面,尽责性常常被认为是学习和教育过程中非常重要的心理因素(De Raad and Schouwenburg,1996)。研究发现,尽责性和培训表现呈正相关(Salgado,1997),尽责性强的学生更有动力呈现良好的表现(Charnorro-Premuzic and Furnharn,2005)。麦克莱兰(McClelland,1961)也将尽责性与工作表现联系起来。在该维度得分较高的个体更易被下列的工作条件吸引:工作结果可控,具有适度的风险,并且能直接得到他人的反馈。根据麦克莱兰的研究,与其他工作相比,创业具有更多类似上述的特点。陈等学者(Chen et al.,1998)也强调了和尽责性相关的其他特质的重要性,比如拥有毅力和动力。因此,尽责性很强的人更容易被创业吸引。这一点也得到了赵等学者的证实(2010)。

开放性

具有开放性特质的人通常都富于想象力、有创造力、有修养、好奇心强、思维开阔、有才智、并且愿意锲而不舍地寻找新灵感。在学习能力方面,萨尔加多(Salgado,1997)发现,这一因素对于培训成效的预测十分有效,因为在创业课程中,上述特质能赋予学生积极的学习态度和更大的学习动机。所以在该维度得分较高的学生更适合参加创业课程(Barrick and Mount,1991)。赵等学者(2010)总结,这些学生更愿意进行创业,因为该特质与创业者需要完成的任务(即对机会的识别)有关。

情绪稳定性

和情绪稳定相反的是神经质,其特征是易焦虑沮丧、愤怒、尴尬、情绪化、担忧并且没有安全感。巴里克和芒特(1991)认为情绪稳定的学生比神经敏感的学生更具优势。因为高度神经敏感的人不能独立完成任务,这意味着这些人几乎不可能以创业为职业。创业者应该具有坚强乐观的特质,能够时刻准备好面对社会压力和不确定性因素,比如沉重的工作负担、独立作出重要的决策以及不确定的财务状况。因此,赵等学者(2010)假定,情绪稳定性和创业意向呈正相关。

随和性

这一维度能够预测人际关系。相关特质为恭敬、灵活、可靠、合作、大度、谦虚、无私以及宽容。根据德拉德和施温伯格(1996)的研究,现在仍不能直接证明该特质和学业表现之间的关系。赵等学者(2010)则认为随和性很高的人十分容易相信别人,不适合成为创业者,而适合成为社会工作者。

以上五个人格维度对创业教育有两个方面的启示:一方面,由于创业者一般需要具备较高的社交能力,因此具有外向性、尽责性特质,乐于分享并学习经验,且情绪稳定的学生更易体现培训效果,也能学到更多知识(Dean et al.,2006)。他们更容易发现自己是否真有能力完成创业任务,并由此改变其创业态度和意向。另一方面,在这些维度得分较高的学生可能已经具备了较高的创业意向,因此不会被短期干预(例如创业教育)影响,其创业态度和意向中可观察的改变也会降至最小。

我将在第四章到第六章的实证分析部分解答这一问题。

4. 基准模型的延伸

到目前为止，我们已经讨论了个体由外部影响因素引起的特征变量。然而，与课程及课程环境相关的变量也会影响态度和意向的改变[①]。

社会互动

教育经济学认为，同伴的素质和行为——即在同一间教室里学习的其他学生的素质和行为——是学生学习成果最重要的决定性因素之一。该领域最有影响力的研究是1966年的"科尔曼报告（Coleman Report）"。报告显示，表现一般的学生更易受同伴影响（而不是针对每个学生增加的花费）而获得进步（Coleman et al.，1966）。因而同伴特点和学业表现（学分绩点）之间的关系经常在研究中受到讨论（Sacerdote，2001；Schneeweis and Winter-Ebme，2007）。费科特等学者（Facteau et al.，1995）认为，个体在同伴的帮助下能更好地将所学技能应用到工作中。最近的创业领域的研究也证实了同伴的影响。研究发现，对拥有创业相关经历的个体而言，在创业活动中的社会互动能够带来社会乘数效应（Gompers et al.，2005；Nanda and SorenSen，2010）。福尔克等学者（Falck et al.，2010）发现，有过创业经历的同伴对个体的创业意向会产生积极的影响。所以，在创业课程中，学生同伴的组成能够影响其在创业态度和意向上的改变。

学习

乔安尼森（Johannisson，1991）的研究发现创业教育有五个学习层次（Souitaris et al.，2007）：创业者为何创业（价值观、动机），需要做什么（知识），如何实践（能力、技能），需要认识哪些人（社会技能、社会关系）以及何时创业（经验和灵感）。上一小节已经讨论了前期积累知识的作用。而学生在创业教育中习得的知识也能影响其对自身信念的评价和再评价，进而推动自身的创业态度和意向的改变。

---

① 我会在第四章至六章的实证分析中重点讨论这一基准模型。第七章则会单独讨论创业教育中的同伴效应。而这一小节将介绍被测学生对相关课程（行为干预）质量感知的变量。

与课程相关的附加变量

鉴于创业课程组成的重要性,一些附加变量也应纳入评价体系。比如,教师是非常重要的影响因素,因为他们负责教授学生理论知识和新的研究发现,并且会在课程中对学生的表现给予反馈意见。除此之外,卢瑟耶和弗兰肯(2002)认为教师队伍中应该存在创业实践者,这些人能够就亲身经历来教授学生,让其了解创业者的角色和创业任务。这能够促进创业者和学生之间隐性知识的分享,让学生获取更多信息来判断创业是否是值得或可行的。此外,附加变量还应包括学生在合作制定创业计划时对课程(或其他反映创业课程特点的因素)的满意度评价等。

正如前文所述,创业课程对不同学生的影响是不同的。因此,所有背景性变量——以及更多潜在的变量都会帮助研究者评价创业教育效果。然而,菲什拜因和阿杰恩的研究显示,背景性变量对课程的影响尚不明确,这仍然是实证研究需要解决的问题。我将在第四章到第六章的实证研究中解答这一问题。

现在仍然存在一个与行为干预有关的问题,即不管创业教育对不同学生有什么样的影响,教师在课程开始之前都可能具有改变学生信念和未来行为的目的。由此,他们可能会影响学生的未来职业生涯。这可能会导致一个道德问题(无论他们是否已经意识到),即教师应如何利用该影响,甚至他们是否应该利用这一影响。

5. 道德问题——信息和劝说

菲什拜因和阿杰恩(2010)指出,道德问题在行为干预中的作用日趋重要。通常,当个体基于他人提供的信息能够作出更为明智的决定时,个体会乐于接受甚至希望获得该信息。反之,当他人提供某一信息是为了劝说个体采取他期望的特定行为时,该信息提供者是不道德的。

创业教育的教师正面临着这样的问题。他们必须确定在课上传递给学生的信息是准确的,并且这些信息是基于最新的科学知识,而不是基于自己的创业态度、意向和行为。但在提供关于特定行为的信息时,不具有任何潜在的劝说性是不太可能的。然而,需要注意,学生有权接受或拒绝创业课程传达的信息。此外，干预学生的创业意向也是一个与道德有关的问题[①]。但我在第一章进行了讨论，即创业教育应该确保学生能够对自己的未来作出更明智的决定。

六、结论

我在本章介绍了用以评价创业教育效果、基于计划行为理论的理论框架。由于计划行为理论已被大量研究验证，并被广泛应用在预测创业活动方面，该理论为本研究提供了有效的理论支撑和测量指标。

我的理论框架在评价创业教育方面有几大优势。首先，它并不局限于测量微观经济方面的指标，如创建的企业和工作数量，该数据并不适用于评价创业教育（见第一章第二部分对该问题的讨论）。该框架关注的是学生在参与创业课程的过程中创业态度和创业意向的发展变化。这些变化能间接而合理地评价创业课程对学生职业意向的影响。第二，该框架主要观察少量却十分重要的变量（感知合意性、感知社会规范以及感知行为控制），能有针对性地对创业教育效果进行评价。这三种态度之下潜在信念的不同变化可以体现导致该变化的特定课程内容。因此，这为更好设计创业教育开辟了一条新路径，从而让学生选择更适合自己的职业生涯。第三，该框架下的背景性因素对三种态度背后潜在信念的形成和再评价起着重要作用。因为当背景性特征（如人口学特征、前期经历及个性特质）不同时，创业教育对不同学生的影响是不同的，并非所有学生都会对创业课程中的刺激做出回应。由于大多数公立大学的预算有限，这就为课程提供方提出了一个新的研究课题。当大学只提供数量有限的讲座或研讨会时，这些资源应该提供给那些愿意获得该学习体验的学生。最后，从应用的角度来说，该框架是以一系列已经得到证实且可靠的理论和测量指标为基础。如果应用基于计划行为理论设计的预调查问卷来预测

[①] 其他领域也可能存在试图劝导人们改变其行为的道德义务。例如，劝导人们减少吸烟，或增加避孕套的使用。

创业活动,可以避免在测量变量中出现不必要的问题。此外,计划行为理论在创业研究领域(特别是创业教育评价)已得到了广泛应用,其研究结果可以与我们研究发现相比较。而且,我们可以对研究发现进行分类,并据此强化课程设计,选择合适的授课对象。

下一章我将分析该理论在本研究中的应用,介绍我的研究设计以及相关创业课程。另外,我还将介绍研究使用的调查问卷、问卷效度检验以及描述参加课程的学生样本。

第三章 数据收集背景与数据描述

一、引言

  本书旨在从理论和实证角度探讨并确定创业教育对创业态度及创业意向的影响。在前面两章,我已介绍了本书的理论基础,现在我将对研究设计和数据的收集进行说明。在该数据库的基础上,我将在接下来的几章对创业教育效果的大小和性质进行实证评价。我认为我的理论框架同前人研究(见第一章第二部分)相比具有一定的优势。在本章,我将对该理论的实际应用进行详细论述。此外,我还将介绍数据库中的一些注意事项,这有助于使大家理解研究发现。为了证明本研究数据的有效性,并保证今后可以沿用该研究设计进一步验证研究结果,我会详细介绍数据收集的过程。

  评价创业教育效果的最佳研究设计就是对照实验法(controlled experiment)。为了进行该实验,必须首先选定一门创业课程,然后将参与课程的学生作为实验组,其他学生作为对照组。为了保证实证分析的统计效果,样本容量应该尽可能大。最佳研究设计方案的第二个要素是数据收集,在运用本框架的对照实验中,研究者需要对学生进行两次调查:第一次是在课程开始前测量学生最初的态度和意向,即前测;第二次是在课程结束后再次测量学生的态度和意向,即后测。这样就可以保证研究者能准确地确定实验组和对照组在态度和意向(根据第二章的理论模型)上的变化,也可以对这两组的态度和意向进行进一步的对比分析,而分析结果可以显示创业教育的真实效果。在收集数据时,研究者还要确保学生能够对两项测量都做出回答,否则数据会出现失访偏差(attrition bias)。失访偏差意味着受访者的缺失,即调查者在前测中得到了所有数据,却无法将数据结果与后测一一对应(Heckman,1979)。第三,前测和后测的问卷都应建立在已有的理论和已使用过的题项上,研究者需要确保该测量指标的效度、实验设计的可沿用性以及与其他研究结果的可比性。

然而,这样的设计在实践中是很难实现的,或者说,要求实验具有可控性是几乎不可能的。因此,只有少数的研究运用了前测后测对照组设计,包括我已提及的彼得曼和肯尼迪(2003)、萨塔瑞斯等(2007)以及欧斯特贝克等(2010)进行的研究。

此外,研究设计中还可能存在其他问题,例如实验组和对照组的选择问题。在大多数研究中,包括上述三项研究,创业教育课程都是选修课程,即学生自己决定是否学习该课程。因此,这些学生在参加课程之前可能就已经对创业教育有了正面(或负面)的想法,这会直接导致学生在学习课程时带有偏见地解读信息,继而影响他们在行为信念、规范信念和控制信念上的改变。另外,虽然上述研究中实验组和对照组的选择并不是随机的,但研究并没有就两个小组背景性变量的等效性问题进行外显检验(explicit tests)。之前我已强调过,背景性因素会显著影响学生对创业教育课程信息的理解。因此,在解释研究发现时忽略实验组和对照组学生的差异(如前期创业经历等)可能会导致结论出现偏差。此外,由于创业教育在高等学校起步较晚,班级规模通常都不大。相比其他课程,创业教育课程对大多数学生而言(特别是非商科学生),不是必修课程。因此,之前研究的样本量都不是很大(见第一章)。最后,由于这些研究在测量同一对象上采用了不同的测量方法,因此很难根据其研究结果进行比较分析。

本章分为六个部分,主要介绍我的研究设计和数据,旨在克服前人研究中研究方法的不足,从而尽力接近最佳研究设计。在第二部分中,我将分别描述前测和后测的实验组和对照组,并详细介绍作为行为干预的创业教育课程。与其他研究不同(欧斯特贝克等学者2010年的研究除外),该课程是必修课,这缩小了由自选课程导致的潜在偏差。在第三部分,我将按照时间顺序概括数据收集的过程。在第四部分,我将介绍用于测量第二章第五部分涉及变量的题项。我的测量指标以阿杰恩(Ajzen,1985;1991)、菲什拜因和阿杰恩(Fishbein and Ajzen,2010)的计划行为理论,以及以往与创业意向预测相关的实证研究为基础,这保证了研究发现与其他研究的可比性。为了确保研究的可沿用性以及第四章至第七章研究发现的有效性,本部分还将对数据收集过程和调查问卷中的题项进行详细介绍。第五部分将分析研究数据中几个可能的偏差,并将对实验组和对照组进行等效性检验,该检验在前人研究中并未进行过。该部分还会介绍样本的描述性统计数据。第六部分涵盖了针对课程总体评价的调查结果。最后,本章还会讨论数据库的适用性以及之后几章在实证分析中存在的潜在漏洞。鉴于研究结果建立在单一的课程理念之上,本章还将探讨本研究结果对课程设计的启示应如何扩展到所有创业教育中去。

二、背景

本部分将详细介绍作为行为干预的创业课程,并基于从参加课程学生中收集的数据和第二章第五部分介绍的理论模型来评价创业教育对学生的创业态度和创业意向的影响。按照彼得曼和肯尼迪(2003)、萨塔瑞斯等学者(2007)以及欧斯特贝克等学者(2010)的研究设计,我也收集了未参加课程学生(即在同期没有学习创业教育课程的学生)的数据。通过对比参加课程学生和未参加课程学生创业态度和意向的变化,可以确定课程的真实效果。

(一) 实验组

我在慕尼黑大学的慕尼黑管理学院中选择了工商管理专业第三个学期的学生作为实证研究对象。在这一学期,学生需要学习创业计划这门必修课程。该课程由创新、技术管理和创业研究所(Institute for Innovation Research, Technology Management and Entrepreneurship)，以及慕尼黑大学创业中心(LMU Entrepreneurship Center)开设[①]。由于该课程为必修课，所以并不会出现有关选课意愿的问题。另外，我可以确定，这门课程是学生学习的第一门与创业有关的大学课程，由此可以分析创业教育课程的真实效果。此外，第三学期的学生一般不可能已经拥有明确的职业意向，因此，创业教育课程作为未来职业选择的信息来源之一，仍然可以影响学生的职业规划。第三，由于此研究项目并不只是为了观察课程对创业态度和意向的总体影响，还需评价背景性因素对创业态度和意向的影响，所以选择该课程作为研究范本是最佳的选择。

这门课程主要有三个目标：一是教授学生规划和经营新创企业所需的基本能力，尤其是制定完整创业计划所必需的知识和技能；二是提高学生对创业作为一种职业选择的认识。学生需要学习小型企业、个体经营和创业的知识，以便做出理性的职业选择；三是学生通过与创业者进行互动来获得实践经验。这门课程并不以说服学生成为创业者为目标，也不会将创业描述成非常值得的职业选择。虽然创业对经济的重要性不容置疑，但课程并不会引导学生做出相应的决定。

创业计划课程的安排如下：每年第三学期的学生都要在冬季学期（十月到次年二月）学习这门课程。在此期间所有学生（每年大约400人）都要参加授课环节(plenum sessions)（每次时长90分钟），教师会教授创业的基本原理以及如何制定创业计划。另外，课程会特别邀请创业者、营销和金融等领域专家做嘉宾，为学生提供实用建议。授课的同时，学生每4—6人会组成一个小组来共同制作创业计划，每个小组都会安排一位慕尼黑创业者针对创业计划提供指导。这样学生就可以脱离纯粹的学术层面，从实际创业者的角度来深入了解创业工作。另外，每周将有四个小组

[①] 虽然我是这两所机构的成员，但我从未参与过创业计划课程。

参加由慕尼黑管理学院教员主办的个别指导(或讨论环节)[①](共持续20周,每次90分钟)。在讨论环节中,每个团队都会向教师和其他团队展示他们的创业计划进程并得到反馈。此外,学生还能进入电子学习平台下载课程的音频。课程结束后,学生团队必须上交一份完整的长达15页的创业计划,并向扮演模拟投资者的教师做20分钟的展示。课程成绩主要以创业计划及展示过程中的团队成绩为主,其次是个人成绩(每个团队成员都"负责"创业计划中的一章)。另外,课程还会评选出十个最佳创业计划,但这并不会与成绩挂钩。最后,每个学生都会获得结课证书。总而言之,每年都有大约400名学生学习创业计划课程,每4—6人组成一个团队,共80个团队,配有40名创业者(每个创业者辅导两个团队)。

表 3-1 和表 3-2 概述了 2008—2009 学年冬季学期(分组一)和 2009—2010[②] 学年冬季学期(分组二)中"创业计划"课程的课程安排。

表 3-1 2008—2009 学年冬季学期"创业计划"课程安排

周历	授课环节(周二)	讨论环节(周一到周四)
42	开课	
43	创业:概述和基础知识	开课
44	产服结合,商业模式	商业创意的第一次展示
45	财务规划	产服结合与商业模式的第一次展示
46	市场和竞争	
47		市场和竞争分析展示
48	销售/营销/公关	
49		销售、营销和公关策略展示
50	发展和创业融资,知识产权	
51		发展计划和目标融资来源展示
3	上交创业计划	
4	创业计划成果展示	
5	结课典礼和最佳创业计划颁奖仪式	

---

① 安排学生以团队为小组与慕尼黑大学创业教育中心的教员进行讨论。
② 用灰色表示的部分为无课程安排的星期,该段时间为考试时间。

表 3-2　2009—2010 学年冬季学期"创业计划"课程安排

周历	授课环节(周一)	讨论环节(周一到周四)
43	开课	开课
44	创业:概述与基础知识、产服结合	
45	高效的团队合作	企业经营理念与产服结合展示
46	市场和竞争	
47	展示技巧	自由团队合作时间
48	营销和销售	市场和竞争分析展示
49	辩论法	营销和公关策略展示
50	团队、组织、发展和创业融资	
51	高效的团队合作 2	
2	上交创业计划	
3	创业计划成果展示	
4	结课典礼和最佳创业计划颁奖仪式	

在下文,我将修过"创业计划"课程的学生称为"实验组"或"参加实验的学生"。

(二) 对照组

我对"创业计划"课程与学生创业态度和意向的因果关系很感兴趣,这需要使用准实验研究法(见第五章)。为了区分该差异是由课程还是其他因素引起的,我还另外收集了对比组(comparison group)[①]的数据,该组在实验组参加"创业计划"课程时没有参加该课程。另外,对照组的学生在各方面(如人口学变量)都与实验组的学生十分相似。

对于 2008 至 2009 学年冬季学期(分组一)的对照组,我下意识地选择了慕尼黑第二大的大学——慕尼黑工业大学的管理学院学生,我在一

---

① 在文献中对照组(control group)和对比组(comparison group)是同义词,下文统一使用对照组。

门名为"管理学"的必修课中发现了合适的对照组。该课程于第三学期开课,面向企业管理专业所有学生,在此之前这些学生还未接触过任何创业教育课程。

而对于2009至2010学年冬季学期(分组二)的对照组,我选择了慕尼黑大学慕尼黑管理学院第一学期的学生。观察这组学生最好的方式就是通过"企业管理入门"这门课程。这是所有企业管理专业新生的必修课。

在下一小节,我将介绍分组一和分组二中实验组和对照组数据的收集过程。

三、数据收集过程

我分别使用了在线问卷调查和纸质问卷调查来采集数据。在线调查问卷的制作和完成是借助 Lime Survey[①] 实现的,这是一款我在慕尼黑大学数据中心的服务器上使用的开源调查软件。我从考试中心得到了学生的邮箱地址,并通过该软件将邮件发送给了选课学生。Lime Survey 可以让我为每位学生都创建一个私人邀请链接,这样我便可以随时了解有哪些学生已经回答了问卷,并给还未回答问卷的学生发送提醒。需要注意的是,我无法将已回答的问卷与私人链接或邮箱地址相对应。

我清楚地告诉所有学生,这项调查仅以研究为目的,并且是自愿参与,所得数据与成绩无关。为了确保措辞清楚和结构效度(validity of the constructs),前测与后测问卷都由三名学校工作人员和五名没有参加调查的学生进行检查。为了减少因受访者主观性和对社会期望的考虑(见第二章第三部分)而引起的偏差,我在邀请邮件和问卷介绍部分都向学生保证他们的问卷将会受到匿名分析,因此要求他们如实回答问题,在输入数据之后不要再次修改。另外,我还保证,他们的数

---

① http://www.limesurvey.org/.

据将被用来改进课程,并会给出一定奖励(见下),以鼓励他们的积极参与。

为了保证布局清晰,我将调查问卷中所有题项都进行了统一分类并分组显示,该分类也会出现在纸质调查问卷中。

由于我对个体创业态度和意向的变化也很感兴趣,因此我将同一个体的前测和后测问卷进行了匹配,这是通过结构化的身份识别码①实现的。为了方便查看,我保存了所有问卷。

共有四组学生参与了问卷调查,包括两个实验组和两个对照组。接下来我会介绍这八项调查的回应率、混合样本的总体回应率以及匹配问卷的比较结果。

(一) 实验组

两个实验组都是在课程开始之前(前测)以及上交最终的创业计划之后(后测)完成调查问卷的,但此时学生还不知道自己的课程成绩。

1. 数据收集

分组一的收集过程

分组一的前测问卷是在网上进行的,我通过慕尼黑管理学院的考试中心收集到了学生的电子邮件地址,并于 2008 年 10 月 2 日(凌晨零点)发送了调查问卷邀请链接,要求学生在 2008 年 10 月 14 日(课程开始日期)之前完成问卷,并在开课时(下午两点)将邀请链接设为失效。为了奖励学生积极参与,我还随机送出了 10 张价值 25 欧元的亚马逊代金券。此外,每 50 名学生中会有 1 名通过参加实验来赢得价值 300 欧元的奖励。10 月 9 日和 10 月 13 日(都是凌晨零点),我向当时尚未回答问卷的同学发送了提醒。由于我认为学生在领取出勤证书时(2009 年的第 6 周)

---

① 身份识别码由四个部分组成:学生母亲名字的第一个字母、学生名字的最后一个字母、学生出生月份的第一个数字和学生出生地的第一个字母。

回答调查问卷是最有效、最直接的方式,因此该后测的问卷是纸质的。这种方法减少了学生填写调查问卷所花费的时间和精力。为了奖励学生参与实验,我仍然准备了一个活动,即每100名学生中会有1名通过参加实验来赢得价值300欧元的奖励。

分组二的收集过程

由于在分组一的纸质调查问卷中出现了部分题项漏填的情况,分组二的前测和后测问卷都是在网上进行的。同样,我从慕尼黑管理学院的考试办公室收集到了所有选课学生的电子邮件地址,并于2009年10月6日(凌晨零点)发送了前测调查问卷的邀请链接,要求所有学生在10月19日之前进行回复。我同样在开课时(下午两点)将链接设为失效。这一次,回复调查问卷是学生注册电子学习平台的一个前提条件,在该平台学生能够看到分配给他们的讨论环节的课题。然而,学生并不是被强制填写调查问卷的,因为我们还为他们提供了一个可以直接注册电子学习平台的链接。而对未能及时回复调查问卷的学生,我分别在2009年10月10日和10月18日(都是凌晨零点)发送了提醒。后测问卷的链接是在2010年1月25日(下午四点)的结课典礼结束后发出的,学生需要在2010年2月10日(下午11点59分)之前完成,所以我在2010年1月31日和2月5日给还未填写调查问卷的同学发送了两次提醒。为了奖励参与调查的学生,我将课程结课证书邮寄给了学生,而不是通知他们到慕尼黑大学创业教育中心领取。学生提供的邮寄地址储存在了另一个数据库中。

2. 回应率

分组一

在2008—2009学年的冬季学期,共有409名学生学习了"创业计划"课程,共357名(87.143%)学生回复了前测问卷或后测问卷,其中311(76.0%)份问卷是完整的。280名(68.5%)学生回复了前测问卷,其中254份(62.1%)调查问卷是完整的。共有267名(67.5%)学生回复了后测问卷,其中 255 份(62.3%)问卷是完整的。在 254 份前测问卷和 255 份后测问卷中,有 177 份(43.3%)可以相互匹配。遗憾的是,我在重组学生团队时遇到了一些困难:由于我还关注团队中可能产生的同伴效应,我决定依照之前的团队组成。因此,我不得不去掉了 31 个相对更加匹配的前测后测观察数据。最终我获得了 146 份(35.7%)完整并且有效的前测后测问卷配对。

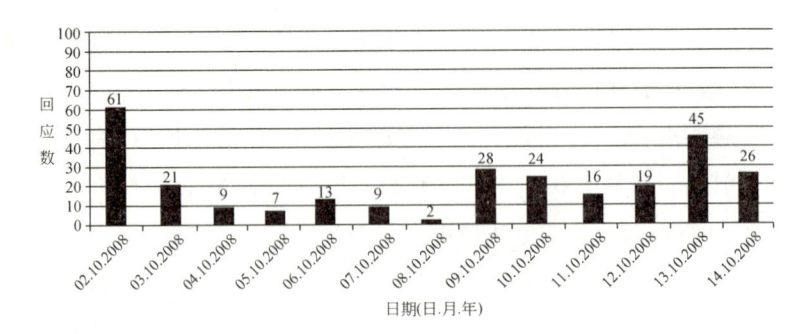

图 3-1　2008—2009 实验组前测的回应数量(按时间顺序排列)

分组二

共 405 名学生参加了 2009—2010 学年的"创业计划"课程,我共收到了 353 份(87.2%)前测后测调查问卷,其中 331 份(81.7%)是完整的。342 名(84.4%)学生按要求回答了前测调查问卷,其中 340 份(84.0%)是完整并有效的。

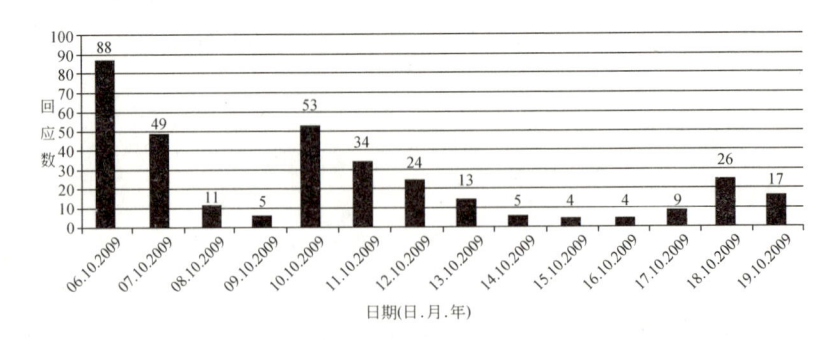

图 3-2　2009—2010 实验组前测的回应数量(按时间顺序排列)

共 290 名(71.6%)学生回答了后测问卷,其中 270 份(66.7%)是完整并有效的。

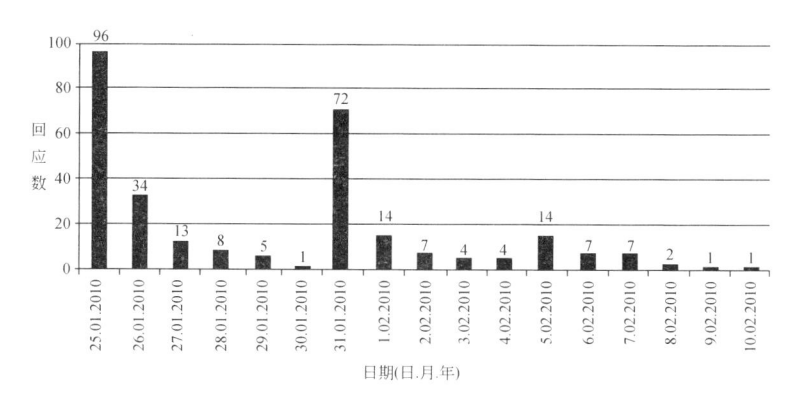

图 3-3　2009—2010 实验组后测的回应数量(按时间顺序排列)

我共收到了 257 份(63.5%)完整并有效的前测和后测问卷配对。

(二) 对照组

对照组与实验组同时完成了调查问卷,即前测是在"创业计划"课程之前进行的,后测是在课程之后进行的。

1. 数据收集

分组一的收集过程

我没能获得学习"管理学"课程学生的电子邮件地址,所以前测和后测问卷都是纸质的。考虑到授课教师的安排,我让学生在 2008 年 10 月 23 日课程第二阶段(即"创业计划"开课的后一周)的最后 10 分钟内填写了调查问卷。同样,作为奖励,我告诉学生我会在完成问卷的所有学生中随机发放 10 份价值 25 欧元的亚马逊代金券。我在 2009 年 1 月 21 日(课程的最后一个阶段)以同样的方式进行了后测。

分组二的收集过程

在分组二中,我通过慕尼黑管理学院考试办公室获得了学习"企业管理入门"课程学生的电子邮件地址,因此前测和后测都是在网上进行的。

我在2009年10月8日(凌晨零点)发送了前测的邀请,而2009年11月1日(下午11点59分)该链接失效。我在2009年10月15日和10月27日(都是凌晨零点)发送了两次提醒。同样,我用10张价值25欧元的亚马逊代金券作为奖励,并指出慕尼黑大学创业教育中心会利用这些数据,改进学生即将在第三学期①学习的"创业计划"课程。学生在2010年1月24日(凌晨零点)收到了进行后测的邀请,被要求在2010年1月11日完成调查问卷。另外,我在2010年1月31日和2010年2月5日(都是在凌晨零点)发送了两次提醒,并使用了与前测相同的奖励。

2. 回应率

分组一

共308名慕尼黑工业大学的学生在2008—2009学年冬季学期学习了"管理学"课程,166名(53.9%)学生填写了前测和后测调查问卷,其中150份(48.7%)是完整的。在前测中,我收到了131份(42.5%)调查问卷,其中116份(37.7%)是完整并有效的。后测收到了79份(25.6%)回复,其中78份(25.3%)是完整并有效的。在将调查问卷进行匹配后,我最终获得了40份(13%)完整、有效的前测和后测问卷匹配对。

分组二

共540名学生学习了2009—2010学年冬季学期的"企业管理入门"课程,我收到了310份(57.4%)前测和后测问卷,其中247份(45.7%)是完整的。273名(50.6%)学生完成了前测,其中234份(43.3%)是完整并有效的。

共150名(27.8%)学生填写了后测问卷,其中123份(22.8%)是完整的。

我共收到86(15.9%)份完整并有效的前测和后测问卷配对。

在第四章到第七章的实证分析中,我将两个分组的数据进行了混合。我认为这是合理的,因为这两个分组的实验组的"创业计划"课程内容并

---

① 事实上,本项目的结果应该能够帮助改进该课程理念。

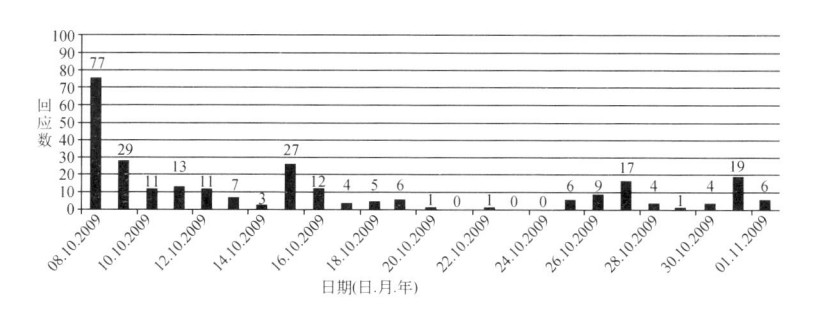

图 3-4　2009—2010 对照组前测的回应数量(按时间顺序排列)

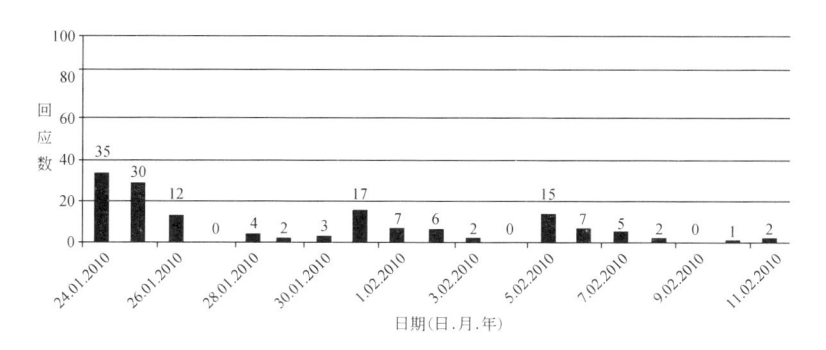

图 3-5　2009—2010 对照组后测的回应数量(按时间顺序排列)

没有很大的差异。另外,我在本章第五部分检验了不同分组的统计等效性,因此最终的实验组样本包括 403 份(49.8%的回应率)匹配并有效的前测和后测问卷。在 126 份(14.9%)完整的对照组调查问卷匹配对中,由于部分调查对象指出他们在前测和后测期间学习了创业教育课程,因此我在 2008 年分组中去掉了 7 份调查问卷,在 2009 年分组中去掉了 13 份调查问卷。由此,对照组共由 106 个(12.5%)调查对象组成,他们在调查期间全部都没有接触过创业教育课程。

我将会检验这两个分组在背景性因素和最初的创业态度和意向上是否具有显著性差异,以确定他们是否具有等效性。但是在阐述数据可能存在的偏差之前,我还需要验证调查问卷量表的信度和效度。

表 3-3 概述了两个分组中实验组和对照组的回应率。

80　创业教育评价

表 3-3　分组研究下两个小组的调查回应率

	分组一 实验组 前测	分组一 实验组 后测	分组一 对照组 前测	分组一 对照组 后测	分组二 实验组 前测	分组二 实验组 后测	分组二 对照组 前测	分组二 对照组 后测	混合分组 实验组 前测	混合分组 实验组 后测	混合分组 对照组 前测	混合分组 对照组 后测
学生人数	409	357	308	166	405	353	540	310	814	710	848	476
前测后测回应数量(率)		87.3%		53.9%		87.2%		57.4%		87.2%		56.1%
完整的调查问卷数		311		150		331		247		642		397
量(率)		76.0%		48.7%		81.7%		45.7%		78.9%		46.8%
回应数量(率)	280 276	68.5% 67.5%	131 79	42.5% 25.6%	342 290	84.4% 71.6%	273 150	50.6% 27.8%	622 566	76.4% 69.5%	404 229	47.6% 27.0%
完整的调查问卷数量(率)	254 255	62.1% 62.3%	116 78	37.7% 25.3%	340 270	84.0% 66.7%	234 123	43.3% 22.8%	594 525	73.0% 64.5%	350 201	41.3% 23.7%
完整匹配并有效的调查问卷	**146** **35.7%**		**40** **13.0%**		**257** **63.5%**		**86** **15.9%**		**403** **49.8%**		**106** **12.5%**	

四、测量指标

在本部分，我将介绍评价调查变量的题项，并按照第二章第五部分分析的顺序介绍每种测量指标。

实验组前测问卷由两部分构成。第一部分要求被调查者填写用来匹配前测和后测调查问卷的身份识别码。第二部分的题项与下列内容有关（按照以下顺序）：人口背景性因素、前期创业经历（包含父母创业、熟人创业的情况和自己的创业经历）、计划行为理论变量以及个性特质。

后测问卷与前测问卷基本相同，但后测问卷添加了第三部分，即学生对"创业计划"课程的评价。为了简化匹配工作，有些不因时间而改变的问题（如人口学背景和个性特质）没有包括在内。

对照组的前测和后测问卷与实验组完全一致。由于学生没有参加创业课程，我去掉了课程评价题项。

（一）问卷调查测量指标的选择

在心理学和创业教育领域现有理论和实证文献的基础上，我设计了针对计划行为理论变量和其他相关变量的测量指标。如有需要，可以联系作者获取调查问卷的副本。完成调查问卷大约需要10—20分钟。

1. 针对计划行为理论变量的测量指标

为了设计测量计划行为理论变量的调查问卷，我回顾第二章第四部分提到的研究工具和第一章第二部分对创业教育评价的研究。在借鉴利安和陈（2009）的文献基础上，我进行了交叉检查（across check）。在设计调查问卷的过程中，我又参考了阿杰恩关于计划行为理论发展的著作（Ajzen,1985; Ajzen and Madden,1986; Ajzen,1991,2002）。按照研究推荐的方法，所有测量指标都采用了李克特七级量表（7-point Likert sacles）计分。为了保持一致，避免对学生造成困扰，每个题项有7个选项。我要求学生在以下题项中进行选择来表示同意的程度：

表 3-4 李克特七级量表中的题项

德语原文	译文	代码（便于实证分析）
"ich stimme überhaupt nicht zu"	"完全不同意"	1
"ichstimme nicht zu"	"不同意"	2
"ich stimme eher nicht zu"	"比较不同意"	3
"weder noch"	"既不同意也不反对"	4
"ich stimme eher zu"	"比较同意"	5
"ich stimme zu"	"同意"	6
"ich stimme voll und ganz zu"	"完全同意"	7

创业意向

阿米蒂奇和康纳(2001)发现意向的行为指标比另外两种意向测量指标——意愿(desire)和自我预测(self-prediction)更具有优势。因此，我使用了由夏皮罗和索科尔(1982)最早提出的测量指标来测量创业意向。

表 3-5 测量创业意向的题项

题项序号	调查问卷中的德语原文	译文
1	"Ich strebe an, innerhalb der nächsten fünf bis zehn Jahre mein eigenes Unternehmen zu gründen."	"我想在今后的5至10年内创业"。

感知合意性

现有文献使用了以信念为基础的量表(Kolvereid, 1996b)和集群量表(aggregate scales)(Kolvereid and Isaksen, 2006)来测量感知合意性。在后者的研究中，他们分别用这两种方法对创业意向进行了回归分析。其中集群量表回归分析的效果十分显著，而以信念为基础的量表分析效果并不显著。另外，阿杰恩(1991)还提出以信念为基础的量表和集群量表之间的关联性并不十分强。基于这一原因，我决定采用集群量表来测量感知合意性。我采用了最早由冈德里和韦尔奇(Gundry and Welch, 2001)开发的4个题项，以及由科尔沃雷德和伊萨克森(2006)添加的第5个题项。题项的平均数是感知合意性的总体指标(Gundry and Welch, 2001)。

表 3-6　测量感知合意性的题项

题项序号	调查问卷中的德语原文	译　　文
1	"Ich würde lieber mein eigenes Unternehmen besitzen, als in einem Angestell-tenverhältnis mehr Geld zu verdienen."	"我更愿意拥有自己的企业而不是在其他企业获取一份高收入工作。"
2	"Ich bin lieber mein eigener Chef, als in einem Angestelltenverhältnis Karriere zu machen."	"我更愿意拥有自己的企业而不是在其他企业获得一份有前途的工作。"
3	"Um mein eigener Chef zu sein, bin ich bereit, erhebliche persönliche Opfer zu bringen."	"我愿意为了自己创建的企业而付出巨大的个人牺牲。"
4	"Ich würde nur so lange als Angestellter arbeiten bis ich die Möglichkeit habe, ein eigenes Unternehmen zu gründen."	"在我有创业打算之前会一直在其他企业工作。"
5	"Ich bin bereit, in meinem eigenen Unternehmen bei gleichem Gehalt mehr zu arbeiten denn als Angestellter in einer Organisation."	"在其他企业能获得相同收入的时候,我愿意在自己创建的企业付出更多努力。"

感知社会规范

在创业教育领域,这个因素时常被忽略(Krueger,1993;Chen et al.,1998)。现有研究一般会询问最亲近的家人、朋友和其他重要的人这三个重要的参照群体,被调查者是否应该成为创业者。然后根据他们的意见来修改关于"遵从的动机"的问题(Kolvereid,1996a;Tkachev and Kolvereid,1999;Kolvereid and Isaksen,2006;Souitaris et al.,2007)。因此我采用了这3个题项,并添加了学生的意见,因为在创业教育课程中,学生常常会收到其他人的反馈,同学的影响是十分重要的。

表 3-7　测量感知社会规范的题项

题项序号	调查问卷中的德语原文	译　　文
1-1	"Ich glaube, dass meine engste Familie findet, dass ich ein Unternehmen gründen sollte."	"最亲近的家人认为我应该创业。"
1-2	"Die Erwartungen meiner engsten Familie sind mir wichtig."	"最亲近的家人的期望对我来说很重要。"

续表

题项序号	调查问卷中的德语原文	译　　文
2-1	"Ich glaube, dass meine engsten Freunde finden, dass ich ein eigenes Unternehmen gründen sollte."	"最亲近的朋友认为我应该创业。"
2-2	"Die Erwartungen meiner engsten Freunde sind mir wichtig."	"最亲近的朋友的期望对我来说很重要。"
3-1	"Ich glaube, dass meine Kommilitonen finden, dass ich ein eigenes Unternehmen gründen sollte."	"我的同学认为我应该创业。"
3-2	"Die Erwartungen meiner Kommilitonen sind mir wichtig."	"我的同学的期望对我来说很重要。"
4-1	"Ich glaube, dass andere mir nahe stehende Personen finden, dass ich ein eigenes Unternehmen gründen sollte."	"其他亲近的人认为我应该创业。"
4-2	"Die Erwartungen anderer mir nahe stehenden Personen sind mir wichtig."	"其他亲近的人的期望对我来说很重要。"

我对题项 1-1、2-1、3-1 和 4-1 进行了改造，使它们成为了从-3 到 3 的对称量表（symmetric scales）。之后这些数字会与被调查者对各个期望的重视程度进行加权。按照科尔沃雷德（1996a）和萨塔瑞斯等（2007）的研究，将这些数字相加就会得到感知社会规范的总体指标。

感知行为控制

之前的研究通过有关"创业"的自我效能来评价感知行为控制（Chen et al., 1998；Zhao et al., 2005；Kolvereid and Isaksen, 2006）。然而，阿杰恩（2002）认为感知行为控制是比自我效能更宽泛的概念。因此，我在其他测量指标中最终采用了科尔沃雷德（1996a）提出的六个题项，特卡沃和科尔沃雷德（1999）以及萨塔瑞斯等（2007）的研究中也使用了这种方法。

表 3-8　测量感知行为控制的题项

题项序号	调查问卷中的德语原文	译文
1	"Selbständig zu sein würde mir sehr leicht fallen."	"对我而言，创业是很容易的。"
2	"Wenn ich wollte, könnte ich ganz leicht einen Karriereweg als Selbständiger einschlagen."	"如果愿意，我很可能选择创业作为职业。"
3	"Wenn ich selbständig wäre, hätte ich vollständige Kontrolle über meine Situation."	"如果我是创业者，我会对经营情况有完全的控制力。"
4	"Die Anzahl der Ereignisse, die mich davon abhalten könnten, mich selbständig zu machen, ist sehr hoch."	"不在我控制范围内的、阻止我创业的因素有很多。"
5	"Wenn ichSelbständig werden würde, wären die Erfolgschancen sehr hoch."	"如果我创业，成功的几率会很高。"
6	"Wenn ich einen Karriereweg als Selbständiger einschlagen würde, wäre die Aussicht auf Misserfolg sehr hoch."	"如果我创业，失败的几率会很高。"

对第4个和第6个题项的回答被编码为(1=7,2=6,等等)，感知行为控制的总体指标为六个题项的平均分（Kolvereid,1996a；Souitaris, 2007）。

2. 背景性因素

下面，我将按照第二章第五部分中理论分析的内容分析本实证研究中的背景性因素。

（1）人口学变量

在调查问卷中，我调查了学生的几个人口学特征：性别、年龄、国籍、婚姻状况和宗教信仰。实证分析[①]中包括了年龄这个变量和虚拟变量

---

① 在实证分析中，我去掉了婚姻状况这一项，因为只有四个实验组学生已婚，所有对照组学生均未婚。另外，我在调查问卷中也去掉了宗教信仰这一项，因为从道德角度来说，这是一个非强制回答的问题。许多同学都没有填写这一项。为了保证观察对象的数量，我没有对该项进行统计。

(dummy-variables)：女性(0/1)、外籍(0/1)。

表 3-9 人口统计变量代码

变　　量	编码(便于实证分析)
年龄	岁
女性(0/1)	＝0 如果学生为男性 ＝1 如果学生为女性
外籍(0/1)	＝0 如果学生是德国籍 ＝1 如果学生是非德国籍

(2) 前期经历

与前期经历有关的类别共三项：榜样、自己的创业经历和学习课程之前的教育背景。

前期创业经历

为了获得与前期创业经历相关的信息，我沿用了克鲁格(1993)的调查方法，设计了答案为"是"或"否"的问题，调查学生的父母或熟人是否成立过自己的企业。在实证分析中，榜样共有两个虚拟变量，父母创业(0/1)和熟人创业(0/1)。同样，根据克鲁格(1993)的研究，我的研究也包括了两个题项，调查学生是否在创业公司工作过以及是否有过创业经历。另外，我增加了一个题项调查他们之前参加的创业教育课程。在实证分析中有两个虚拟变量，在新创企业工作过(0/1)和创业者(0/1)。根据克鲁格(1993)的研究和第二章第五部分的理论，我设计了之前接触创业的程度这个变量，该变量取决于这四个问题的回答。

之前参加过的创业课程

为了得出创业教育课程在学生接触创业的经历中占据的比重，我设计了学生学习过多少创业教育课程的问题。参加过的创业课程这个变量表示之前学习创业教育课程的数量。

表 3-10　测量前期创业经历的题项

变　　量	调查问卷中的德语原文	译　　文	编码（便于实证分析）
父母创业 (0/1)	"Sind oder waren Ihre Eltern selbständig bzw. haben sie ein Unternehmen gegründet?"	"你的父母有创业经历或者成立过自己的企业吗？"	＝0 如果答案是"否" ＝1 如果答案是"是"
熟人创业 (0/1)	"Gibt es in Ihrem Bekanntenkreis jemanden, der sich selbständig gemacht bzw. ein Unternehmen gegründet hat?"	"你认识有创业经历或者成立过自己企业的熟人吗？"	＝0 如果答案是"否" ＝1 如果答案是"是"
在新创企业工作过 (0/1)	"Haben Sie selbst jemals für ein neugegründetes oder junges Unternehmen gearbeitet?"	"你在小型企业或新企业里工作过吗？"	＝0 如果答案是"否" ＝1 如果答案是"是"
创业者 (0/1)	"Haben Sie selbst sich jemals selbständig gemacht bzw. ein eigenes Unternehmen gegründet?"	"你成立过自己的企业吗？"	＝0 如果答案是"否" ＝1 如果答案是"是"
参加过的创业课程	"Wie viele unternehmensgründungsbezogene Kurse haben Sie schon besucht?"	"你参加过多少创业教育课程？"	参加创业教育课程的数量

之前完成的大学教育

慕尼黑大学工商管理专业的理工科学士学位要求的学分是 180 ECTS（欧洲学分转换系统）学分，在学习创业课程之前，我通过收集学生现有的 ECTS 学分得到了他们已经参加过的课程数量。与之前的变量不同，调查问卷中并没有与这个变量相关的题项，而是通过慕尼黑管理学院考试中心提供的信息完成的。在实证分析中，ECTS 变量记录了学习"创业计划"课程之前学生获得的 ECTS 学分。

（3）大五人格维度

为了检验调查对象的大五人格（即外向性、随和性、尽责性、情绪稳定性和开放性），我使用了戈斯林等学者（Gosling et al., 2003）提出的包含十个题项的人格量表,并通过李克特七级量表法调查了学生对下列描述的同意程度(题项在表 3-4 中)。

表 3-11 测量大五人格维度的十个题项

题项序号	调查问卷中的德语原文	戈斯林等学者(2003)研究中的译文
	"Ich betrachte mich selbst als…"	"我认为我自己……"
1	"extrovertiert, begeisterungsfähig"	"外向、热情"
2	"kritisch, streitbar"	"有批判思维,喜欢争论"
3	"gewissenhaft, selbstdiszipliniert"	"可靠、自律"
4	"nervös, leicht erregbar"	"容易焦虑、沮丧"
5	"offen für neue Erfahrungen, aufgeschlossen"	"乐意接触新鲜事物和挑战"
6	"reserviert, zurückhaltend"	"内向、安静"
7	"sympathisch, umgänglich"	"富有同情心,为人温和"
8	"unorganisiert, unachtsam"	"缺乏组织纪律性,粗枝大叶"
9	"entspannt, emotional stabil"	"冷静,情绪稳定"
10	"konventionell, unkreativ"	"保守,缺乏创造性"

实证分析中的变量由下列两个题项的平均数组成:

表 3-12 大五人格量表的结构

变量	题项
外向性	1,6(反向计分)
随和性	2,7(反向计分)
尽责性	3,8(反向计分)
情绪稳定性	4,9(反向计分)
开放性	5,10(反向计分)

各维度下两个题项的平均分为对应的人格维度得分。

3. 学生的子样本

在进行实证研究的第四章、第五章和第六章中,我会分别根据学生的人口学变量、前期经历和个性特质将学生分为两个子样本,比如对比分析外向和内向的学生。每对子样本都是通过上面的虚拟变量来定义所属类别,下面的表对这些虚拟变量进行了概括。

表 3-13　背景性因素界定下的子样本

子　样　本	定义所属子样本的虚拟变量	定　　义
人口学变量		
女性学生	女性(0/1)	同前
外籍学生	外籍(0/1)	同前
前期经历		
父母有创业经历的学生	父母创业(0/1)	同前
熟人有创业经历的学生	熟人创业(0/1)	同前
在创业公司工作过的学生	在新创企业工作过(0/1)	同前
学生曾经是创业者	创业者(0/1)	同前
学习过创业课程的学生	参加过创业课程(0/1)	=1 如果学习的创业课程>0 =0 反之
学习成绩优秀的学生	较高的 ECTS(0/1)	=1 如果 ECTS>51（中值） =0 反之
人格维度		
外向的学生	外向性(0/1)	=1 如果外向性>4 =0 反之
个性随和的学生	随和性(0/1)	=1 如果随和性>4 =0 反之
尽责的学生	尽责性(0/1)	=1 如果尽责性>4 =0 反之
情绪稳定的学生	情绪稳定性(0/1)	=1 如果情绪稳定性>4 =0 反之
乐于接受新事物的学生	开放性(0/1)	=1 如果开放性>4 =0 反之

4. 情境变量

正如第二章第五部分中阐释的一样，与课程有关的变量也能够说明学生如何重新评价他们的信念并从而改变他们的创业态度和意向。[①] 这

---

① 虽然在第二章第五部分中有所提及，但我不会在此介绍同伴变量(peer variables)。本书的第七章会着重介绍创业课程中的同伴效应，我会在那里介绍这些变量。

些变量在很大程度上取决于本研究的课程结构。①

学习

根据乔安尼森(1991)的研究和他的理论框架,萨塔瑞斯等学者(2007)设计了一种以感知为基础的方法来评价创业学习。在我的调查问卷中,我使用此种方法按照李克特七级量表调查学生对下列描述的同意程度,这些描述反映了(按下列顺序)乔安尼森研究中的"知道为什么(know-why)、知道是什么(know-what)、知道怎样做(know-how)、知道是谁(know-who)和知道什么时候(know-when)"等几个层面(选项在表 3-4 中),这五个题项平均数就是学习的总体指标。

表 3-14 评价创业技能学习的题项

题项序号	调查问卷中的德语原文	萨塔瑞斯等学者(2007)研究中的译文
	"Der Kurs hat dazu beigetragen,…"	"课程有助于……"
1	"dass ich die Einstellungen, Werte und die Motivation von Unternehmern besser verstehe."	"更好地理解创业者的态度、价值观和动机。"
2	"dass ich die Schritte besser verstehe, die man unternehmen muss, um ein Unternehmen zu gründen."	"更好地理解成立公司要做什么。"
3	"meine praktischen ManagementFähigkeiten, um ein Unternehmen zu gründen, zu verbessern."	"提高创业所需要的实用管理能力。"
4	"meine Fähigkeit, Netzwerke zu knüpfen, zu verbessern."	"提高发展人脉的能力。"
5	"meine Fähigkeit, Geschäftsmöglichkeiten zu erkennen, zu verbessern."	"提高我发现机会的能力。"

---

① 为了避免实证研究中的内生性问题(endogeneity issues),我使用了这些变量来描述性地测量学生对课程质量的看法。

课程评价

为了获得学生对"创业计划"课程的总体评价,我加入了四句课程描述以调查学生对它们的同意程度(采用李克特五级量表,从 1"完全不符合"到 5"完全符合")。在参考了慕尼黑大学心理学系的几份课程评价量表之后,我选择了这几个题项。这四项的平均数就是学生对课程满意程度的指标。

表 3-15 标准课程评价题项

题项序号	调查问卷中的德语原文	译　文
1	"Durch die Veranstaltung habe ich viel gelernt."	"我在课程中学到了很多。"
2	"Die Ziele der Veranstaltung habe ich erreicht."	"我完成了课程目标。"
3	"Die beabsichtigten Effekte der Veranstaltung sind meiner Meinung nach erreicht worden."	"我认为,课程取得了预设的效果。"
4	"Ich würde die Veranstaltung anderen Studierenden weiterempfehlen."	"我愿意把这门课推荐给其他学生。"

团队合作评价

我设计了一个题项来调查学生对团队合作总体质量的评价,范围为从 1(非常好)到 5(非常不好)。

学生投入

为了调查学生对创业计划课程的投入,我设计了他们每星期中每天用几个小时制定创业计划的问题。

与创业者的合作

为了评价各团队与创业者互动的质量,我添加了五句合作情况描述用以调查学生的同意程度(采用李克特五级量表,从 1-"完全不同意"到 5-"完全同意")。这五项的平均数就是学生对与创业者互动的满意程度的指标。

表 3-16　评价与创业者合作质量的题项

题项序号	调查问卷中的德语原文	译　　文
1	"Die Geschäftsidee unseres Gründers ist vielversprechend."	"创业者的商业创意很有发展前景。"
2	"Unser Gründer ist motiviert, seine Idee tatsächlich umzusetzen."	"创业者有动力实践他的商业创意。"
3	"Unser Gründer unterstützte unser Team durch persönlichen Zeiteinsatz."	"创业者投入了很多时间帮助我们团队。"
4	"Insgesamt war die Zusammenarbeit zwischen unserem Team und unserem Gründer erfolgreich."	"我们团队与创业者的合作很成功。"
5	"Die von unserem Team geleistete Arbeit schafft unternehmerischen Mehrwert für unseren Gründer."	"我们团队取得的成绩为创业者提供了附加价值。"

创业者投入

为了测量创业者的投入,我让学生估算了创业者在课程中共同参与创业计划制定所投入的时间。

奖励(1/0)

这项指标代表团队是否在课程结束时获得了奖励。与之前不同,在调查问卷中未设置与此变量相关的题项。慕尼黑大学创业教育中心的员工提供了相关的信息,这些员工参与了课程的创建和管理。

团队大小

代表课程期间学生所在团队的大小。

2009 分组(0/1)

如果学生属于 2009 分组,虚拟变量值为 1,如果学生属于 2008 分组,虚拟变量值为 0。

实验组(0/1)

该虚拟变量代表学生属于实验组(数值为 1)还是对照组(数值为 0)。

(二) 所使用方法的心理测量特征

为了分析前测和后测的心理测量特征,我使用了全部 529 个有效的前测和后测问卷配对,包括两个分组中的实验组和对照组。我将重点关注与计划行为理论相关的指标,因为这是分析中最重要的变量。实验包括两个步骤:首先进行效度分析,然后检验量表信度。

利安和陈(2009)对结构效度(structural validity)、内容效度(content validity)、聚合效度(convergent validity)和区分效度(discriminant validity)进行了分析,钱德勒和来昂(Chandler and Lyon,2001)概括了实施效度分析的可行性步骤。正如前者在其研究中所做的一样,我仔细检验了调查问卷的结构效度和内容效度,确保使用的题项与调查内容的相关性和可代表性。其次,我使用因子分析法测量了聚合效度(Liñán and Chen,2009)。数据矩阵(data matrix)具有足够的相关性,是进行因子分析至关重要的前提假设。在对相关性进行检查后发现,所有数据的相关性都非常显著,能够达到 1%,这为因子分析提供了良好的基础。巴特利特球状检验(Bartlett test of sphericity)提供了相关矩阵(correlation matrix)在一些变量上显著性的统计方法,并对相关矩阵的总体显著性进行了测量。研究成果是显著的,前测数据 x^2(df=105,数量=529) = 4808.043 (p=0.000)和后测数据 x^2(df=105,数量=529) = 5354.008 (p=0.000)清楚地表明了因子分析的适用性。之后,我用 KMO(Kaiser-Meyer-Olkin)统计量来检测变量的相关性,结果显示前测数据为 0.919,后测数据为 0.922,在凯泽(Kaiser,1970)的研究中,这两个数字都是适合进行因子分析的"绝佳"证明。巴特利特和 KMO 检验都证明了这些数据适用于因子分析。

表 3-17 和表 3-18 分别描述了前测数据和后测数据的旋转因子矩阵 (rotated factor matrix)。按照利安和陈(2008)的研究,我没有计入 0.4 以下的因子载荷(loadings)。所有预期因子值(expected factor)如下表所示:

表 3-17　计划行为理论——题项因子载荷（前测数据）

题项序号	因　子		
	感知合意性	感知社会规范	感知行为控制
感知合意性题项 1	0.742		
感知合意性题项 2	0.749		
感知合意性题项 3	0.673		
感知合意性题项 4	0.697		
感知合意性题项 5	0.476		
感知社会规范题项 1		0.764	
感知社会规范题项 2		0.869	
感知社会规范题项 3		0.727	
感知社会规范题项 4		0.859	
感知行为控制题项 1			0.636
感知行为控制题项 2			0.660
感知行为控制题项 3			0.534
感知行为控制题项 4			
感知行为控制题项 5			0.578
感知行为控制题项 6			0.473

注：旋转因子矩阵（前测数据）；提取法：主要因子；旋转法：正交旋转最大方差（不计入 Kaiser）；0.4 以下的因子载荷未计入；数量＝529。

表 3-18　计划行为理论——题项因子载荷（后测数据）

题项序号	因　子		
	感知合意性	感知社会规范	感知行为控制
感知合意性题项 1	0.750		
感知合意性题项 2	0.790		
感知合意性题项 3	0.748		
感知合意性题项 4	0.717		
感知合意性题项 5	0.596		
感知社会规范题项 1		0.772	
感知社会规范题项 2		0.848	
感知社会规范题项 3		0.763	
感知社会规范题项 4		0.814	
感知行为控制题项 1			0.638

续表

题项序号	因子		
	感知合意性	感知社会规范	感知行为控制
感知行为控制题项 2			0.721
感知行为控制题项 3			0.595
感知行为控制题项 4			
感知行为控制题项 5			0.615
感知行为控制题项 6			

注：旋转因子矩阵（后测数据）；提取法：主要因子；旋转法（rotation method）：正交旋转最大方差（不计入 Kaiser）；0.4 以下的因子载荷未计入；数量＝529。

如表所示，前测数据中的感知行为控制题项 4 和后测数据中的感知行为控制题项 4 和题项 6 的因子载荷都小于 0.4，因此在研究前测和后测感知行为控制时我将这两项都去掉了。

我通过考量相关性来测量区分效度。每个题项与其相对应的因子的相关度都应该比与其他因子的相关度高，这说明学生的感知与理论建构的因子相符（Linán and Chen，2009）。我计算了题项与因子的相关度，将前测数据的结果列入表 3-19 中，后测数据的结果列入表 3-20 中。如图所示，每个题项与其他建构的因子的相关度都比与其相对应的因子的相关度低。

表 3-19　题项与因子的相关度（前测数据）

题项序号	创业意向	感知合意性	感知社会规范	感知行为控制
创业意向	1.000	0.663	0.614	0.506
感知合意性题项 1	0.567	0.861	0.554	0.463
感知合意性题项 2	0.562	0.878	0.564	0.519
感知合意性题项 3	0.595	0.845	0.567	0.477
感知合意性题项 4	0.676	0.873	0.623	0.532
感知合意性题项 5	0.468	0.727	0.416	0.407
感知社会规范题项 1	0.582	0.611	0.912	0.524
感知社会规范题项 2	0.571	0.609	0.944	0.492
感知社会规范题项 3	0.486	0.508	0.829	0.501
感知社会规范题项 4	0.577	0.604	0.934	0.512

续表

题项序号	创业意向	感知合意性	感知社会规范	感知行为控制
感知行为控制题项 1	0.460	0.508	0.486	0.854
感知行为控制题项 2	0.408	0.438	0.445	0.865
感知行为控制题项 3	0.390	0.437	0.405	0.803
感知行为控制题项 5	0.436	0.464	0.489	0.763
创业意向	1.000			
感知合意性	0.663	1.000		
感知社会规范	0.614	0.648	1.000	
感知行为控制	0.506	0.564	0.557	1.000

注：数量＝529

表 3-20　题项与因子的相关度（后测数据）

题项序号	创业意向	感知合意性	感知社会规范	感知行为控制
创业意向	1.000	0.746	0.692	0.592
感知合意性题项 1	0.686	0.887	0.610	0.531
感知合意性题项 2	0.665	0.898	0.591	0.559
感知合意性题项 3	0.651	0.889	0.608	0.527
感知合意性题项 4	0.748	0.896	0.669	0.555
感知合意性题项 5	0.606	0.810	0.549	0.501
感知社会规范题项 1	0.646	0.629	0.920	0.549
感知社会规范题项 2	0.671	0.663	0.957	0.564
感知社会规范题项 3	0.575	0.584	0.872	0.480
感知社会规范题项 4	0.649	0.627	0.923	0.520
感知行为控制题项 1	0.604	0.604	0.592	0.880
感知行为控制题项 2	0.523	0.494	0.546	0.913
感知行为控制题项 3	0.392	0.376	0.328	0.803
感知行为控制题项 5	0.449	0.469	0.481	0.806
创业意向	1.000			
感知合意性	0.746	1.000		
可感知社会规范	0.692	0.683	1.000	
感知行为控制	0.592	0.581	0.578	1.000

注：数量＝529

信度的定义是"……测量工具的正确度,由此产生的具有一致性的结果"(Peter,1979,第6页)。为了检测量表的信度,我使用了克隆巴赫系数(Cronbach's alpha)。根据农纳利(Nunnally,1978)的研究,临界值是0.7。在这种情况下,前测调查问卷的数值范围为0.815—0.91,后测调查问卷的数值范围为0.846—0.930(见下表3-21)。因此,建立在理论基础上的量表应该是可信的。

表3-21 使用克隆巴赫系数对前测问卷调查和后测问卷调查进行的量表信度检验

量　　表	前　　测	后　　测
感知合意性(5项)	0.879	0.915
感知社会规范(4项)	0.916	0.930
感知社会行为(4项)	0.815	0.846

注:数量=529

研究结果显示我的方法满足了信度和效度要求,因此我可以使用所选择的方法进行实证研究。在下一部分中,我对调查数据进行了详细分析。

五、原始数据描述

本部分重点介绍调查中产生的数据,这些数据将在第四章至第七章的实证研究中使用。首先我将检测数据是否受到了无应答(non-response)或失访偏差的影响。其次,我还将调查实验组和对照组学生的背景性变量是否一致。最后,我将对样本构成进行描述性统计分析。通过列出学生们对课程的评价、对团队合作和与创业者合作的评价来结束本部分。

(一) 潜在的数据偏差

我的数据中潜在的数据偏差可能源于五个方面,分别为:实验组和对照组的选择、无观察偏差、两个实验组和两个对照组的混合、实验组和对照组之间显著的预实验差异以及失访等。我将在下文中分别论述这五个来源。

1. 一般样本选择问题

本部分中我将讨论潜在的选择性偏差(selection bias)。如果选择的样本与所代表的总体之间出现了系统性差异，选择性偏差就会出现。正如在第二章第三部分中所讨论的，由于学生的背景性变量不同，创业教育对他们的影响也不尽相同。另外，课程本身会影响创业态度和意向的变化。不同的课程内容和形式都有可能导致课程效果不同。总之，在本研究项目中我面临了一些样本选择问题。

在个人层面上，人们可能认为我调查的第三学期的学生是非常"特殊"的。因为他们都是德国号称"精英大学"的慕尼黑大学工商管理专业的学生，而且他们的选择都考虑到了慕尼黑这座城市的吸引力及其繁荣的经济环境。可能还有人认为，研究对象的专业(工商管理)会使结果出现一定的偏差，而这种偏差只能通过跨学科研究解决。然而，我无法检验慕尼黑的学生和德国其他地区的学生是否有所不同。整体来看，我完全没有考虑到德国(或慕尼黑)学生同其他国家学生之间的文化差异，尽管它可能会影响到创业教育的效果(参见第二章第五部分)。然而，实验组和对照组的比较可以使我了解创业教育对创业态度和意向的相对影响。这应该至少能最小化后一种偏差。

在课程层面上，由于我只考虑了一种特殊的创业教育课程，所以人们可能认为我还面临样本选择性偏差。我选择慕尼黑大学的"创业计划"课程主要出于两个考虑。首先，它是一门必修课，因此我在这方面没有面临任何自选课程的问题(但这是其他研究必须去解决的问题，参见第一章第二部分)。其次，"创业计划"是创业教育入门级的标准课程(Hills, 1988; Honig, 2004)。虽然考虑到成本，我只能选择一门课程，但选择入门级标准课程也同样让我获得了最广泛适用的启示。相关启示主要体现在创业教育课程的效果以及如何优化课程设计方面。选择该课程的另一个好处是，每个学生必须注册一个网络交流平台以获取所有课程资料。这也有助于开展本研究项目外的后续调查,以及根据布洛克和斯顿夫(Block and Stumpf,1992)的框架做进一步评价。当然另外一个原因是,作为慕尼黑大学创业中心的职员,我可以在不参与相关工作的情况下随时获取课程进展。不可否认的是,仅凭该数据我无法得出针对创业教育整体的启示。据我所知,目前没有任何一项研究通过调查不同形式的创业教育课程得出了最优的创业课程设计。

对照组的选择可能会面临一些质疑,但我尽量选择了和实验组最为相似的学生。一开始我只选择了慕尼黑工业大学的学生作为对照组,因为对照组与实验组年龄相仿,经历相似,且都选择了工商管理专业以及慕尼黑这座城市。然而,人们可能认为这两组在兴趣上有所不同。例如,工业大学的学生可能对技术更有兴趣,因为他们的工商管理专业需要辅修自然科学、计算机学或工程学。因此,之后我又选择了慕尼黑大学工商管理专业第一学期的学生。对照组和实验组学校相同,兴趣相同,只是所属学期不同。另外,对照组也更年轻,阅历更少,甚至对未来的职业也没什么想法。

2. 无观察偏差(Non-observation Bias)

首先要考虑的具体偏差是应答偏差(response bias),如果应答群体和无应答群体有实质性的不同,应答偏差就会出现(Sapsford,2007)。在我的研究中,"应答群体"指的是没有相匹配的前测和后测调查问卷的人,我将在下文中称这种偏差为"无观察偏差"。

我并不能完全确定实验组中相匹配的调查问卷是随机获得的,也没有办法检验对照组的数据。在实验组的814名学生中,我收集了784名学生的性别和"创业计划"课程开始之前已有的ECTS学分的数据,并将其放入我最终的数据库中(这些数据来自考试中心)。为了检验无观察偏差,我使用了概率单位法(probit technique)。在我的模型中,选择性方程(selection equation)的因变量是观察值(0/1),如果被调查者返回了完整的前测和后测问卷(403个学生),该变量值为1,否则为0。自变量包括上述提到的两个分组虚拟变量(cohort-dummy)。估算方程的函数形式如下：

$$\text{prob}(y = 1) = \text{prob}\left(\alpha + \sum_{i=1}^{3} x_i \beta_i + \varepsilon\right) > 0$$

方程 3-1：检验无回应数据偏差

y 是二分类因变量（dichotomous dependent variable）（观察值（0/1）），α 是一个常数，i 是一个指数，β_i 是一个系数矢量，ε 是误差项。自变量 x_i 是：

x_1＝女性（0/1）

x_2＝ ECTS

x_3＝分组 2009（0/1）

表 3-22 是估算的结果。我发现学生的 ECTS 学分越高，越可能对前后两次调查作出回应，而性别因素对回应的影响却很小。这可能反映了学生的行为，在学习中进步较慢的学生可能会感到更大的压力，会因此不太愿意花时间回答两次调查。由于重建小组比较困难，我只好放弃对 2008 分组的观察。毫无疑问，2009 分组的虚拟变量也非常显著。

表 3-22　检验无应答导致的数据偏差

变量	平均数	中值	S.D.	最小值	最大值	观测数据	概率系数	概率边际效应
观察值（0/1）	0.495	—	—	0	1	814	DV[①] （是＝1）	DV （是＝1）
女性（0/1）	0.535	—	—	0	1	806	－0.036 (0.095)	－0.014 (0.038)
ECTS	42.706	47	16.447	0	72	792	0.024*** (0.003)	0.009*** (0.001)
分组 2009（0/1）	0.498	0	—	0	1	814	1.043*** (0.102)	0.398*** (0.036)
常数	—	—	—	—	—	—	－1.465*** (0.180)	

---

① 译者注：因变量。

续表

变量	平均数	中值	S.D.	最小值	最大值	观测数据	概率系数	概率边际效应
观察数据							784	
Pseudo R2							0.123	
‖							−476.228	
LR chi2							133.781	
概率＞卡方							0.000	

注：在括号中的是标准误差；显著值小于10%时用 * 表示；显著值小于5%时用 ** 表示；显著值小于1%时，用 *** 表示。

3. 小组和分组的等效性

在准实验环境中使用前测和后测对照组设计（参见第五章）能够方便我们研究某些可能降低效度的因素。然而，由于实验组和对照组显然不是完全等效的，这就可能会出现选择性偏差。前测使探究这种偏差的大小和趋势成为可能。①

本研究环境中另外一个偏差的来源是 2008 分组和 2009 分组的混合。对实验组和对照组的两项前测可以用来测量这种偏差。探究这种偏差通常采用等效性检验方法，检验这两组是否在前测有显著的区别（Roger et al.，1993）。检验步骤是用来确定这两组是否相似到被认为是等效的。当调查者能够发现实验组和对照组之间细微的差别且能够将其定义在 0(δ) 上下浮动的区间，即"等价区间"时，这些步骤就是恰当的。在该等价区间之内的差异被视为非实质性差异。人们认为在发现差异方面，这些方法比标准差异检验（standard differences test）更加灵敏，但如果没有发现差异，也不能证明小组之间是等效的，因为未被观察到的变量上可能存在区别。我选用了双侧 t 检验（two-tailed t-tests）进行差异性检验，Westlake 检验则用于等效性检验（Westlake，1976；1988）。在等效性检验中，必须执行两个单边检验。第一个检验试图推翻

---

① 本项目并没有打算将慕尼黑一所大学的学生和另外一所大学的学生进行比较。在解释研究发现时，我不会把与大学相关的特征作为潜在差异的原因。

零假设,该假设认为两个平均数之间的差异小于或等于δ。第二个检验试图推翻另一个零假设,此假设认为两个平均数差异大于或等于δ。δ是均值之间最小差异的范围,目的是从统计上证实两个被观测到的平均数之间的差异太大或太小而未能分布在均值为δ的区间内。这两个单边零假设必须被同时推翻,才能确定其等效性。[①]

罗杰斯等学者(Rogers,1993)认为对差异性检验和等效性检验的结果进行对比是非常有意义的。表 3-23 列出了四种可能的组合。

表 3-23 差异性检验和等效性检验可能结果的组合

差异性检验	等效性检验	
	推翻零假设	不能推翻零假设
推翻零假设	差异大于零,但没有超出δ范围	有差异
不能推翻零假设	等效	证据不足

表 3-24 和表 3-25 显示了 2008 和 2009 两个分组中的每个实验组和对照组之间等效性检验的结果,表 3-26 显示了混合后的实验组和混合后的对照组检验结果的对比情况。至于δ,根据罗杰斯等学者(1993)的建议,我分别使用了对照组或 2008 分组平均值的 20%。

表 3-24 中的等效性分析显示出,两个分组的实验组就计划行为理论的三个要素(创业意向、感知合意性和感知行为控制)而言是等效的,从年龄、性别、之前接触过创业经历的综合测量、参加过的创业课程和大五人格维度而言也是等效的。此外,数据显示,两组在之前获得的 ECTS 学分和是否有自主创业的父母和熟人这两个方面有很大的不同。t 检验和等效性检验对其他的所有变量,包括感知社会规范,均未产生显著的结果。因此我并不能确定在这些变量上两组是等效还是有区别的。然而,就最重要的一些变量而言,两组似乎在很大程度上是等效的,因此我认为混合两组来做进一步分析是合理的。

我对两个分组的对照组进行了同样的分析,并且得到了和实验组几

[①] 罗杰斯等学者(1993)很好地阐述了等效性检验,并提供了有关 Westlake 检验的更多细节。

表 3-24　两个分组中实验组的等效性检验

变量	实验组 2008 数量=146 平均数	实验组 2008 数量=146 标准差	实验组 2009 数量=257 平均数	实验组 2009 数量=257 标准差	差异 平均数	差异 标准差	差异性检验 双侧 t 检验 |t|	差异性检验 双侧 t 检验 P	等效性检验 Westlake 版本 准度	等效性检验 Westlake 版本 |z|	等效性检验 Westlake 版本 p
计划行为理论变量											
创业意向	4.089	1.823	4.230	1.756	−0.141	0.185	0.762	0.447	0.818	3.670	0.000+
感知合意性	4.363	1.407	4.233	1.425	0.130	0.147	0.881	0.379	0.873	5.054	0.000+
感知社会规范	−4.555	29.970	−5.027	28.685	0.472	3.022	0.156	0.876	0.911	0.145	0.442
感知行为控制	4.199	0.947	4.193	1.018	0.006	0.103	0.059	0.953	0.840	8.102	0.000+
人口学变量											
年龄	21.726	1.974	21.622	2.224	0.103	0.221	0.467	0.641	4.345	19.152	0.000+
女性(0/1)	0.527	—	0.537	—	−0.010	0.052	0.185	0.854	0.105	1.851	0.032+
外籍(0/1)	0.137	—	0.171	—	−0.034	0.038	0.902	0.368	0.027	0.180	0.429
前期经历											
父母创业(0/1)	0.397	—	0.526	—	−0.128	0.052	2.486	0.013*	0.079	0.943	0.173
熟人创业(0/1)	0.788	—	0.607	—	0.181	0.048	3.770	0.000*	0.158	0.483	0.315
在新创企业工作过(0/1)	0.267	—	0.257	—	0.010	0.046	0.226	0.821	0.053	0.945	0.172
创业者(0/1)	0.055	—	0.062	—	−0.007	0.025	0.304	0.762	0.011	0.142	0.443
之前接触创业的程度	1.507	0.998	1.451	0.988	0.055	0.103	0.540	0.590	0.301	2.393	0.008+
参加过创业的课程	0.021	0.185	0.089	0.410	0.069	0.036	1.925	0.055	0.004	1.811	0.035+
ECTS	52.562	12.412	41.230	12.593	11.332	1.298	8.728	0.000*	10.512	0.631	0.264
人格维度											
外向性	5.045	1.040	4.881	1.184	0.163	0.118	1.389	0.166	1.009	7.197	0.000+
随和性	4.428	0.783	4.523	0.743	−0.095	0.079	1.213	0.226	0.886	10.062	0.000+
尽责性	5.318	1.055	5.510	1.139	−0.191	0.115	1.663	0.097	1.064	7.587	0.000+
情绪稳定性	4.736	1.179	4.759	1.160	−0.022	0.121	0.186	0.853	0.947	7.646	0.000+
开放性	5.397	0.906	5.463	1.034	−0.066	0.103	0.641	0.522	1.079	9.882	0.000+

注：等效准数是 2008 分组平均数的 +/−20%；表中显示了两项单边检验的最高 p 值；* 表示双侧 t 检验在 5% 时显著；+ 表示等效性检验在 5% 时显著。

表 3-25 两个分组中对照组的等效性检验

变量	实验组 2008 数量=33 平均数	实验组 2008 数量=33 标准差	实验组 2009 数量=73 平均数	实验组 2009 数量=73 标准差	差异 平均数	差异 标准差	差异性检验 |t|	差异性检验 P	等效性检验 Westlake 版本 准度	等效性检验 Westlake 版本 |z|	等效性检验 Westlake 版本 p
计划行为理论变量											
创业意向	3.576	1.521	3.507	1.692	0.069	0.344	0.200	0.842	0.715	1.877	0.030+
感知合意性	3.939	0.882	3.772	1.420	0.167	0.268	0.622	0.535	0.788	2.315	0.010+
感知社会规范	−19.636	22.174	−12.411	26.863	−7.225	5.352	1.350	0.180	3.927	0.616	0.269
感知行为控制	4.061	0.986	3.983	1.069	0.778	0.219	0.355	0.723	0.812	3.352	0.000+
人口学变量											
年龄	21.182	1.446	20.658	2.029	0.524	0.392	1.337	0.184	4.236	9.468	0.000+
女性(0/1)	0.424	—	0.658	—	−0.233	0.102	2.291	0.024*	0.085	3.125	0.001+
外籍(0/1)	0.152	—	0.110	—	0.042	0.069	0.605	0.547	0.030	0.168	0.433
前期经历											
父母创业(0/1)	0.515	—	0.493	—	0.022	0.106	0.208	0.836	0.103	0.765	0.222
熟人创业(0/1)	0.667	—	0.534	—	0.132	0.104	1.275	0.205	0.133	0.009	0.497
在新创企业工作过(0/1)	0.406	—	0.301	—	0.105	0.100	1.045	0.299	0.081	0.235	0.407
创业者(0/1)	0.121	—	0.055	—	0.066	0.056	1.195	0.235	0.024	0.759	0.224
之前接触创业的程度	1.697	1.075	1.384	0.952	0.313	0.208	1.507	0.135	0.339	0.125	0.450
参加过创业的课程	0.636	3.141	0.178	0.674	0.458	0.384	1.194	0.235	0.127	0.862	0.194
人格维度											
外向性	—	—	4.535	1.106	—	—	—	—	—	—	—
随和性	—	—	4.415	0.712	—	—	—	—	—	—	—
尽责性	—	—	5.627	1.120	—	—	—	—	—	—	—
情绪稳定性	—	—	4.704	1.221	—	—	—	—	—	—	—
开放性	—	—	5.162	1.020	—	—	—	—	—	—	—

注：等效准数是 2008 分组平均数的 +/−20%；表中显示了两项单边检验的最高 p 值；* 表示双侧 t 检验在 5% 时显著；+ 表示等效性检验在 5% 时显著。

乎相同的结论。表 3-25 显示出两个分组的对照组在创业意向、感知合意性、感知行为控制,以及年龄[1]这些变量上是等效的。此外,性别结构中的显著差别实际上并不重要。对其他所有变量(包括感知社会规范)的检验不能在数据上显示出差异或等效性。同上,我认为两个分组就计划行为理论的三要素而言在很大程度上是等效的,因此混合两组做进一步分析是合理的。[2]

表 3-26 显示了混合实验组和混合对照组的等效性检验结果。这表明这两个组在感知行为控制方面的数据是等效的,而且在计划行为理论的其他三个要素方面的差别实际上是无关紧要的。对于年龄、参加过的创业课程这两个变量以及外向性和开放性这两项人格维度来说也是如此。从大五人格维度和之前接触创业的程度的综合考量来看,这两个组在数据上是等效的。所有其他的变量在 t 检验和等效性检验时,其数据都不显著。在这样的样本规模下,这些变量的变化过大导致我们无法进行精确的评估。但是这两组在最重要的变量,也就是计划行为理论的要素方面来说,是等效的。因此我推断我的数据并不会因为实验组和对照组之间的不一致而产生大的偏差。这为第五章中的准实验研究和第六章中进一步分析课程效果提供了一个良好开端。

然而,即使等效性检验在选择的基准参数中没有发现任何(或微小)差异,选择性偏差仍然可能以失访偏差的形式存在于实验环境中(见第五章),并影响研究过程。我将研究实验数据是否受到失访偏差的影响。

4. 失访偏差

失访偏差是在前测和后测期间因参与者退出而产生的样本选择性偏差(Heckman,1979),那些只有完整的前测数据而没有相匹配的后测数据的研究对象则会被剔除。即使没有干预的影响,实验组和对照组调查对象的减少也可能使这两组的特点和实证分析的结果发生变化。

---

[1] 需要注意的是:2008 分组的对照组比 2009 分组的对照组提前了一年。
[2] 遗憾的是,我并未获得 2008 对照组学生的人格维度的数据。

表 3-26 混合实验组和混合对照组的等效性检验

变量	实验组 2008 数量=403 平均数	实验组 2008 标准差	实验组 2009 数量=106 平均数	实验组 2009 标准差	差异 平均数	差异 标准差	差异性检验 双侧 t 检验 |t|	差异性检验 P	等效性检验 Westlake 版本 准度	等效性检验 |z|	等效性检验 p
计划行为理论变量											
创业意向	4.179	1.780	3.528	1.634	0.650	0.191	3.404	0.001*	0.706	1.931	0.024+
感知合意性	4.280	1.418	3.825	1.275	0.456	0.152	3.005	0.003*	0.765	2.037	0.020+
感知社会规范	−4.856	29.120	−14.660	25.612	9.804	3.103	3.159	0.002*	2.932	2.214	0.013+
感知行为控制	4.195	0.992	4.007	1.040	0.188	0.109	1.717	0.087	0.801	5.612	0.000+
人口学变量											
年龄	21.660	2.135	20.821	1.876	0.839	0.227	3.689	0.000*	4.164	14.615	0.000+
女性 (0/1)	0.533	—	0.585	—	−0.051	0.054	0.945	0.345	0.117	1.205	0.114
外籍 (0/1)	0.159	—	0.123	—	0.036	0.039	0.924	0.356	0.025	0.297	0.383
前期经历											
父母创业 (0/1)	0.479	—	0.500	—	−0.021	0.055	0.386	0.700	0.100	1.444	0.074
熟人创业 (0/1)	0.672	—	0.575	—	0.097	0.052	1.868	0.062	0.115	0.349	0.364
在新创企业工作过 (0/1)	0.261	—	0.333	—	−0.073	0.049	1.487	0.138	0.067	0.125	0.450
创业者 (0/1)	0.060	—	0.075	—	−0.016	0.027	0.600	0.549	0.015	0.031	0.488
之前接触创业的程度	1.471	0.991	1.481	0.997	−0.010	0.108	0.089	0.929	0.296	2.646	0.004+
参加过创业的课程	0.065	0.347	0.321	1.834	−0.256	0.097	2.638	0.009*	0.064	1.978	0.024+
人格维度											
外向性	4.940	1.135	4.535	1.106	0.405	0.146	2.784	0.006*	0.907	3.447	0.000+
随和性	4.489	0.751	4.415	0.712	0.073	0.097	0.758	0.449	0.883	8.370	0.000+
尽责性	5.440	1.112	5.627	1.120	−0.186	0.143	1.307	0.194	1.125	6.554	0.000+
情绪稳定性	4.751	1.166	4.704	1.221	0.046	0.151	0.307	0.759	0.941	5.920	0.000+
开放性	5.439	0.989	5.162	1.020	0.227	0.128	2.167	0.031*	1.032	5.904	0.000+

注:等效准数是 2008 分组平均数的 +/− 20%;表中显示了两项单边检验的最高 p 值;* 表示双侧 t 检验在 5% 时显著;+ 表示等效性检验在 5% 时显著。

表 3-27 表明在实验组中我并没有面临较大的失访偏差。我们运用双侧 t 检验，检测了两组学生在基准模型的变量上的差异，最后得出了描述性统计数据和结果。其中一组是回应了前测但没有相匹配的后测问卷的学生，另一组是那些具有有效的匹配问卷，并因此进入实证分析阶段的学生。值得注意的是，后面那组学生在创业态度和意向方面得分比只有前测数据的那组学生分数低（尽管不显著），这可能与人们的预想不同。因为大家普遍认为，变量上得分高并对创业表现出很大兴趣的学生，可能更有意愿去完成第二次调查。对前期经历相关的变量，人们也是这么认为的。有三个变量明显受到了失访的影响：ECTS、年龄和外籍（0/1）。结果表明，学习成绩较差、年龄较大以及非德国籍的学生更容易放弃后测调查。我无法对大五人格维度的进行检验，因为这些题项只包括在后测问卷中。

表 3-27 实验组数据的失访偏差检验

变量	只有前测回应 数量=191 平均数 S.D.	匹配的回应 数量=403 平均数 S.D.	差异 平均数 S.E.	检验数据 |t| p
计划行为理论变量				
创业意向	4.236　1.856	4.179　1.780	0.057　0.159	0.375　0.708
感知合意性	4.352　1.379	4.280　1.418	0.072　0.124	0.610　0.542
感知社会规范	−4.613　26.912	−4.856　29.120	0.243　2.497	0.081　0.936
感知行为控制	4.199　1.043	4.195　0.992	0.004　0.088	0.138　0.890
人口学变量				
年龄	22.063　2.665	21.660　2.135	0.403　0.204	2.001　0.046*
女性（0/1）	0.592　—	0.533　—	0.059　0.044	1.330　0.184
外籍（0/1）	0.283　—	0.159　—	0.124　0.035	3.567　0.000*
前期经历				
父母创业（0/1）	0.513　—	0.479　—	0.034　0.044	0.777　0.437
熟人创业（0/1）	0.696　—	0.672　—	0.024　0.041	0.582　0.561
在新创企业工作过（0/1）	0.272　—	0.261　—	0.011　0.039	0.302　0.763
创业者（0/1）	0.094　—	0.060　—	0.034　0.023	1.541　0.124
之前接触创业的程度	1.576　0.937	1.471　0.991	0.105　0.086	1.221　0.222
参加过的创业课程	0.137　0.684	0.065　0.347	0.072　0.042	1.709　0.088
ETCS	41.206　16.772	45.335　13.649	−4.129　1.438	2.872　0.004*

注：* 表示双侧 t 检验在 5% 时显著。

另一方面,在对照组数据中,失访似乎影响到了两个重要的变量。与上面实验组的情况一样,表 3-28 详述了针对两组学生之间差异的双侧 t 检验结果。同样出人意料的是,有匹配问卷的小组在创业意向和态度方面的得分也低于只有前测数据的小组。其中,有三个变量似乎明显地受到了失访的影响:创业意向、感知合意性和感知社会规范。正如我预想的那样,与那些只有前测数据的学生相比,有匹配问卷的学生在前期创业经历这一相关变量上得分较高,而熟人创业(0/1)这一变量除外。其中的一个变量,在新创企业工作过(0/1),似乎明显地受到了失访的影响。

表 3-28 对照组数据的失访偏差检验

变量	只有前测回应 数量=244 平均数 S.D.	匹配的回应 数量=106 平均数 S.D.	差异 平均数 S.E.	检验数据 |t| p
计划行为理论变量				
创业意向	4.205 1.658	3.528 1.634	0.677 0.192	3.524 0.001*
感知合意性	4.243 1.276	3.825 1.275	0.418 0.148	2.817 0.005*
感知社会规范	−6.947 27.746	−14.660 25.612	7.714 3.155	2.445 0.015*
感知行为控制	4.188 0.864	4.007 1.040	0.180 0.107	1.685 0.093
人口学变量				
年龄	21.205 3.258	20.821 1.876	0.384 0.339	1.134 0.257
女性(0/1)	0.537 —	0.585 —	−0.048 0.058	0.828 0.408
外籍(0/1)	0.119 —	0.123 —	−0.004 0.038	0.100 0.920
前期经历				
父母创业(0/1)	0.439 —	0.500 —	−0.061 0.058	1.060 0.290
熟人创业(0/1)	0.664 —	0.575 —	0.088 0.056	1.583 0.114
在新创企业工作过(0/1)	0.226 —	0.333 —	−0.107 0.051	2.100 0.037*
创业者(0/1)	0.049 —	0.075 —	−0.026 0.027	0.972 0.332
之前接触创业的程度	1.377 0.950	1.481 0.997	−0.104 0.112	0.928 0.354
参加过的创业课程	0.262 0.844	0.321 1.834	−0.058 0.143	0.409 0.683

注:*表示双侧 t 检验在 5%时显著。

因此失访偏差似乎是存在的,且大部分是由对照组样本造成的。然而,在计划行为理论相关的重要变量上,只回应了前测问卷学生得分比那些回应了两个调查的学生高。这是有悖常识的,因为人们会倾向于认为,在这些变量上得分较高的学生会对创业更感兴趣,因此回答前测和后测两个调查问卷的可能性也比较高。但就算在我的研究中存在这样的差异,也只会对研究结果带来很小的偏差。此外,实验组中的失访偏差几乎可以忽略不计。因此可以推断,我的研究发现几乎不受失访的影响。

(二) 样本构成

本小节阐明了实验组和对照组前测创业态度、意向以及背景性特征方面的构成。表 3-26 已经给出了一些关于实验组和对照组样本构成的信息,并且检验了统计数据的等效性。本小节会更细致地描述样本。首先,我会介绍总体的描述性统计数据,表 3-29 是实验组的数据,3-30 是对照组的数据。然后,我会分别讨论每组的背景性因素。[①]

表 3-29 描述性统计数据(实验组样本)

变　　量	数量	平均数	中值	S.D.	最小值	最大值
前测计划行为理论变量						
创业意向	403	4.179	4.0	1.780	1	7
感知合意性	403	4.280	4.2	1.418	1	7
感知社会规范	403	−4.856	0.0	29.121	−78	84
感知行为控制	403	4.195	4.0	0.992	1	7
后测计划行为理论变量						
创业意向	403	3.859	4.0	1.845	1	7
感知合意性	403	4.333	4.4	1.519	1	7
感知社会规范	403	−1.782	0.0	30.494	−84	84
感知行为控制	403	4.346	4.3	1.069	1	7
人口学变量						
年龄	403	21.660	21.0	2.135	19	34
女性(0/1)	403	0.533	—	—	0	1
外籍(0/1)	403	0.159	—	—	0	1
前期经历						
父母创业(0/1)	403	0.479	—	—	0	1
熟人创业(0/1)	403	0.672	—	—	0	1

[①] 和之前一样,我不会针对慕尼黑的这两所大学特征方面的潜在差异值做出假设。

续表

变　　量	数量	平均数	中值	S.D.	最小值	最大值
在新创企业工作过(0/1)	403	0.261	—	—	0	1
创业者(0/1)	403	0.060	—	—	0	1
之前接触创业的程度	403	1.471	1.0	0.991	0	4
参加过的创业课程	403	0.065	0.0	0.347	0	4
ETCS	403	45.335	51.0	13.649	9	71
人格维度						
外向性	403	4.940	5.0	1.135	1	7
随和性	403	4.489	4.5	0.758	1	7
尽责性	403	5.440	5.5	1.112	1	7
情绪稳定性	403	4.751	5.0	1.166	1	7
开放性	403	5.439	5.5	0.989	1	7
附加控制变量						
团队大小	403	5.072	5.0	0.408	4	6
分组 2009(0/1)	403	0.638	—	—	0	1

表 3-30　描述性统计数据(对照组样本)

变　　量	数量	平均数	中值	S.D.	最小值	最大值
前测计划行为理论变量						
创业意向	106	3.528	3.0	1.634	1	7
感知合意性	106	3.825	3.6	1.275	1	7
感知社会规范	106	−14.660	−12.0	25.612	−72	45
感知行为控制	106	4.007	4.0	1.040	1.25	6.75
后测计划行为理论变量						
创业意向	106	3.396	3.0	1.637	1	7
感知合意性	106	3.891	4.0	1.345	1	6.6
感知社会规范	106	−15.028	−16.0	27.173	−72	62
感知行为控制	106	3.943	4.0	1.056	1	7
人口学变量						
年龄	106	20.821	20.0	1.876	18	28
女性(0/1)	106	0.585	—	—	0	1
外籍(0/1)	106	0.123	—	—	0	1

续表

变　　量	数量	平均数	中值	S.D.	最小值	最大值
前期经历						
父母创业(0/1)	106	0.500	—	—	0	1
熟人创业(0/1)	106	0.575	—	—	0	1
在新创企业工作过(0/1)	106	0.333	—	—	0	1
创业者(0/1)	106	0.075	—	—	0	1
之前接触创业的程度	106	1.481	1.0	0.997	0	4
参加过的创业课程	106	0.321	0.0	1.834	0	5
人格维度						
外向性	73	4.535	4.5	1.106	2	7
随和性	73	4.415	4.5	0.712	2.5	6
尽责性	73	5.627	6.0	1.120	2	7
情绪稳定性	73	4.704	5.0	1.221	1.5	6.5
开放性	73	5.162	5.0	1.020	2.5	7
附加控制变量						
分组 2009(0/1)	106	0.689	—	—	0	1

1. 计划行为理论变量

尽管前面小节中的等效性检验显示，两组在计划行为理论变量的前测数值统计上是等效的，但实验组学生的前测数值要高于对照组学生。实验组平均数都在量表数值的中间，即意向、合意性和行为控制的平均数为 4，社会规范为 0，而对照组平均数都在这些数值之下。可见，学生们普遍不确定自己是否有创业天赋。

尤其在第五章和第六章，我进一步观察了实验组和对照组的前测创业意向分布。图 3-6 展示了学生们在回答前测问卷时，在创业意向这个问题上选择各选项的比例。实验组的前测分布大致呈钟型，并且大多数学生的回答表明他们对自己的职业意向并不确定（"比较不同意"、"中立"或"比较同意"）。在课程开始之前，对照组有四分之一的学生在"我打算在接下来的五到十年内创办自己的公司"这个题项上选择了"不同意"，只有一小部分学生选择了"完全同意"，这导致了前测对照组创业意向数值的偏低。

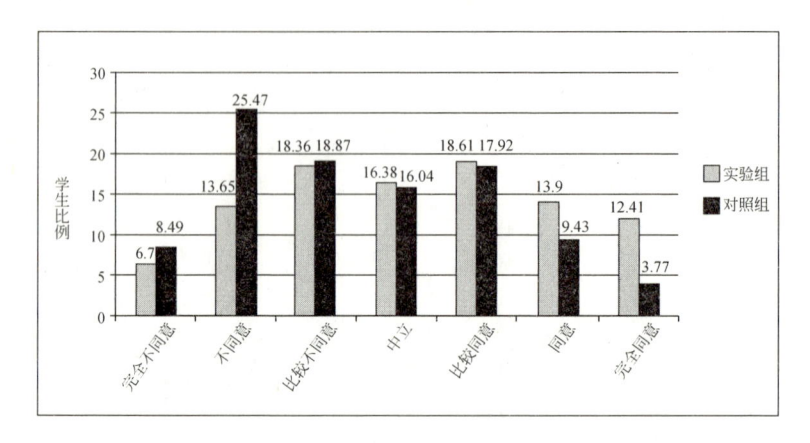

图 3-6 样本的前测创业意向分布(实验组数量＝403,对照组数量＝106)

注:学生回答了他们在多大程度上同意"我打算在接下来的五到十年内创办自己的公司"。

2. 人口学变量

表 3-26 显示,对人口学变量的等效性检验结果并不是最终结果。在相同的年龄范围内,对照组学生的最小年龄比实验组学生的最小年龄小一岁,因为就年级而言,2009 分组的对照组学生比实验组学生晚一年。实验组约有三分之二的学生年龄在 21 岁及以下,对照组则有四分之三的学生在该年龄段。超过 25 岁的学生很少,实验组只有 22 个,对照组只有 6 个。

我观察到,实验组和对照组中的女性学生都多于男性学生(两组女性学生分别占 53.5% 和 58.3%)。参考表 3-22 对无应答偏差的检验,实验组的这一数值并不偏离参加"创业计划"课程的 814 名学生的平均值。

实验组外籍学生所占的比例略高于对照组(15.9% 和 12.3%)。图 3-7 和图 3-8 列出了外籍学生的国籍信息。令人惊讶的是,实验组中最大的外籍学生群体并非来自紧邻德国的国家,而是来自保加利亚(11 名学生)、乌克兰(8 名)、中国、俄罗斯以及土耳其(各 4 名)。少部分来自捷克共和国、意大利和波兰（各 3 名），以及波斯尼亚、克罗地亚、匈牙利、卢森堡、摩尔多瓦、罗马尼亚和塞尔维亚（各 2 名）。阿尔巴尼亚、白俄罗斯、丹麦、格鲁吉亚、希腊、斯洛伐克、斯洛文尼亚、突尼斯、美国和越南分别只有一名实验组学生。对照组中的 13 名外籍学生来自保加利亚（4 名学生）、澳大利亚（3 名）和乌克兰（2 名），剩下的来自厄瓜多尔、罗马尼亚、瑞士和越南。

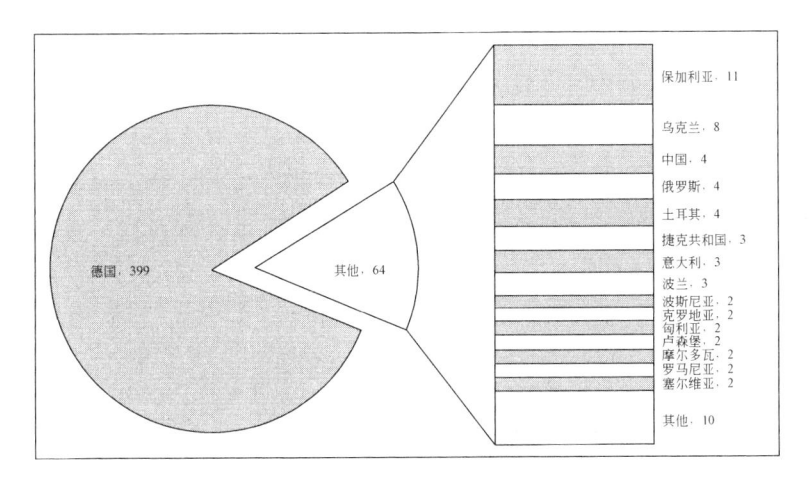

图 3-7 实验组样本学生的国籍情况（数量＝403）

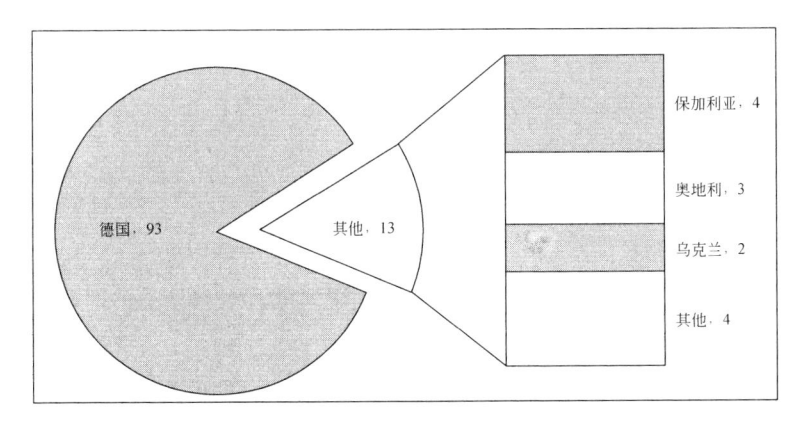

图 3-8 对照组样本学生的国籍情况（数量＝106）

3. 前期经历

在描述前期经历的变量方面,实验组和对照组的等效性检验显示,实验组和对照组的学生在之前接触创业的程度和参加过的创业课程方面的统计数据是等效的。

对体现之前接触创业的程度这一变量的四个虚拟变量进行等效性检验,并没有得出确定的结果。平均来看,对照组的学生更有可能有创业的父母、在新创企业工作过或者自己本身就是创业者。这都反映了之前接触创业的程度这一综合变量。图 3-9 展示了这个变量的分布情况。如图,两组约有 85% 的学生至少在一个有关前期创业经历的问题上回答了"是"。此外,实验组和对照组学生在之前接触创业的程度这一变量上的分布几乎是一致的。

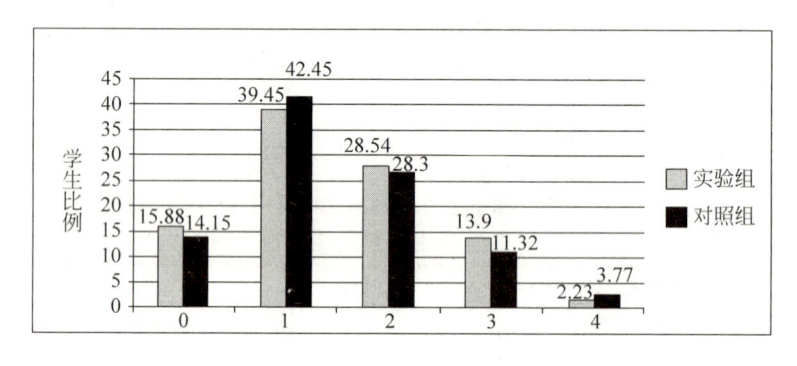

图 3-9 之前接触创业的程度(小组样本,数量=509)

两个组中只有极少的学生之前参加过创业课程。仅有 4.5% 的实验组学生(18 名)和 10.4% 的对照组学生(7 名)参加过创业课程。

最后要考虑的一个特征是开始创业计划课程时已有的 ECTS 学分。在这方面我只有实验组学生的数据。上面的表 3-29 显示,学生的平均学分为 45 学分,大约是慕尼黑大学工商管理专业本科毕业所需学分的四分之一。图 3-10 表明,大约 22% 的学生已经至少获得了 60 ECTS 学分。假设在取得本科学位所需的六个学期内,学生应必修的学分是 180 ECTS,

平均分配到每个学期是 30 ECTS 学分,那么超过四分之三的学生在第三学期开始时并没有达到他们在学业中应该达到的程度。

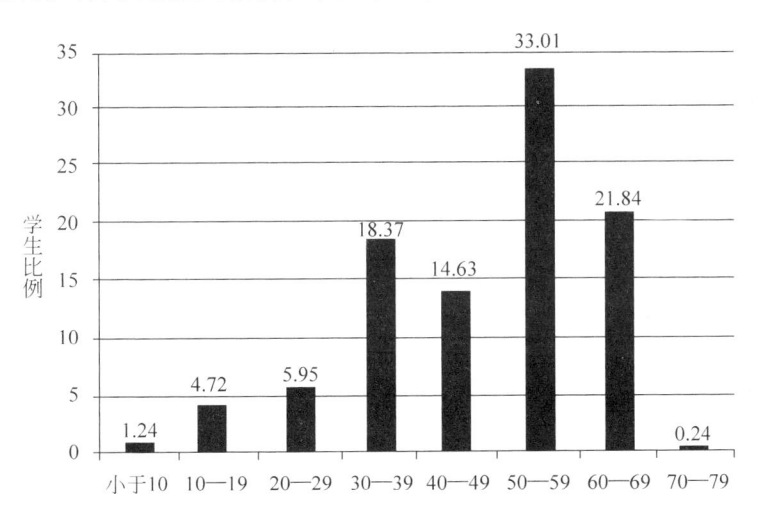

图 3-10　课程之前实验组学生已有的 ECTS 学分(数量＝403)

4. 人格维度

等效性检验表明,实验组和对照组学生在大五人格维度方面的数据是等效的。总体来看,这两组学生都很有责任心,并乐于分享和学习经验。

六、课程相关变量和课程评价

在进行课程对创业意向和态度影响的实证分析之前,本部分展示了学生评价课程及其特点的描述性结果。和所有其他所有高等院校相同,慕尼黑管理学院也要求学生填写一份课程评价表。表 3-31 全面展示了与课程设置相关的变量描述性结果。在接下来的小节中,我会更加详细地探讨这些变量。在表中,我们可以看到被观察的学生有 14% 获得了奖励。总体上,约有 10% 的学生在"创业计划"课程结课时,因表现优异获得了奖励。

表 3-31 课程相关变量和情境变量的描述性统计分析

变量	数量	平均数	中值	S.D.	最小值	最大值
学习	403	4.873	5	1.138	1	7
课程评价	403	3.834	4	0.804	1.25	5
团队合作评价	403	3.883	4	1.132	1	5
学生投入	403	8.063	6	8.199	0	70
与创业者合作	403	3.480	3.6	0.927	1	5
创业者投入	403	16.868	10	29.223	1	250
奖励(0/1)	403	0.139	—	—	0	1
团队大小	403	5.072	5	0.408	4	6
分组 2009(0/1)	403	0.638	—	—	0	1

(一) 标准课程评价问题

平均来看,该课程在五级量表上得分为 3.8,量表中 1 代表课程得分低,而 5 代表课程得分高。图 3-11 展示了前测调查问卷中课程评价问题的结果。我把五级量表归类为"否定"(1 和 2),"中立"(3) 和"肯定"(4 和 5)。

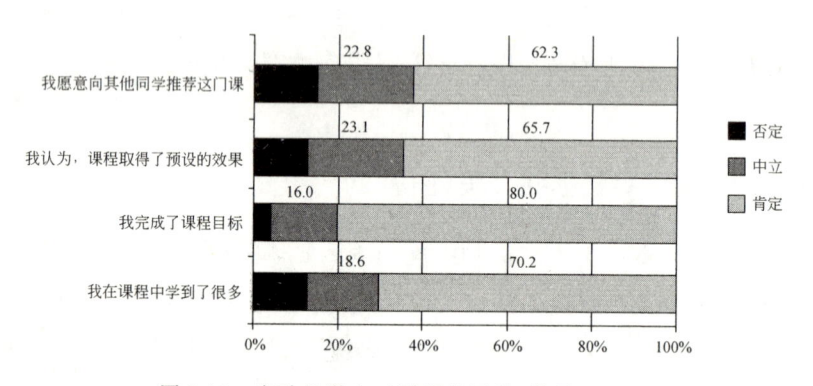

图 3-11 实验组学生对课程的评价(数量=403)

该图说明了,大部分学生对课程持肯定态度。三分之二的学生愿意向其他学生推荐这门课,超过 70% 的学生表明他们从课程中获益颇多。下一个小节将进一步证实后者的结论。

(二) 创业学习

在乔安尼森(1991)框架基础上,综合测量创业学习得出的平均值为4.9,最高值为7.0。由此可见,学生们确实学到了一些创业方面的知识。图3-12展示了每个题项的回答情况,所有回答被归类为"否定"(1到3)、"中立"(4)和"肯定"(5到7)。

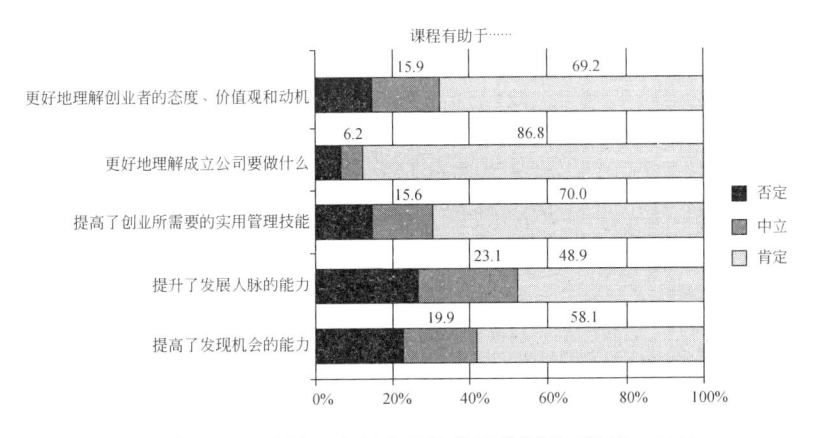

图 3-12　学生对课程中创业技能学习的评价(数量＝403)

与其他研究结果一致,学生对课程的反馈整体上是正面的。学生在创业课程中学到了乔安尼森框架下每个范畴包含的创业知识,尤其是前三个维度。这三个维度包括学习创业者的态度和动机(69%的学生在这一维度给予了肯定的评价),了解创建公司的相关事宜(超过86%的学生给予了肯定的评价),以及与创业相关的必要能力和技能(70%的学生给予了肯定的评价)。由于团队分工过于细致,只有一小部分学生有机会和合作的创业者进行直接交流,所以与其他两个维度相比,创业课程在第一个维度上的效果并不明显。各组分别有49%和58%的学生认为,自己在最后两个维度上,即社交技能和对创业的敏锐洞察力这两个方面有所收获。

显然,无论是在标准评价问题上,还是在创业学习的相关维度上,课程都受到了学生的广泛好评。因此我认为课程效果并没有受到学生对课程设置或内容上消极评价的影响。此外,"创业计划"的一个特点在于团队合作和与慕尼黑创业者的合作。我将在下一小节中展示对这部分课程评价的描述性分析。

(三) 对团队合作和创业者合作的评价

表 3-29 表明,在最高分 5.0 的情况下,学生给团队合作的平均分为 3.9。此外,学生平均每周花 8 小时(学生投入变量)在创业计划项目上。有 10 位学生表示他们在项目上需要花费 30 多个小时,这或许应被看作是"感知上的"努力。根据定性调查,学生们普遍感到项目太耗费时间。其原因有可能是:通过这个项目,学生可以和现实中的创业者进行直接的交流与合作,所以为了取得优异成绩,学生会投入比其他课程更多的时间,承担更多的压力。学生在"创业计划"课程中的感知投入可能会多于其他同类课程。然而,在其他课程中,更为常见的是与慕尼黑的公司进行匿名合作,而不是直接与创业者合作。而且,在"创业计划"课程中,由于个体行为可能会直接影响到其他的成员,所以他们倾向于在项目中投入更多的精力并承担更多的压力,这种情况下他们的"团队认同感"或许比在其他课程中更强。

在这一复杂的情形下,利益冲突自然会出现:学生们想完成学业任务并得到好的成绩,创业者想从项目中为他刚起步的公司获得尽可能多的东西。这些潜在的冲突也体现在了学生对创业者的评价中。在最高分 5.0 的情况下,与创业者合作仅得 3.5 分。图 3-13 揭示了更多关于该评价的情况。这里我仍将五级量表归类为"否定"(1 和 2)、"中立"(3)和"肯定"(4 和 5)。

学生对创业者商业创意的看法各有不同。大部分学生(41%)认为它们不是很有前景,24%的学生对创业者的创意没有什么特别的看法。尽管如此,学生们都认同创业者在执行商业创意上的动力,大约三分之二的学生在该方面持有积极的态度。两个与创业者交流相关的题项佐证了上述的判断。大多数学生对创业者在时间投入和项目支持方面的表现不太满意。只有 47%的学生认为自己得到了足够的帮助。表 3-29 显示,每位创业者在项目上投入的平均时间为 17 个小时。然而,超过 60% 的学生表明创业者只投入了 10 个小时甚至更少的时间来帮助他们完成项目。在学生评价与创业者合作是否成功的这个问题上,结果也是相似的,只有超过一半的学生持肯定回答。大约有 76% 的学生称他们为创业者和项目提供了附加价值,这表明团队对创业者项目的起步做出了很大的贡献。

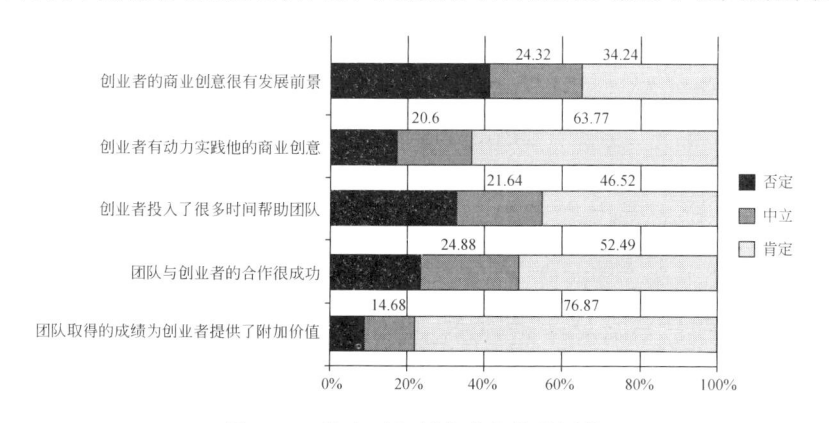

图 3-13　学生对与创业者合作的评价

七、研究项目数据库的合理性

　　本章介绍了作为行为干预的创业课程以及采集过程,对研究设计相关数据进行了有效性检验,并展示了课程效果的初始描述性统计数据。从实用角度看,我使用的研究设计与之前的研究相比更具优势(关于理论框架的优点已在上一章结尾进行讨论)。

　　首先,在课程前后,我分别对实验组和对照组的学生都进行了问卷调查。这使我能够进行准实验研究(参见第五章和第六章)以确定创业课程对创业态度和意向产生的真实因果效应。其次,因为这个课程对考察对象来说是必修课,所以实验组的学生并不是自行选课加入该课程的。研究者认为如果被调查学生是自我选择参加课程的话,学生们会倾向于支持课程干预(Gorman,1997),这会给研究结果带来偏差。选择必修课程进行评价可以保证后几章中评估误差的最小化。其他优点则源自我的理论模型的实际应用。调查问卷题项的选择是以前人研究为基础的，这些研究使用了计划行为理论，而且所有题项都已通过了预检验，并得到证实。所以当我运用自己开发的点对点测量时，我就不会面临任何由于测量误差而产生的漏洞。由于这些题项在本文中已经变得多少有些"标准"，因此我能够对我的研究发现进行分类，并和其他的研究进行比较，提高研究结果的信度。最后，我利用了各种不同的检验来验证题项的效度和信度，以及实验组和对照组数据的合理性。由于其他研究很少提及无应答和失访偏差，也从未考虑过实验组和对照组的等效性问题，因此我在研究结果中包含了一些探索性分析。

然而，有几点需要注意。第一，这些特定课程参与者是否可以在整体上代表目标群体。这两所慕尼黑的大学都被德国科学委员会和德国科学基金会授予过"一流大学"的称号。申请这两所学校的学生可能都具有某种特征，怀有特定的动机和抱负，这种偏差可能会影响实证分析的结果。所以，样本构成可能在整体上有别于其他大学的样本构成。第二，因为只基于一门课程，所以第五章到第七章描述的课程效果的普适性是值得怀疑的。但如果把创业计划课程看成是创业课程的蓝图，这个问题会得到部分解决。克鲁格等学者（2000）指出创业计划项目作为创业课程的组成部分，得到了高等院校的高度重视。相应地，在大多数高校中也出现了创业计划这类创业课程概念。因此，本文的研究发现是从涵盖创业项目和团队合作的创业计划课程理念得来的，相应的研究发现在一定程度上是广泛适用的。出于这样的原因，我提供了开展创业计划课程全面而深入的信息。第三，对照组的样本容量并不大。这可能会导致第五章和第六章的检验缺少统计数据方面的优势。此外，对数据的各种检验表明对照组数据受到了失访偏差的影响。对照组的另外一个缺点是缺少 2008 分组的人格维度数据。因此在接下来的章节里，我使用了两组对照变量，一组有人格维度（观察对象会因此减少），另外一组不包含人格维度。其他有关研究方法的问题已经在第二章第三部分中讨论过，例如学生倾向于给出符合社会期望的回答，以及使用李克特七级量表产生的最低和最高效应等。

第四章 创业意向的决定因素

一、引言

创业教育领域的研究者一直致力于提高人们对创业这一职业的理性认识。计划行为理论框架已经在预测创业活动和探索创业原因方面得到广泛的运用。然而,科尔沃雷德(1996a)和其后的萨塔瑞斯等学者(2007)都在呼吁开展更加深入的研究,以确定态度和意向之间的关系是否可以运用到其他语境中。因此,为了验证前人对创业态度和创业意向之间关系的研究结果,在本章我将以我的数据为基础对计划行为理论进行验证。

基于第二章的计划行为理论和其他理论概念,我提出了两组假设。第一组的研究对象是计划行为理论视角下创业态度与意向的关系,第二组的研究对象是背景性因素(人口学变量、前期经历和人格维度)与创业意向的关系。为了验证这两组假设,我使用了混合对照组的前测数据。

来自计划行为理论的三个假设都得到了有力的证明。从人口学变量中可以看出女性学生的创业意向较弱,而外籍学生的创业意向较强,这也证实了第二章第五部分的研究发现。过去广泛接触过创业(榜样的创业以及自己的创业行为)会对个人创业态度产生积极的影响。而另一方面,随着学生完成通识教育,创业意向会逐渐下降。这两个结果都符合预想且证实了之前的研究结果(见第二章第五部分)。然而,之前学习过创业课程对创业意向的影响并没有从数据上明确地体现出来,这可能是由于参加创业课程的学生数量过少造成的。赵等学者(2010)考察了大五人格维度与创业意向之间的关系,他们发现(以影响大小排列)开放性、尽责性、情绪稳定性、外向性和随和性都与创业意向有着重要的联系。其中前四个要素对创业意向有积极影响，而随和性则会产生消极影响。我可以确定的是前三个维度的排列顺序，可以证实随和性的影响是最小的，并且外向性与创业意向之间并没有显著的联系。其中比较意外的是，尽责性与创业意向之间存在消极关系。因为在此阶段，学生更多的把精力放在学业上，而不是为创业做准备。最后，研究结果与计划行为理论的预测一致，创业态度能够调节背景性因素产生的影响。因此，背景性因素是通过感知合意性、感知社会规范和感知行为控制间接影响创业意向的。

本章的主要内容包括创业意向方面的文献综述以及我的研究进展。首先，本章补充了计划行为理论在预测创业活动方面的相关文献，说明计划行为理论是可以用来研究创业活动的。其次，本章明确指出背景性因素（如人口学变量、前期经历和人格维度）对创业意向的形成产生重要的影响。第三，从更广泛的层面来看，本研究验证了创业态度和意向之间的关系，检验了外部因素对创业意向的影响，对计划行为理论的研究做出了一定的贡献。

对于之后的实证研究，本章更加深入地考察了实验组最初的创业态度和意向，这有利于整个研究项目的开展。另外，我也分析了以背景性因素为界定标准的几个子样本，为后面几章的研究发现提供了可靠的证据。以背景性因素为界定标准的几个子样本之间的创业意向存在差异，暗示了设计和规划创业教育课程的重要性。因为在特定的一门课程中，某些学生可能会比其他学生获益更多。

本章由四部分构成。我在第二部分中提出了创业态度和意向之间的关系假设以及背景性因素对创业意向影响的假设，这与第二章的理论探讨有着重要的联系。第三部分对这些假设进行了实证分析。第四部分为总结，探讨了本章对后面几章内容的影响和意义。

二、假设

前三个假设直接来源于计划行为理论，之后的九个假设探讨了背景性因素(人口学变量、前期经历和人格维度)对创业意向的直接影响。

(一) 源于计划行为理论的假设

根据计划行为理论,对成为创业者的感知合意性取决于个体对成立公司(与受雇佣相比)可能出现的结果的积极或消极预测。在创业教育研究领域中普遍认为,感知合意性对创业意向起到了积极作用(见第二章第四部分)。预期的两者关系为:

假设 4-1:创建企业的感知合意性越高,创业意向就越强。

另外,参照群体的意见对创业意向的形成会起到重要作用,该作用的大小取决于创业者满足这些期望的意愿程度。有些实证研究并没有证明感知社会规范与创业意向之间存在联系,其他的一些研究则表明感知社会规范发挥着巨大的作用(见第二章第四部分),因此可得出:

假设 4-2:创建企业的感知社会规范越高,创业意向就越强。

总体来说,对于能够胜任的工作,人们会展现出更强的行动力,即完成任务对他们来说是可行或可控的(Bandura1986;Ajzen 1991;Dutton 1993)。根据计划行为理论,感知行为控制(即成立和管理公司的能力)会对创业意向起到促进作用。许多研究用实证方法验证了这种关系(见第二章第四部分),因此本文提出了以下假设:

假设 4-3:创建企业的感知行为控制越高,创业意向就越强。

(二) 对个体背景性因素的假设

根据第二章第五部分的理论探讨,我提出了几个关于个体背景性因素决定创业意向的假设。

1. 人口学变量

下面的两个假设直接来源于第二章第五部分[①]:

假设 4-4:女性学生的创业意向低于男性学生的创业意向。

---

① 由于变量的年龄几乎没有差异,因此在这里我没有提出年龄与创业意向关系的假设。

假设4-5:外籍学生的创业意向高于德国学生的创业意向。

2. 前期经历

大量证据表明多数创业者都有自己的榜样。比如,许多创业者的父母也是创业者。但不是所有创业者的子女都会受到父母的影响成为创业者(Brockhau and Horwitz,1982)。斯科特和图米(Scott and Twomey,1988)认为,个人职业选择会受到许多榜样的影响。正如第二章第五部分所示,许多研究表明榜样对创业的选择起到了积极作用。另外,之前的创业活动在创业意向的形成过程中起到了非常大的作用。因此,我提出了下列假设:

假设4-6:之前接触创业的程度会对创业意向起到积极作用。

在第二章中曾介绍,一些研究者认为通识教育的目标是为学生到企业就业做准备(Timmons,1994),鼓励学生形成"参加工作"的思维模式(Kourilsky,1995),尤其是通识商务课程似乎对创业意向起到消极的作用(Whitlock and Masters,1996)。由于我的样本是工商管理专业的学生,我认为:

假设4-7:已完成的大学教育对创业意向有消极的影响。

由于创业教育评价的文献中存在一些相矛盾的研究结果,所以我没有提出学习创业课程的数量与创业意向之间的关系假设。对这个问题的进一步探索是本研究的目标之一[①]。

3. 人格维度

关于大五人格维度和创业意向关系的假设直接来源于第二章第五部分,赵等学者(2010)也对此作出了相关表述。

假设4-8:外向性会对创业意向起到积极作用。
假设4-9:随和性会对创业意向起到消极作用。
假设4-10:尽责性会对创业意向起到积极作用。
假设4-11:情绪稳定性会对创业意向起到积极作用。

---

① 但我会在实证研究中包含学生之前学习过的创业课程这一变量,来分析学生前测的态度和意向。这有利于后面几章研究结果的阐释。

假设 4-12：开放性会对创业意向起到积极作用。

三、对假设的检验和其他研究结果

本书变量的测量指标已经在第三章第四部分中进行过探讨①。为了检验这些假设，我引入了相关矩阵（correlation matrix），通过计划行为理论的变量和背景性因素对创业意向这个变量进行了 OLS（普通最小二乘法）回归模型分析。对于背景性因素，我还对实验组学生子样本的创业意向进行了 t 检验。我将表 3-13 所列子样本根据各个要素的虚拟变量分成两组，这种分析方法相对粗略，不过我会在之后研究中将他们进一步分成不同的子样本，这里的研究结果也会为后面的分析提供参考。如前文所说，我只研究前测数据。

表 4-2 列出了所有变量之间和前期经历附加变量之间的相关性。附加变量之间的相关性为之前接触创业程度这一综合变量的相关结果提供了稳健性检验。在表 4-1 中，我列出了带有标准系数的回归分析。需要注意的是，创业意向这个因变量可以被视为连续变量（continuous variable），所以我使用了 OLS 分析。我列出了 6 个回归模型：模型 1 包括了在计划行为理论下建构的创业态度，模型 2 到模型 4 分别是人口学变量、前期经历和人格维度变量。模型 5 包括所有涉及的变量。模型 6 和模型 1 相同，但体现的是后测创业意向和创业态度的数值。

（一）与计划行为理论相关的假设

表 4-2 表明感知合意性、感知社会规范和感知行为控制都与创业意向呈显著正相关：对于感知合意性 r=0.66，对于感知社会规范 r=0.62，对于感知行为控制 r=0.51。回归模型 1 显示校正决定系数（adjusted R-squared）为 0.51，同时提供了符合三种创业态度假设的显著标准化系数。因此，假设 4-1 至假设 4-3 是成立的。

---

① 已完成的大学教育是以获得的 ECTS 学分（ECTS 变量）为指标的。

表 4-1　背景性因素和创业态度对创业意向的 OLS 回归模型

因变量创业意向	模型 1 计划行为理论	模型 2 人口学变量	模型 3 前期经历	模型 4 人格维度	模型 5 背景和计划 行为理论	模型 6 计划行为 理论(后测)
计划行为理论变量						
感知合意性	0.414***				0.391***	0.459***
感知社会规范	0.295***				0.280***	0.291***
感知行为控制	0.103**				0.086**	0.136**
人口学变量						
年龄		−0.029			−0.041	
女性(0/1)		−0.221***			−0.027	
外籍(0/1)		0.212***			0.091**	
前期经历						
之前接触创业的程度			0.262***		0.045	
参加过创业课程			−0.032		−0.026	
ECTS			−0.106**		−0.055	
人格维度						
外向性				0.040	0.019	
随和性				−0.102**	−0.041	
尽责性				−0.120**	0.035	
情绪稳定性				0.107***	0.010	
开放性				0.214***	0.038	
检验数据						
观察对象	403	403	403	403	403	403
校正决定系数	0.506	0.073	0.080	0.072	0.515	0.614
F 检验(自由度)	138.11(3)	11.52(3)	12.64(3)	7.278(3)	31.53(14)	213.68(3)
F 显著性检验	0.000	0.000	0.000	0.000	0.000	0.000

注：该表体现了标准化系数；* 表示在 10% 时显著；** 表示在 5% 时显著；*** 表示在 1% 时显著。

表 4-2 描述性统计分析和皮尔逊/点二列相关系数（Pearson/point-biserial correlations）（实验组样本）

	平均值	S.D.	1	2	3	4	5	6	7	8	9	10	11	12	13	14	15	16	17	18	19
计划行为理论变量																					
1 创业意向	4.17	1.78	1.00																		
2 感知合意性	4.28	1.42	0.66*	1.00																	
3 感知社会规范	−4.85	29.12	0.62*	0.65*	1.00																
4 感知行为控制	4.19	0.99	0.51*	0.57*	0.57*	1.00															
人口学变量																					
5 年龄	21.66	2.14	−0.01	−0.02	0.02	0.04	1.00														
6 女性（0/1）	0.53	—	−0.19*	−0.27*	−0.20*	−0.27*	−0.03	1.00													
7 外籍（0/1）	0.16	—	0.18*	0.09	0.10	0.07	0.04	0.28*	1.00												
前期经历																					
8 父母创业（0/1）	0.49	—	0.21*	0.17*	0.21*	0.14*	0.05	0.05	−0.04	1.00											
9 熟人创业（0/1）	0.67	—	0.17*	0.14*	0.25*	0.15*	0.07	0.01	0.34*	0.16	1.00										
10 在新创企业工作过（0/1）	0.26	—	0.13*	0.13*	0.12*	0.19*	0.13*	−0.06	0.22*	0.20*	0.32*	1.00									
11 创业者（0/1）	0.06	—	0.12*	0.14*	0.10*	0.13*	0.09	−0.15	−0.18	0.19	0.33*	0.51*	1.00								
12 之前接触创业的程度	1.47	0.99	0.27*	0.24*	0.30*	0.25*	0.14*	−0.01	0.10*	0.62*	0.63*	0.64*	0.43*	1.00							
13 参加过的创业课程	0.07	0.35	−0.02	−0.04	0.04	0.06	−0.03	−0.06	−0.06	0.05	−0.02	0.02	0.07	0.04	1.00						
14 ECTS	45.34	13.65	−0.14*	−0.10	−0.07	−0.07	−0.19*	−0.06	−0.22*	−0.15*	0.02	−0.07	−0.08	−0.12*	−0.06	1.00					
人格维度																					
15 外向性	4.94	1.14	0.14*	0.08	0.17*	0.19*	0.07	0.02	−0.00	0.16*	0.17*	0.14*	0.05	0.23*	0.06	−0.05	1.00				
16 随和性	4.49	0.76	−0.07	−0.06	−0.01	0.02	−0.06	0.13*	−0.07	0.01	−0.10	−0.13*	−0.02	−0.10*	−0.04	0.01	0.04	1.00			
17 尽责心	5.44	1.11	−0.06	−0.13*	−0.14*	−0.04	0.03	0.19*	0.00	0.07	−0.05	−0.02	−0.06	−0.01	0.06	0.11*	0.08	0.05	1.00		
18 情绪稳定性	4.75	1.17	0.15*	0.16*	0.17*	0.22*	−0.04	−0.20*	−0.06	0.19	0.04	−0.01	0.00	0.05	0.12*	−0.02	0.25*	0.13*	0.10*	1.00	
19 开放性	5.44	0.99	0.22*	0.17*	0.23*	0.23*	0.04	0.12*	0.07	0.24*	0.08	0.10*	0.12*	0.23*	0.06	−0.19*	0.41*	0.11*	0.23*	0.29*	1.00

注：* 表示在 5% 时显著。

与第二章第四部分所展示的相关系数和方差相比,这里得出的数值更为有利。第二章提到的研究所得出的平均相关系数是:感知合意性 r=0.44,感知社会规范 r=0.49,感知行为控制 r=0.42。在创业意向中使用计划行为理论解释的平均方差是 36%。此外,从表 4-1 模型 1 里报告的标准化系数中,我们可以得出计划行为理论框架下感知合意性是创业意向最主要的决定因素,其次是感知社会规范和影响最小的感知行为控制。这个结果最初有些出人意料,因为从整体来看感知行为控制是非常重要的,而且有些研究甚至无法证明感知社会规范和创业意向之间有显著的联系。或许在这个阶段学生更容易受到创业活动结果以及他人建议的影响,而不是依据对自己创业技能的感知。可能是他们还比较年轻,缺乏必要的知识和经验去辨别自己是否已经具备必要的技能。尽管在创业课程结束之后情况依然如此,但感知社会规范和感知行为控制的标准化系数之间的差异却变小了(表 4-1 中模型 6)。这可能说明学生在学习完创业课程后更容易判断出自身是否具备必要的技能。如果学生能够判断自己是否具有相应的能力,那么其他人的建议对他们的影响就会相应地减少。此外,模型 6 中变量的后测数值进一步证明了假设 4-1 至 4-3。

(二) 人口学变量的假设

表 4-3 表明参加课程时男性学生的平均创业意向明显高于女性学生(4.537 vs.3.865,p=0.000)。外籍学生的平均创业意向也明显高于德国学生(4.906 vs.4.041,p=0.000)。因此,这与预期相同,变量女性(0/1)和外籍(0/1)都与创业意向显著相关(分别为 r=−0.19 和 r=−0.18)。从表 4-1 中的回归模型 2 可得知,校正决定系数为 0.07,标准化系数是显著的,这两个变量的数据与假设相符。因为之前提到过的原因,变量年龄的系数并不显著。综上所述,假设 4-4 和假设 4-5 是成立的。

表 4-3 子样本平均前测创业意向(实验组样本)

呈现背景性特征的学生			1 否	2 是	3 差异 (2)-(1)	检验数据 双侧 t 检验	
						|t|	p 值
人口学变量	女性(0/1)	样本大小 平均值	188 4.537	245 3.865	403 −0.672	3.847	0.000***
	外籍(0/1)	样本大小 平均值	339 4.041	64 4.906	403 0.865	3.620	0.000***
前期经历	父母创业(0/1)	样本大小 平均值	210 3.824	193 4.565	403 0.741	4.264	0.000***
	熟人创业(0/1)	样本大小 平均值	132 3.742	271 4.391	403 0.649	3.482	0.001***
	在新创企业工作过(0/1)	样本大小 平均值	298 4.037	105 4.581	403 0.544	2.715	0.007***
	创业者(0/1)	样本大小 平均值	379 4.127	24 5.000	403 0.873	2.345	0.020***
	参加过的创业课程(0/1)	样本大小 平均值	385 4.187	18 4.000	403 −0.187	0.435	0.664
	高 ECTS(0/1)	样本大小 平均值	181 4.348	222 4.041	403 −0.307	1.730	0.084*
人格维度	外向(0/1)	样本大小 平均值	165 3.915	238 4.361	403 0.446	2.491	0.013***
	随和(0/1)	样本大小 平均值	269 4.193	134 4.149	403 −0.044	0.234	0.815
	负责(0/1)	样本大小 平均值	107 4.355	296 4.115	403 −0.240	1.198	0.232
	情绪稳定(0/1)	样本大小 平均值	190 3.984	213 4.352	403 0.368	2.080	0.038**
	经验开放(0/1)	样本大小 平均值	102 3.755	301 4.322	403 0.567	2.806	0.005***

注:* 表示在10%时显著;** 表示在5%时显著;*** 表示 * 在1%时显著(对于双侧 t 检验);子样本是由表3-13定义的。

(三) 前期经历的假设

同预料的一样,在参加课程之前已接触过创业的学生比未接触过的学生平均创业意向要高(表4-3)。有过创业经验的学生和没有创业经验的学生在创业意向上的差异最大(5.000 vs. 4.127,p=0.020)。其次是父母是创业者的学生与父母不是创业者的学生差异(4.565 vs. 3.824,p=0.000)。因此,之前接触创业的程度与创业意向密切相关,并且得到了与假设相符的数据($r=0.27$,参见表4-2)。构成"之前接触创业的程度"这个变量的四个虚拟变量也是如此。变量父母创业(0/1)、熟人创业(0/1)、在新创企业工作过(0/1)和创业者(0/1)都与创业意向呈显著正相关(分别$r=0.21$,$r=0.17$,$r=0.13$和$r=0.12$)。此外,正如所预料的,变量ECTS与创业意向呈显著负相关($r=-0.14$)。已修过许多大学课程的学生在参加课程时平均创业意向低于其他学生(4.041 vs. 4.348,p=0.084)。表4-1中的回归模型3表明校正决定系数为0.08,同时也得出了显著标准化系数和符合预期的迹象。因此假设4-6和假设4-7也是成立的。变量参加过的创业课程与创业意向并无显著关联,因此之前参加过的创业课程似乎并不会影响学生大学前的职业定位。[1]

(四) 人格维度的假设

外向、情绪稳定和经验开放的学生参加课程时的平均创业意向明显高于在这几个维度得分较低的学生(参见表格4-3),因此(表4-2)与假设相符,变量外向性,情绪稳定性和开放性与创业意向呈显著正相关,(分别为$r=0.14$,$r=0.15$和$r=0.22$)。随和性和尽责性与创业意向没有显著的相关性。

表格4-1的模型4稍有不同。控制其他人格维度变量不变的情况下,外向性的系数并不显著,但其他维度都对创业意向有显著的影响。但

---

[1] 然而只有18名学生在之前参加过创业课程。

出乎意料的是，尽责性对创业意向产生了消极影响。也许在人生这个阶段，学生的尽责性（有条理、有计划、有效率、注重实际、稳定、可靠、认真、严谨、负责、努力、以成就为导向和不屈不挠）更多地表现在对学业的追求而非创业（参见第二章第五部分）。随和性、情绪稳定性和开放性这些维度的系数都与假设相符。我推断假设 4-8、假设 4-9、假设 4-11 和假设 4-12 成立，但假设 4-10 不成立。因此赵等学者（2010）的元分析结果虽获得广泛认同，但却未在我的研究中得到证明。

另外一个发现是，表格 4-1 中的模型 4 还提供了对人格维度影响的相对强度的认识。根据表格中的标准化回归系数，对创业意向影响最强的人格维度是开放性，接下来是尽责性、情绪稳定性和随和性。这与赵等学者（2010）的研究中发现的顺序部分相同。其中前三个维度的顺序完全一致，然后是外向性，而最后的随和性发挥的影响最小（但是尽责性在他们的研究中是有积极影响的）。

（五）计划行为理论变量的中介作用

计划行为理论认为个人对特定行为产生的态度主要以行为、规范和控制信念为基础，表格 4-1 中的模型 5 证实了这一观点。在某一特定时间内，信念的形成是以个人的背景性特征为基础的。研究者可以通过这三个态度因素预测意向。因此，如果控制创业态度这一变量不变，背景性因素与创业意向之间就不会存在直接联系。我们发现在模型 5 中，当控制态度因素不变时，除了外籍（0/1）这一变量，大部分背景性变量的系数变得不再显著。与计划行为理论预期一致，所有计划行为理论变量的系数都对创业意向有着重要的影响作用。

四、结论

创业者的失败对个人和社会来说代价都是相当大的。因此，创业教育研究的主要目标是探究人们创业的原因，从而进一步了解人们在进行这种职业规划时的想法。研究中广泛使用的理论框架是由计划行为理论和一些源于社会心理学的概念组成的。本章以第三章中介绍的混合实验组前测数据为基础,检验了计划行为理论。另外,我还分析了对创业意向起决定作用的几个背景性因素(人口学变量、前期经历和人格维度)的重要性。

　　本章的发现有力地证实了计划行为理论在评估创业活动研究中的适用性。与该理论假设一致,感知合意性、感知社会规范和感知行为控制是评价创业意向的重要指标。与该领域其他研究相比,本研究中创业意向的影响大小和差异更具有说服力。其次,研究结果显示女性学生的创业意向低于男性学生,外籍学生比德国学生更乐于创业。前期经历和创业意向之间的关系与前人的研究结果大致相符,丰富的创业经历(比如有创业的榜样或自己参加过创业活动等)对创业意向有着重要而积极的影响。另一方面,学生学习的大学课程越多,创业意向就越弱。本章还证明了大五人格维度与创业意向之间是存在联系的,开放性和情绪稳定性会对创业意向起到积极的影响作用,而随和性和尽责性较高的学生其创业意向会较低,外向性对创业意向没有显著的影响。大五人格维度的预计影响效果较为适中,解释了7%的创业意向差异。赵等学者(2010)的元分析结果与我的研究发现并不一致,他们按照不同的顺序对人格维度进行了重要性排列,并发现尽责性对创业意向有积极作用。从更普遍的意义上说,本章为计划行为理论的研究做出了贡献,进一步证明该理论在职业意向领域的适用性。研究结果还显示先入为主的观念可以调节外部因素对创业意向的影响作用,这与计划行为理论的观点一致。

　　本章的研究发现为本书接下来的实证研究提供了一些启示。运用实验组前测数据的比率帮助我们进一步了解学生的"起点"。考虑到不同子样本之间创业意向的差异,创业教育课程不可能对所有学生都产生同样的影响作用。受以往经历或性格因素的影响,有些学生在课程开始时就对创业有了正面或负面的倾向。然而,像创业教育课程这种短期的行为干预并不能对这种倾向产生很大的影响。例如,阿克洛夫和克兰顿(Akerlof and Kranton,2000)认为人们在青少年时期就已经形成了一定的人格特征,这种人格特征不会因为课程诱发的刺激而改变。因此,在评估创业教育课程的影响时,对不同背景性因素界定下的子样本学生进行区分是很有必要的。本章的研究发现对创业教育课程也有一定的启示意义。对创业教育课程已持有鲜明正面或负面态度的学生可能不会对创业教育课程的刺激因素做出反应,这可以帮助教育者筛选适合参加创业教育课程的学生,或帮助课程设计者规划如何以及何时进行创业教育。女性学生的创业意向较低,这可能说明她们已经有了明确的未来职业规划,并不会受到课程信息的影响。这蕴含了两点启示:一是对那些旨在提高学生创业意向的课程,倘若课程容量有限,课程设计者可以考虑不对女性学生开放,或者可以针对女性学生的特殊性,为其开设专门的课程;二是现有大学课程和创业意向之间负相关的关系表明创业教育课程应该在大学尽早开设。因为在大学后期,学生可能已经对创业教育有了强烈的负面倾向,就不会对课程的刺激做出反应了。与背景性因素相关的其他发现也得出了类似的结论。所以我不会分析创业教育课程对所有人的影响,而是分析是否如第二章第五部分中所述——有些学生相对其他学生而言更"适合接受创业教育"。

第五章　评价创业教育的影响
——准实验方法

一、引言

彼得曼、肯尼迪(2003)、萨塔瑞斯等学者(2007)以及欧斯特贝克等学者(2010)的研究为创业教育效果研究领域做出了重要的贡献。他们从实验组和对照组中挖掘数据，确定了创业教育对总体创业态度和意向的真实因果效应。然而，考虑到第一章讨论过的研究方法的缺陷，我在本章重新使用并改进了这些研究设计。研究问题有两个：创业课程对平均创业态度和意向的影响大小和性质是什么？在人口学变量、前期经历或人格维度界定的子样本中，特定子样本和其他子样本的学生相比时，是否更易受到这些影响？

在这里我也运用双重差分法得出了创业计划课程对学生平均创业态度和意向的真实因果效应。沿袭萨塔瑞斯等学者(2007)的思路，我分析了课程对创业意向的影响，以及对感知合意性、感知社会规范和感知行为控制的影响。为了得出更可靠的解释，我从两方面扩展了这个基础研究设计。首先，我使用了广义精确匹配(Coarsened Exact Matching，简称CEM)来处理数据(Iacus et al., 2011)。在第三章的第五部分，我进行了实验组和对照组的等效性检验。因为背景性特征上的较大差异可能会造成评价课程影响的偏差，对于准实验设计，实验组和对照组的学生必须要尽可能的相似(Rogers et al., 1993)。在评价课程的影响时，上述研究并没有对这个先决条件进行检验，也没有把它考虑在内。而CEM是控制这些差异的一种方法。其次，根据第二章和第四章中的论证，当学生们背景性特征不同时,课程可能会产生不同效果。欧斯特贝克等学者(2010)的研究也是这样做的,即分别展示了女性学生和男性学生的双重差分估计(difference-in-difference estimations)。我通过三重差分估计扩展了这种方法,以评价创业课程对背景性特征不同的子样本所产生的影响。运用该方法可以对参加实验的特定子样本学生和另外两组学生进行比较。这两组学生分别是:参加实验但不在该子样本中的学生;符合该子样本的背景性特征但未参加实验的学生。分析课程对某一特定子样本的影响时,这种方法比欧斯特贝克等学者(2010)的方法更为稳健。

研究结果表明,参加实验学生的平均创业意向在课程期间显著下降,而平均社会规范感知和行为控制感知则有了积极的转变。然而,根据对照组数据,课程对创业意向的显著影响消失了。双重差分估计证实了课程对平均感知社会规范和感知行为控制的显著积极影响,但这种影响只有在应用CEM分析数据的时候才会出现。利用三重差分估计发现,有过创业经验学生的平均创业意向在课程期间下降了。在创业态度方面,该组的感知行为控制也经历了消极的转变。此外,父母创业的学生的感知合意性和感知社会规范程度在课程期间有所提高,之前接受过创业课程的学生在感知合意性上发生了积极的转变。

本章丰富了关于创业教育评价的现有文献。以彼得曼和肯尼迪(2003)、萨塔瑞斯等学者(2007)和欧斯特贝克等学者(2010)的研究为基础,我进一步发展了他们使用的研究方法。通过这些改进,本章为创业教育对创业态度和意向的影响提供了更为稳健的估计,也为创业课程如何吸引不同背景性特征的学生提供了一些见解。

本章包括三部分。在第二部分我将阐述实证研究方法,介绍双重差分和三重差分法,并对广义精确匹配进行解释。第三部分展示了评价的结果。第四部分总结并讨论了研究发现和意义。

二、实证研究法

本部分阐释了实证研究法,用于分析课程对平均创业意向和态度的影响。

(一) 单组前测后测设计

在首次评价创业教育对创业态度和意向的作用时,我使用了"单组前测后测设计"(心理学术语,经济学中称为"差异"的方法)(Shadish et al.,2002)。此方法是通过利用混合数据(前测和后测)以及下面的方程推算而来的。

$$y_{it} = \alpha + \beta d_t + \varepsilon_{it'}$$

方程 5-1:差异估计方程

y_{it}是观察对象变量 i 在 t 时间段中的相关变量结果,t=0 代表实验前(或"前测"),t=1 代表实验后("后测"),i=1,…,N_t 中 N_0 表示前测观察对象数量,N_1 表示后测观察对象数量[①]。虚拟变量 d_t 表示时间段,如果 t=1,那么 $d_t=1$,否则 $d_t=0$。β 代表实验对预期结果的因果效应(Meyer,1995)。

主要假设是如果没有经过实验,因果效应将为 0,即 t=0 组和 t=1 组的均值不会有区别,这种情况可以表示为,$E(\varepsilon_{it} \mid d_t)=0$,即误差项的条件均值不会因时间虚拟变量数值(time-dummy)的变化而变化。如果这种情况成立,无偏差异估计值(unbiased difference estimator)$\hat{\beta}_d$ 可以通过以下公式得出:

$$\begin{aligned}\hat{\beta}_D &= \Delta \bar{y} \\ &= \bar{y}_1 - \bar{y}_0 \\ &= \bar{y}_{ex\text{-}post} - \bar{y}_{ex\text{-}ante'}\end{aligned}$$

[①] 由于该方程比较的是所有前测观察对象和后测对象的平均值,因此没有必要排除在两次测试间(即前测和后测之间)退出研究的观察对象(失访)。我选择了比较保守的方式,只选取了第三章第三部分介绍的完全匹配的前测数据和后测数据,并在第三章第五部分中,测试了数据潜在的失访偏差。因此,为了保证研究结果的有效性,我对前测组和后测组进行了对比(Meyer,1995)。

方程 5-2：得出差异估计值

横线代表每个观察对象的平均值，y 的下角标代表时间段（Meyer，1995）。

为了验证 $\hat{\beta}_D$ 在统计上是否区别于 0，我们可以进行 t 检验证明零假设 $\hat{\beta}_D=0$，或者直接通过回归分析和两个时间段的混合数据估测方程 5-1 的参数。然而，有几个原因会导致差异估计值出现偏差。首先，除了实验干预（即创业课程），可能存在其他没有观察到的情况导致 t=0 和 t=1 期间相关结果变量发生变化（即影响因素发生变化，如感知合意性变得倾向于创业），迈耶（Meyer，1995）称之为"遗漏变量偏差"。另外一种偏差是结果中的普遍趋势偏差，即观察对象自身会随着时间变化而变化，从而导致偏差，如年龄（更多详细内容见迈耶 1995 年发表的文章）。为避免出现这些问题，可以测量那些没有参加实验但很有可能也受这些因素影响的相似小组的结果。

（二）未参加实验的对照组前测后测设计

有了对照组[①]的存在，我们就可以采取准实验方法（Shadish et al.，2002）。对照组没有经过实验干预，但也受到了除课程外与实验组同样的其他影响，并且具有同样的背景性特征。使用准实验可以衡量出课程对创业态度和意向的真实因果效应，也可以对比实验组和对照组的实验结果，并对由课程导致的结果变量的变化和其他因素引起的变化进行区分。准实验方法缺失了"真正的"实验所具备的一个重要特点，后者一般随机安排实验组和对照组中的观察单位。我们通过自我选择[②]将这些单位分两组。

准实验方法中最常用的手段之一就是心理学中的"前测后测对照组设计"（Meyer，1995，第 154 页），在经济学中被称为双重差分。

---

① 在文献中"对照组"与"对比组"是同义词，因此我使用了"对照组"。
② 第三章说明了自我选择作为误差来源的可能性。

在本研究的特定情况下,由于我从同样的观察单位中收集了前测和后测数据,这种方法也被称为具有前后相依样本的未参加实验的对照组设计。

对于这一设计,基础模型是

$$y_{it}^j = \alpha + \alpha_1 d_t + \alpha^1 d^j + \beta d_t^j + \varepsilon_{it}^j$$

方程 5-3:双重差分估计值方程

在这个方程中,y 也有一个指数 j 代表(实验和对照)组。虚拟变量 d_t 是"时间虚拟变量",如果 t=1,那么 d_t=1,否则 d_t=0。d^j 是实验虚拟变量,如果 j=1,那么 d^j=1,否则 d^j=0。d_t^j 是两者的交互作用,如果 t=1,j=1,那么 d_t^j=1,否则 d_t^j=0。d_t^j 是表示实验组中已经参加实验的单位,β 是实验对该组的因果效应。另外,α_1 代表实验以外的、影响两组 t=0 和 t=1 结果的其他未观测事件带来的改变。α^1 代表不同小组间在总体平均值上带来的潜在时间等量差异(time-invariant differences)(Meyer,1995)。综上所述,方程的关键假设是在未参加实验的情况下 β 将为 0,或者 $E(\varepsilon_{it}^j | d_t^j)=0$。那么,双重差分无偏估计值 $\hat{\beta}_{DD}$ 就可以通过小组平均值的双重差分得出:

$$\hat{\beta}_{DD} = \Delta \bar{y}^1 - \Delta \bar{y}^0$$
$$= \bar{y}_1^1 - \bar{y}_0^1 - (\bar{y}_1^0 - \bar{y}_0^0),$$

方程 5-4:得出双重差分无偏估计值

其中,横线代表 i 的平均值,下标代表时间段,上标代表小组。

为验证 $\hat{\beta}_{DD}$ 是否区别于 0,我们可以进行 t 检验证明零假设 $\Delta_y^{-1} = \Delta_y^{-0}$,或者直接通过回归分析和两个时间段的混合数据估测方程 5-3 的参数。

这种方法在一定程度上提高了效度,减少了结果中的遗漏变量偏差和普遍趋势偏差(Meyer,1995)。双重差分设计法的延伸进一步为研究结果提供了稳健性检验。

1. 加入关于个体特征的控制变量

回归分析的一个优势就是可以加入背景性特征矢量 z_{it}^j。如第三章第四部分所示,我收集了大量关于个体背景性特征的信息。通过估测下列方程的参数,我可以控制两个小组观察单位间个体特征的差异:

$$y_{it}^j = \alpha + \alpha_1 d_t + \alpha^1 d^j + \beta d_t^j + \delta z_{it}^j + \varepsilon_{it}^j.$$

方程 5-5:控制下的双重差分估计方程

然而,该方法并不会控制两组间的背景性特征差异。在第三章第五部分中,我对实验组和对照组的等效性进行了检验,发现两组在一些背景因素上存在差异,对实验组和对照组的观察单位进行匹配可以减少这些差异带来的潜在偏差。

2. 广义精确匹配

艾库斯等学者(Iacus et al.,2008)认为,广义精确匹配是一种降低实验组和对照组中所选协变量(covariates)不均衡性的匹配方法。该方法通过减少数据中的观察单位以降低实验组和对照组剩余数据的不均衡性。因此各小组被选择的协变量的经验分布会因此更加相似。当协变量矢量 $x=(x_1,x_2,\cdots,x_k)$ 中的数据完全均衡时,就没有必要进一步控制 x 了,匹配数据的均数差已经可以估测出真实的因果效应。这样,匹配方法就减少了对模型的依赖以及实验组和对照组因前测差异而产生的潜在偏差。

CEM算法包括三步(Iacus et al.,2009)。首先,它对每个所选协变量进行暂时的粗化,然后将所有单位分成几层,每层粗化后的 x 值相同。最后,剔除每层中一个实验组单位或一个对照组单位都不包括的观察单位,然后分析未粗化且相匹配的数据。

因此,这种算法创造了一组分层,$s \in \mathcal{S}$,每个都包括同样的 X 值,只有包括至少一个实验组和对照组观察单位的层级才可以得到进一步分析。用 $\mathcal{T}^s$ 表示 s 层的实验组单位,$m_{j=1}^s := \#\mathcal{T}^s$ 表示这一层级中实验组单位的数量。类似地,$\mathcal{C}^s$ 表示对照组单位,相关变量包括 $m_{j=0}^s := \#\mathcal{C}^s$

和 $m_{j=0} := U_{s \in \mathcal{S}} m_{j=0}^s$。因此,层级 s 中每个单位 i 的算法是:

$$W_i = \begin{cases} 1, & i \in \tau^s \\ \dfrac{m_{j=0}}{m_{j=1}} \dfrac{m_{j=1}^s}{m_{j=0}^s}, & i \in \ell^s \end{cases}$$

对于不匹配的单位,$w_i = 0$。因此,CEM 算法消除了一些选定层级的不均衡性,剩余的差别都是在层级之内的。这就提升了对结果变量的因果效应进行估测的准确率,减少了对经验模型的依赖。

艾库斯等学者(2011)通过统计数据更加详细地估测了不均衡性。他们的研究说明了实验组 $\mathcal{P}(X|j=1)$ 前测协变量的多元经验分布与匹配的对照组 $\mathcal{P}(\tilde{x}|j=0)$ 的区别。作者的理念是为每个有较细网格的连续变量选择若干个"容器",对分类变量不加处理,然后用 $H(X_l)$ 表示这个关系,$l = 1, \cdots, k$,这是对变量 X_l 进行粗化得到的不同值。之后,用笛卡尔乘积 $H(X_1) \times \cdots \times H(X_k) =: H(X)$ 生成了一个多维直方图。用 f 和 g 分别代表与实验组和对照组相关的经验频率分布(empirical frequency distributions)。$f_{l_1 \cdots l_k}$ 代表坐标为 $l_1, \cdots, l_k$ 的多变量交叉列联表(cross-tabulation)单元格中实验组观察对象的相对频数,$g_{l_1 \cdots l_k}$ 为对照组观察对象的相对频数。艾库斯等学者(2011)将多变量不平衡性定义为:

$$\mathcal{L}_1(f,g) := \frac{1}{2} \sum_{l_1, \cdots, l_k \in H(X)} |f_{l_1 \cdots l_k} - g_{l_1 \cdots l_k}|.$$

完全的整体平衡(达到粗化)可以通过 $\mathcal{L}_1 = 0$ 表示,这意味着两者的分布完全重合。数值越大,实验组和对照组的不平衡性就越大,最大值是 $\mathcal{L}_1 = 1$,意味着两者的分布完全分离。例如,如果 $\mathcal{L}_1 = 0.6$,那么两个直方图就有 40% 的密度重合。因此,$\mathcal{L}_1$ 值本身并没有意义,而是一种比较匹配度的标准。用 f^m 和 g^m 表示匹配的实验组和对照组单位的经验频率,与不匹配的 f 和 g 频率相对应。这样,"可靠的"匹配方式应该为 $\mathcal{L}_1(f^m, g^m) < \mathcal{L}_1(f, g)$。

总之,在计算实验干预对相关结果变量的真实因果效应时,对双重差分估计值的修正可以降低因实验组和对照组前测差异而产生计算结果中的偏差。

另一种方法利用了背景性特征数据,用以明确课程对这些由特征界定形成的实验组子样本是否有不同的影响。为了对比实验组子样本与对照组子样本结果变量之间的变化差异,可以采用三重差分法。

(三) 运用三重差分法分析不同子样本的实验效果

在第二章第三部分中我阐述了,由于个性或前期经历等的差异,个体会对行为干预中的新信息产生不同的解读,导致课程对不同子样本会产生不同的影响。进一步改进实验组和对照组的定义,可能会有助于进一步了解课程子样本中的有效性。例如,一些人可能更关注课程对女性学生产生的影响。

第一个方法是利用实验组学生的数据,定义女性学生子样本为"实验组中的实验组",男性学生作为对照组。这个双重差分设计的潜在问题是,与课程无关的、其他的、未观察的因素可能会影响女性的创业意向(例如政府鼓励女性创业的项目)。我将这种类型称为"双重差分类型1",简称DD1。

还有另一种通过创建双重差分设计来进一步探究对女性学生影响的方法,即将实验组和对照组中的女性学生提取出来,比较结果变量上平均值差异中的差异。但此处的问题是实验组和对照组在意向上的变化可能有系统性的差异,例如由于其他背景性变量上的差异而导致这种情况。与上文一致,我将这种类型称为"双重差分类型2",简称DD2。

一个更稳健的方法是把女性学生当做实验组中的一个"实验"组,并把结果变量中的差异与对照组中的女性"实验"组进行比较,这在经济学中被称为三重差分法。

三重差分法的基础模型对方程5-3进行了改进。该模型将增加一个虚拟变量,这个变量是根据研究中各背景性因素把样本划分为两个子样本而产生的。因此方程5-3的改进版本作为主要解释性变量,与系数β将有更高级别的交互作用,它能够消除沿背景性因素维度发展的任何趋势。这个模型的回归方程是：

$$y_{it}^{jk}\alpha + \alpha_1 d_t + \alpha^1 d^j + \gamma^1 e^k + \alpha_1^1 d_t^j + \gamma_1^1 e_t^k + \alpha^{11} d^{jk} + \beta d_t^{jk} + \delta z_{it}^j + \varepsilon_{it}^j.$$

方程 5-6：三重差分估计方程

现在结果变量的指数也是 $k,k=0,1$。e^k 是一个虚拟变量，用来表明单位 i 是否显示出研究的特定背景性因素。因此如果 $k=1$ 那么 $e^k=1$（单位显示出了讨论的背景性因素），否则的话 $e^k=0$（"子样本虚拟"）。d_t^j, e_t^k, d^{jk} 是两个因素的三种可能的交互作用（一阶交互作用）。最后，d_t^{jk} 是一个虚拟变量，表明实验后，单位属于实验组中所研究考虑的子样本。因此如果 $k=1, j=1$，且 $t=1$，那么 $d_t^{jk}=1$，否则 $d_t^{jk}=0$（Meyer，1995）。β 是实验对结果的影响（与对照组各自的子样本中结果变量的变化相对比，这种结果显示出了研究的背景性因素的子样本）。同上，z_{it}^j 是控制变量的矢量。

再次假设没有实验的情况下 β 是 0，无偏差的三重差分估计值 $\hat{\beta}_{DDD}$ 可以通过衡量实验组中子样本的平均值的变化来获得。其中我们可以获得对照组中子样本平均值的变化，以及对照组中不是所研究的背景性因素的子样本的平均值变化：

$$\hat{\beta}_{DDD} = \Delta \bar{y}^{11} - \Delta \bar{y}^{01} - \Delta \bar{y}^{10}$$
$$= (\bar{y}_1^{11} - \bar{y}_0^{11}) - (\bar{y}_1^{01} - \bar{y}_0^{01}) - (\bar{y}_1^{10} - \bar{y}_0^{10})$$

方程 5-7：得出三重差分估计值

其中的横线仍表示单位 i 的平均值，下标表示时间段，上标表示小组和子样本[①]。

同上，为了检验 $\hat{\beta}_{DDD}$ 是否在统计上区别于 0，我们可以进行一个 t 检验，检验 $\hat{\beta}_{DDD}=0$ 这个零假设，或直接通过回归分析和来自两个时间段的数据，来估计方程 5-6 的参数。此处我将不再阐述来自 t 检验的结果，只

---

① 需要注意，如果去除中项或末项，就会分别得到在本段中描述的 DD1 和 DD2 的双重差分估计值。

阐述关于几个背景性因素的回归结果。

该方法便于控制两个容易混淆的普遍趋势,一是在实验组和对照组中显示出背景性因素的子样本相关结果变量的变化,二是实验组中所有单位的结果变量的变化。

三、结果

本部分我展示了上文提到的改进方程的研究结果,用以评价创业课程的影响。我按以下几个步骤进行:在第一部分,我观察了课程对所有样本中实验组和对照组观察单位的平均影响。对于结果变量,我使用了计划行为理论的相关变量作为结果变量:创业意向、感知合意性、感知社会规范和感知行为控制。通过对总体样本的 t 检验,我获取了检验差异和双重差分估计值,之后通过基于方程 5-3 的 OLS 回归,获得了双重差分估计。在此处,我加入了附加变量以控制个体背景性特征(方程 5-5),并对数据库进行了广义精确匹配。在第二部分我根据表 3-13 观察了由不同背景性因素界定的子样本,并获取了与每个子样本相关的三重差分估计。

第三章第五部分的等效性检验也表明,在前测创业意向、感知合意性、感知社会规范和感知行为控制方面,实验组和对照组可以被看作是等效的。由于这些核心变量之间没有差异,所以不会为结果带来偏差,从而为研究结果的解读提供了良好的基础。

(一) 差异

表 5-1 显示了使用 t 检验的简单差异估计结果。运用这个方法,本研究发现课程似乎显著地影响了除感知合意性以外所有已考虑到的结果变量。在调整了绝对值的大小和范围之后,平均创业意向发生了巨大的变化。此外,有两个问题值得注意。第一,创业意向的转变是消极的。平均创业意向的得分(把范围解读为度量)从 4.179 下降到 3.859($|t|=4.500, p=0.001$),这与欧斯特贝克等学者(2010)的研究结果相同。第二,与课程开始前的均值相比,课程结束后的感知社会规范和感知行为控

制的均值都有所提高。这一结果似乎与计划行为理论相悖。但这其实表明学生获取了一些与创业相关的知识和能力(参见第三章第六部分对创业教育的评估,该部分证实了这一说法)。也许创业的潜能不仅仅体现在新企业的创建,还体现在促进企业内部的创业行为。

表 5-1 差异对比法——后测/前测差异 t 检验

变量	数量	前测 平均值	S.D.	后测 平均值	S.D.	差异和检验数据 平均值	S.E.	|t|	p
创业意向	403	4.179	1.780	3.859	1.845	−0.320	0.071	4.500	0.000*
感知合意性	403	4.280	1.418	4.333	1.519	0.053	0.059	0.890	0.374
感知社会规范	403	−4.856	29.121	−1.782	30.494	3.074	1.164	2.642	0.009*
感知行为控制	403	4.195	0.992	4.346	1.069	0.151	0.046	3.292	0.001*

注:* 表示在 10% 时显著;** 表示在 5% 时显著;*** 表示在 1% 时显著(对于双侧 t 检验)。

然而,受前文所述原因的影响,这些结果也许会产生偏差,接下来的双重差分估计结果会更加可靠。

(二) 双重差分

表 5-2 展示了 t 检验获得的双重差分估计值。结果揭示了一些值得关注的问题。首先,实验组创业意向平均值的下降似乎不像简单差异设计中那么显著(差异中的平均值转变是 −0.320,双重差分法中的是 −0.188)。此外,创业意向经过双重差分后不再显著了,但感知行为控制数据的增长仍然显著。和简单的差异分析方法相比,这种分析方法下的影响规模变大(差异方法中是 0.182,双重差分设计中是 0.214)。这充分表明学生改变了自己的控制信念,并因此获得了创业的必要技能。感知合意性上系数的标记有所改变,然而影响趋近于零并不显著。在大小方面,感知社会规范的影响大小几乎与差异法中相同,但变得并不十分显著了。感知行为控制的显著变化表明,课程结束后学生发现自己收获了创业知识和履行创业角色的必要技能。然而,感知行为控制的增长似乎没有导致更多创业者的产生。

表 5-2 双重差分法——后测/前测差异 t 检验

变量 (后测/前测差异)	实验组			对照组			双重差分和检验数据			
	数量	平均值	S.E.	数量	平均值	S.E.	平均值	S.E.	|t|	p
创业意向	403	−0.320	0.071	106	−0.132	0.142	−0.188	0.157	1.200	0.231
感知合意性	403	0.053	0.059	106	0.066	0.111	−0.014	0.128	0.109	0.913
感知社会规范	403	3.074	1.164	106	−0.368	2.453	3.442	2.595	1.327	0.185
感知行为控制	403	0.151	0.046	106	−0.064	0.075	0.214	0.097	2.205	0.028**

注：* 表示在10%时显著；** 表示在5%时显著；*** 表示在1%时显著（双侧 t 检验）。

图 5-1 记录了对计划行为理论变量的双重差分估计值 β_DD 的计算。双重差分估计值是正数，意味着创业课程对研究的变量值产生了积极影响，反之亦然。

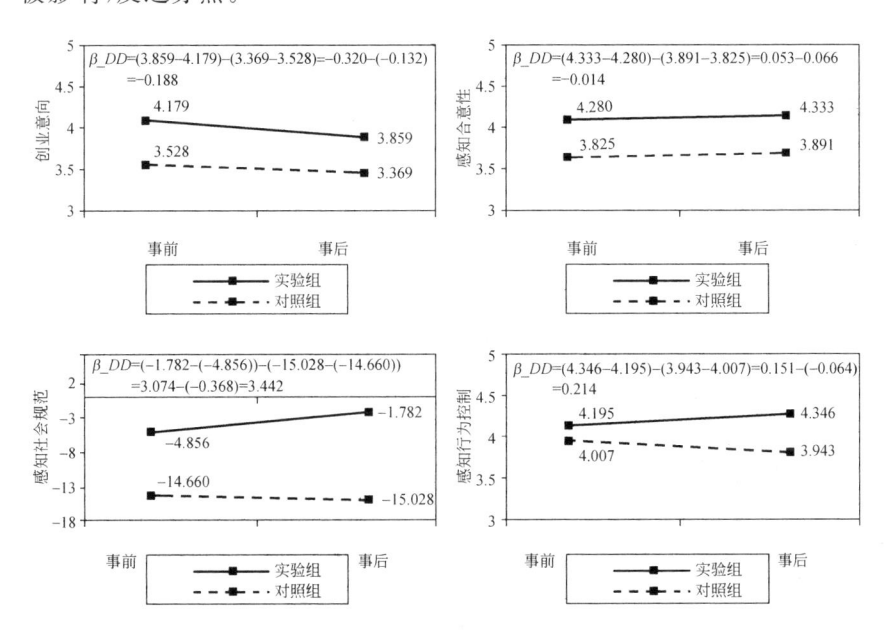

图 5-1 计划行为理论变量的双重差分估计值（含有舍入误差）

接下来为进一步调查实验对四个结果变量的平均影响，我将分析 OLS 回归的结果。表 5-3 展示了对四个模型中每一个计划行为理论变量的双重差分估计结果。双重差分估计值以粗体显示。

模型 1 使用了方程 5-3 的设定方式，没有使用任何控制变量。模型 2 和 3 各包括两组控制变量，它们都使用了方程 5-5 的设定来控制组内背

表 5-3 OLS 回归模型下的双重差分法估计（第一部分）

因变量	创业意向				感知合意性			
	模型 1 仅模型	模型 2 受部分控制	模型 3 受所有控制	模型 4 受控制和 CEM	模型 1 仅模型	模型 2 受部分控制	模型 3 受所有控制	模型 4 受控制和 CEM
模型变量								
时间虚拟（后测=1）	−0.132 (0.224)	−0.132 (0.213)	−0.155 (0.276)	−0.510* (0.274)	0.066 (0.179)	0.066 (0.171)	0.115 (0.226)	−0.205 (0.225)
实验虚拟（实验=1）	0.650*** (0.181)	0.612*** (0.175)	0.458** (0.221)	0.352 (0.217)	0.456*** (0.142)	0.423*** (0.135)	0.352* (0.180)	0.260 (0.179)
β_DD	−0.188 (0.258)	−0.188 (0.244)	−0.165 (0.299)	0.178 (0.300)	−0.014 (0.207)	−0.014 (0.197)	−0.063 (0.245)	0.237 (0.246)
人口学变量								
年龄		−0.031 (0.028)	−0.030 (0.028)	−0.059** (0.027)		−0.036 (0.024)	−0.035 (0.025)	−0.068*** (0.022)
女性（0/1）		−0.841*** (0.106)	−0.889*** (0.115)	−0.945*** (0.125)		−0.693*** (0.087)	−0.729*** (0.095)	−0.807*** (0.103)
外籍（0/1）		0.781*** (0.145)	0.829*** (0.149)	0.976*** (0.181)		0.421*** (0.118)	0.449*** (0.121)	0.696*** (0.149)
前期经历								
之前接触创业的程度		0.425*** (0.054)	0.329*** (0.057)	0.366*** (0.062)		0.314*** (0.045)	0.274*** (0.050)	0.284*** (0.051)
参加过创业的课程		0.014 (0.043)	0.164 (0.128)	0.069 (0.247)		−0.057** (0.028)	−0.039 (0.120)	−0.051 (0.203)

第五章　评价创业教育的影响——准实验方法　147

续表

因变量	创业意向 模型1 仅模型	创业意向 模型2 受部分控制	创业意向 模型3 受所有控制	创业意向 模型4 受控制和CEM	感知合意性 模型1 仅模型	感知合意性 模型2 受部分控制	感知合意性 模型3 受所有控制	感知合意性 模型4 受控制和CEM
人格维度								
外向性			−0.006 (0.053)	0.029 (0.057)			−0.051 (0.046)	−0.013 (0.047)
随和性			−0.034 (0.071)	−0.043 (0.076)			−0.059 (0.066)	−0.098 (0.062)
尽责性			−0.081 (0.052)	−0.033 (0.053)			−0.073* (0.042)	−0.049 (0.043)
情绪稳定性			0.108** (0.050)	0.086 (0.053)			0.054 (0.043)	0.045 (0.043)
开放性			0.337*** (0.068)	0.333*** (0.069)			0.304*** (0.059)	0.286*** (0.056)
常数	3.528*** (0.158)	3.935*** (0.595)	2.490*** (0.766)	2.981*** (0.775)	3.825*** (0.123)	4.470*** (0.510)	3.593*** (0.673)	4.473*** (0.636)
检验数据								
观察数据	1,018	1,018	952	856	1,018	1,018	952	856
决定系数	0.022	0.156	0.196	0.197	0.016	0.128	0.171	0.182
F检验(自由度)	8.540(3)	24.75(8)	20.90(13)	16.11(13)	6.406(3)	18.94(8)	15.90(13)	14.60(13)
F显著性检验	0.000	0.000	0.000	0.000	0.000	0.000	0.000	0.000

注：括号内为稳健标准误差(robust standard errors)；*表示在10%时显著；**表示在5%时显著；***表示在1%时显著。

表 5-3 OLS 回归模型下的双重差分法估计（第二部分）

因变量	创业意向 模型1 仅模型	创业意向 模型2 受部分控制	创业意向 模型3 受所有控制	创业意向 模型4 受控制和CEM	感知合意性 模型1 仅模型	感知合意性 模型2 受部分控制	感知合意性 模型3 受所有控制	感知合意性 模型4 受控制和CEM
模型变量								
时间虚拟（后测=1）	−0.368 (3.617)	−0.368 (3.462)	−1.535 (4.302)	−5.878 (4.465)	−0.064 (0.144)	−0.064 (0.134)	−0.035 (0.159)	−0.117 (0.156)
实验虚拟（实验=1）	9.804*** (2.874)	9.118*** (2.723)	3.459 (3.280)	3.116 (3.540)	0.188* (0.112)	0.178* (0.105)	0.101 (0.125)	0.033 (0.124)
β_DD	3.442 (4.183)	3.442 (3.981)	4.610 (4.702)	8.867* (4.883)	0.214 (0.161)	0.214 (0.151)	0.186 (0.172)	0.270* (0.131)
人口学变量								
年龄		−0.074 (0.452)	0.028 (0.467)	−0.345 (0.444)		−0.015 (0.017)	−0.010 (0.017)	−0.020 (0.016)
女性(0/1)		−11.232*** (1.748)	−11.31*** (1.934)	−11.192*** (2.033)		−0.470*** (0.062)	−0.504*** (0.062)	−0.531*** (0.071)
外籍(0/1)		7.064*** (2.445)	7.373*** (2.437)	8.768*** (2.946)		0.326*** (0.083)	0.347*** (0.084)	0.452*** (0.103)
前期经历								
之前接触创业的程度		8.045*** (0.864)	6.792*** (0.939)	7.078*** (1.001)		0.244*** (0.032)	0.190*** (0.035)	0.203*** (0.035)
参加过创业的课程		0.024 (0.751)	2.383 (1.652)	−1.756 (4.028)		0.042 (0.036)	0.223*** (0.074)	0.137 (0.141)

续表

因变量	创业意向 模型1 仅模型	创业意向 模型2 受部分控制	创业意向 模型3 受所有控制	创业意向 模型4 受控制和CEM	感知合意性 模型1 仅模型	感知合意性 模型2 受部分控制	感知合意性 模型3 受所有控制	感知合意性 模型4 受控制和CEM
人格维度								
外向性			1.047 (0.873)	1.933** (0.921)			0.049 (0.033)	0.071** (0.032)
随和性			−0.230 (1.185)	−0.382 (1.234)			0.008 (0.053)	0.008 (0.043)
尽责性			−2.811*** (0.874)	−2.522*** (0.860)			0.039 (—)	0.046 (0.030)
情绪稳定性			2.244*** (0.843)	1.835** (0.856)			−0.033 0.104*** (0.029)	0.098*** (0.030)
开放性			5.126*** (1.099)	4.741*** (1.117)			0.176*** (0.043)	0.176*** (0.039)
常数	−14.66*** (2.481)	−19.331** (9.779)	−41.603*** (12.792)	−34.274*** (12.61)	4.007*** (0.101)	4.181*** (0.366)	2.287*** (0.482)	2.458*** (0.442)
检验数据								
观察数据	1,018	1,018	952	856	1,018	1,018	952	856
决定系数	0.027	0.147	0.200	0.197	0.018	0.138	0.215	0.211
F检验(自由度)	10.73(3)	22.67(8)	19.92(13)	16.07(13)	5.799(3)	21.10(8)	22.33(13)	17.54(13)
F显著性检验	0.000	0.000	0.000	0.000	0.001	0.000	0.000	0.000

注：括号内为稳健标准误差；* 表示在10%时显著；** 表示在5%时显著；*** 表示在1%时显著。

景方面的初始差异;因为我没有对照组样本的人格维度数据,所以我没有使用人格维度变量,而只是运用了模型2中人口学和前期经历这两个变量推算。模型3包含了所有这些变量,导致观察对象减少了66个。在模型4中我应用了广义精确匹配去控制实验组和对照组在背景上的初始差异。表3-26的等效性检验表明我不能排除实验组和对照组之间在以下变量上的差异:女性(0/1)、外籍(0/1)、父母创业(0/1)、熟人创业(0/1)、在新创企业工作过(0/1)、创业者(0/1)和参加过的创业课程。因此我通过在这些变量上运用CEM运算法则,对实验组和对照组中的单位进行匹配。检查这些变量的不平衡性之后得出了$\mathcal{L}_1=0.359$的多变量不平衡性。在应用了匹配算法后不平衡性下降到$\mathcal{L}_1'=0.100$。从数据库中删除了7个对照组单位和41个实验组单位,导致观察对象减少了96个。由于人格维度数据的缺失,观察对象减少了66个。因此,模型4的估计是基于856个观察对象得出的。

在只考虑模型1的情况下,表5-3的双重差分系数是表5-2的复制。然而由于附加的控制,标准误差有所变化。大体上,模型1所有回归分析中的显著实验虚拟变量都表明,小组之间的总体平均值中存在非时变差异(time-invariant differences)。对比包含控制变量的模型2和模型3后发现,在包含人格维度的情况下,控制变量的影响大体上比较稳健。然而,双重差分估计值的系数依然不够显著。模型4使用了一整套可用的控制变量和CEM,既控制组内背景上的初始差异,也控制组间背景上的初始差异。对比模型4和模型3,影响的大小和性质似乎是稳健的。但有两个例外:与结果变量感知社会规范和感知行为控制相关的双重差分估计值的系数是显著的。由于参加了这门创业课程,感知社会规范增长了8.9(参加实验的学生中,前测分布方面有0.306的标准偏差),感知行为控制增长了0.3(标准偏差0.272)。

总结本小节的研究结果,课程在大体上对学生感知行为控制和感知社会规范有着积极作用。我认为学生在课程结束后,增长了关于创业的知识并提高了创业的必要技能。同时学生可能由于重要参照群体对其表现的反馈和评价,感知压力变大,在课程结束后更倾向于像创业者一样行动。然而,并没有迹象表明课程在整体上增加了想要创业的学生数量。在下一小节,我将观察研究界定的子样本,进一步探究课程的影响。

(三) 三重差分

本小节的目标是验证课程对不同子样本是否有不同的影响,我会结合第四章第三部分中的发现来阐释本部分的研究结果。在第四章中我检验了背景性变量和创业意向之间关系的假设。该研究发现可以作为一种"桥梁",将课程对特定子样本的影响与子样本最初的创业意向联系起来。

首先,我会对创业意向的影响进行详细说明。表5-4概述了课程对每个子样本的因果效应,具体包括简单差异,DD类型1和DD类型2的差异以及三重差分估计。子样本的简单前测后测差异在每个"子样本块"(实验组的第四栏和对照组的第八栏)的前两行中。第一行的数值表示不具备各个背景性因素的学生在创业意向上的差异,第二行代表具备所研究背景性因素的学生在创业意向上差异(例如,实验组女性学生的差异是 -0.479)。

实验组和对照组DD类型1的影响(即具备背景性因素和不具备背景性因素两组的前测均值差异和后测均值差异之间的差值)可以在每个"子样本块"的第三行查看(例如,女性学生与男性学生创业意向均值的后测/前测差异为 -0.341)。

DD类型2的影响(即实验组子样本与对应对照组子样本的前测均值差异和后测均值差异之间的差异)可以在每个"子样本块"中前两行的第九栏中查看(例如,实验组中女性学生的后测/前测创业意向均值差异,与对照组的女性学生创业意向差异的差值为 -0.285)。

最后,每个"子样本块"的第九栏第三行展示的是三重差分(DDD)估计值。例如,课程对实验组女性学生的影响与课程对实验组男性学生以及对照组女性学生的影响相比,所得差值为 -0.192 。

152　创业教育评价

表 5-4　子样本下创业意向差异的 t 检验

<table>
<tr><th rowspan="2"></th><th rowspan="2"></th><th rowspan="2">样本容量
1</th><th colspan="3">实验组</th><th rowspan="2">样本容量
5</th><th colspan="3">对照组</th><th rowspan="2">差异
8
差异(7-8)</th><th rowspan="2">差异
9
差异(8-4)</th></tr>
<tr><th>前测
2</th><th>后测
3</th><th>差异(3-4)
4</th><th>前测
6</th><th>后测
7</th></tr>
<tr><td rowspan="3">人口学变量</td><td>女性 是</td><td>188</td><td>4.537</td><td>4.399</td><td>−0.138</td><td>44</td><td>3.818</td><td>3.773</td><td>−0.045</td><td>−0.093</td></tr>
<tr><td>否</td><td>215</td><td>3.865</td><td>3.386</td><td>−0.479***</td><td>62</td><td>3.323</td><td>3.129</td><td>−0.194</td><td>−0.285</td></tr>
<tr><td>差异(是−否)</td><td>403</td><td>−0.672</td><td>−1.013</td><td>−0.341**</td><td>106</td><td>−0.495</td><td>−0.644</td><td>−0.149</td><td>−0.192</td></tr>
<tr><td rowspan="3"></td><td>外籍 是</td><td>339</td><td>4.041</td><td>3.758</td><td>−0.283***</td><td>93</td><td>3.430</td><td>3.312</td><td>−0.118</td><td>−0.165</td></tr>
<tr><td>否</td><td>64</td><td>4.906</td><td>4.391</td><td>−0.515***</td><td>13</td><td>4.231</td><td>4.000</td><td>−0.231</td><td>−0.284</td></tr>
<tr><td>差异(是−否)</td><td>403</td><td>0.865</td><td>0.633</td><td>−0.232</td><td>106</td><td>0.801</td><td>0.688</td><td>−0.113</td><td>−0.119</td></tr>
<tr><td rowspan="6">前期经历</td><td>父母创业 是</td><td>210</td><td>3.824</td><td>3.433</td><td>−0.391***</td><td>53</td><td>3.151</td><td>3.000</td><td>−0.151</td><td>−0.240</td></tr>
<tr><td>否</td><td>193</td><td>4.565</td><td>4.321</td><td>−0.244***</td><td>53</td><td>3.906</td><td>3.792</td><td>−0.114</td><td>−0.130</td></tr>
<tr><td>差异(是−否)</td><td>403</td><td>0.741</td><td>0.888</td><td>0.147</td><td>106</td><td>0.755</td><td>0.792</td><td>0.037</td><td>0.110</td></tr>
<tr><td>熟人创业 是</td><td>132</td><td>3.742</td><td>3.629</td><td>−0.113</td><td>45</td><td>3.444</td><td>3.444</td><td>0.000</td><td>−0.113</td></tr>
<tr><td>否</td><td>271</td><td>4.391</td><td>3.970</td><td>−0.421***</td><td>61</td><td>3.590</td><td>3.361</td><td>−0.229</td><td>−0.192</td></tr>
<tr><td>差异(是−否)</td><td>403</td><td>0.649</td><td>0.341</td><td>−0.308**</td><td>106</td><td>0.146</td><td>−0.083</td><td>−0.229</td><td>−0.079</td></tr>
</table>

第五章 评价创业教育的影响——准实验方法 153

续表

			实验组				对照组			差异
		1	2	3	4	5	6	7	8	9
		样本容量	前测	后测	差异(3-4)	样本容量	前测	后测	差异(7-8)	差异(8-4)
前期经历	在新创企业工作过 是	298	4.037	3.738	−0.299***	70	3.414	3.129	−0.285*	−0.014
	否	105	4.581	4.200	−0.381**	36	3.829	3.971	0.142	−0.523*
	差异(是-否)	403	0.544	0.462	−0.082	106	0.415	0.842	0.427	−0.509
	创业者 是	379	4.127	3.823	−0.304***	98	3.469	3.224	−0.245*	−0.059
	否	24	5.000	4.417	−0.583*	8	4.250	5.500	1.250	−1.833**
	差异(是-否)	403	0.873	0.594	−0.279	106	0.781	2.276	1.495**	−1.774
	参加过创业课程 是	385	4.187	3.834	−0.353***	95	3.400	3.295	−0.105	−0.248
	否	18	4.000	4.389	0.389	11	4.636	4.273	−0.363	0.752**
	差异(是-否)	403	−0.187	0.555	0.742**	106	1.236	0.978	−0.258	1.000
	高ECTS学分 是	181	4.348	4.133	−0.215**					
	否	222	4.041	3.635	−0.406***		无可用数据			
	差异(是-否)	403	−0.307	−0.498	−0.191					

续表

			实验组			样本容量	对照组			差异
		1 样本容量	2 前测	3 后测	4 差异(3-4)	5 样本容量	6 前测	7 后测	8 差异(7-8)	9 差异(8-4)
人格维度	外向性	是	165	3.915	3.661	−0.254**	43	3.643	3.476	−0.167	−0.087
		否	238	4.361	3.996	−0.365***	30	3.241	3.103	−0.138	−0.227
		差异(是-否)	403	0.446	0.335	−0.111	73	−0.402	−0.373	0.029	−0.140
	随和性	是	269	4.193	3.799	−0.394***	50	3.429	3.224	−0.205	−0.189
		否	134	4.149	3.978	−0.171	23	3.591	3.545	−0.046	−0.125
		差异(是-否)	403	−0.044	0.179	0.223	73	0.162	0.321	0.159	0.064
	尽责性	是	107	4.355	3.907	−0.448***	15	3.5	3.714	0.214	−0.662
		否	296	4.115	3.841	−0.274***	58	3.474	3.228	−0.246	−0.028
		差异(是-否)	403	−0.24	−0.066	0.174	73	−0.026	−0.486	−0.460	0.634
	情绪稳定性	是	190	3.984	3.574	−0.41***	34	3.455	3.273	−0.182	−0.228
		否	213	4.352	4.113	−0.239**	39	3.500	3.368	−0.132	−0.107
		差异(是-否)	403	0.368	0.539	0.171	73	0.045	0.095	0.050	0.121
	开放性	是	102	3.755	3.373	−0.382***	28	3.296	3.259	−0.037	−0.345
		否	301	4.322	4.023	−0.299***	45	3.591	3.364	−0.227	−0.072
		差异(是-否)	403	0.567	0.65	0.083	73	0.295	0.105	−0.190	0.273

注：* 代表在10%时显著；** 代表在5%时显著；*** 代表在1%时显著（适用于双侧 t 检验）；子样本为表3-13中定义的子样本。

就第四栏(即 DD 类型 1 影响)来看,表 5-4 表明女性学生和有熟人创业的学生创业意向都发生了显著消极转变。在欧斯特贝克等学者(2010)的研究中,有关女性学生的创业意向也出现了同样的转变。在第四章第三部分中,我发现女性学生的前测创业意向比男性学生低。研究结果表明,女性学生的职业意向与之前相比似乎变得更加明显,这很有可能是因为她们在课程中又获得了一些强化她们不去创业的信息。另外,已经参加过其他创业课程的学生表示,在课程过程中他们的创业意向发生了积极的变化。

在分析课程对不同子样本的影响差异时,运用三重差分法可以得到更加可靠的结果。表 5-5 描述了子样本和结果变量的三重差分估计值(通过 OLS 回归估计方程 5-6 所得),我只列出了回归系数和稳健标准误差。模型和控制变量的设置与表 5-3 一致。如有需要,我可以提供完整的回归模型。

表 5-5　运用 OLS 和 CEM 的三重差分估计(第一部分)

因变量 子样本定义的变量	创业意向 部分控制	创业意向 全部控制	创业意向 使用 CEM	感知合意性 部分控制	感知合意性 全部控制	感知合意性 使用 CEM
人口学变量						
女性(0/1)	−0.173 (0.515)	0.145 (0.623)	0.399 (0.610)	0.070 (0.422)	0.160 (0.511)	0.614 (0.502)
外籍(0/1)	−0.132 (0.759)	−0.125 (0.923)	−0.627 (0.886)	−0.323 (0.621)	0.029 (0.757)	−0.190 (0.728)
前期经历						
父母创业(0/1)	0.087 (0.510)	0.075 (0.595)	0.597 (0.600)	0.486 (0.417)	0.527 (0.488)	**1.347***** **(0.491)**
熟人创业(0/1)	−0.057 (0.521)	−0.187 (0.602)	0.153 (0.627)	0.204 (0.425)	0.395 (0.493)	0.693 (0.514)
在新创企业工作过(0/1)	−0.511 (0.549)	−0.768 (0.648)	−1.165 (0.738)	−0.216 (0.450)	−0.447 (0.532)	−0.396 (0.607)

续表

因变量	创业意向			感知合意性		
子样本定义的变量	部分控制	全部控制	使用CEM	部分控制	全部控制	使用CEM
前期经历						
创业者(0/1)	**−1.788*** **(0.984)**	**−2.563**** **(1.282)**	**−2.939*** **(1.680)**	−0.170 (0.806)	0.216 (1.049)	−1.011 (1.374)
参加过的创业课程(0/1)	0.989 (0.929)	1.272 (1.028)	1.204 (1.079)	**1.258*** **(0.760)**	**1.618*** **(0.844)**	**1.830**** **(0.885)**
人格维度						
外向性(0/1)	— —	−0.140 (0.604)	0.391 (0.616)	— —	0.109 (0.495)	0.483 (0.505)
随和性(0/1)	— —	0.064 (0.641)	−0.027 (0.614)	— —	−0.126 (0.527)	−0.351 (0.505)
尽责性(0/1)	— —	0.635 (0.738)	0.915 (0.724)	— —	−0.052 (0.604)	0.327 (0.594)
情绪稳定性(0/1)	— —	0.121 (0.597)	0.439 (0.603)	— —	−0.344 (0.489)	0.349 (0.494)
开放性(0/1)	— —	0.274 (0.628)	0.522 (0.629)	— —	0.307 (0.515)	0.470 (0.515)
观察对象	1,018	952	865	1,018	952	865

因变量	感知社会规范			感知行为控制		
子样本定义的变量	部分控制	全部控制	使用CEM	部分控制	全部控制	使用CEM
人口学变量						
女性(0/1)	4.029 (8.510)	3.686 (10.145)	9.281 (9.967)	0.132 (0.304)	0.165 (0.356)	0.181 (0.349)
外籍(0/1)	5.977 (12.534)	4.247 (14.999)	−3.112 (14.445)	0.387 (0.446)	0.561 (0.523)	0.498 (0.504)
前期经历						
父母创业(0/1)	8.366 (8.415)	9.623 (9.665)	**20.970**** **(9.750)**	0.371 (0.300)	0.328 (0.338)	0.442 (0.343)
熟人创业(0/1)	1.309 (8.580)	1.014 (9.763)	6.870 (10.202)	−0.037 (0.307)	−0.128 (0.343)	−0.060 (0.359)

第五章　评价创业教育的影响——准实验方法　157

续表

因变量	感知社会规范			感知行为控制		
子样本定义的变量	部分控制	全部控制	使用CEM	部分控制	全部控制	使用CEM
前期经历						
在新创企业工作过(0/1)	−2.613 (9.074)	−0.354 (10.540)	−0.175 (12.032)	−0.147 (0.323)	−0.297 (0.369)	−0.128 (0.423)
创业者(0/1)	10.691 (16.283)	7.618 (20.854)	9.969 (27.366)	−0.410 (0.581)	−1.004 (0.731)	**−1.622* (0.960)**
参加过创业课程(0/1)	13.098 (15.352)	13.732 (16.760)	24.593 (17.563)	0.542 (0.547)	0.399 (0.588)	0.777 (0.617)
人格维度						
外向性(0/1)	— —	6.279 (9.842)	12.074 (10.040)	— —	−0.009 (0.345)	0.082 (0.350)
随和性(0/1)	— —	−1.703 (10.425)	−3.525 (10.003)	— —	−0.168 (0.365)	−0.331 (0.351)
尽责性(0/1)	— —	−3.780 (11.982)	6.194 (11.808)	— —	0.208 (0.419)	0.024 (0.414)
情绪稳定性(0/1)	— —	5.315 (9.718)	13.494 (9.826)	— —	0.027 (0.341)	0.138 (0.346)
开放性(0/1)	— —	1.146 (10.210)	2.159 (10.244)	— —	−0.128 (0.358)	−0.097 (0.360)
观察对象	1,018	952	865	1,018	952	865

注：子样本为表13-3定义下的子样本；系数是通过不同的OLS回归分析得出的；如有需要，我可以提供完整的模型；"部分控制"模型包括年龄、女性(0/1)、外籍(0/1)、之前接触创业的程度和参加过创业课程；"全部控制"模型还添加了大五人格维度；括号中是稳健标准误差；*代表10%时显著；**代表5%时显著；***代表1%时显著。

首先，我考虑了人口学变量。在t检验中，女性学生在创业意向上显著且消极的变化此时变得不再显著。总体而言，课程对人口学变量定义下的小组似乎没有特别的影响作用。

通过CEM模型可以发现，对于由前期经历界定的子样本来说，父母创业的学生在两个(共四个)结果变量上受到了课程的影响。总体来看，与实验组中父母没有创业以及对照组中父母创业的学生相比，实验组父母创业学生的感知合意性和感知社会规范发生了更多积极变化。虽然该子样本的创业意向均值变化并不明显,但这组学生的职业意向似乎得到了强化:在第四章第三部分中,我发现与父母没有创业的学生相比,父母创业的学生展现出了更强烈的前测创业意向。因此,既然他们现在更愿意进行创业,我推断父母创业的学生后测意向变得更加明显了。与之前没有参加过创业课程以及对照组中参加过创业课程的学生相比,实验组在参加"创业计划"课程前学习过其他创业课程的学生在感知合意性方面发生了更为积极的变化。这个背景性变量在课程刚开始时与创业意向并不相关(见第四章第三部分)。然而,学生的感知合意性与其他子样本相比发生了更大的变化,这说明这些学生在一定程度上对创业抱有开放的心态。学习"创业计划"之前参加过其他创业课程说明他们对创业已经有了一定的兴趣,所以他们愿意付出更多努力去学习。然而课程对有过创业经历的学生产生的影响十分出人意料。他们在课程中似乎失去了再次创业的意向,更加吃惊的是他们的感知行为控制发生了强烈的消极改变,这说明该子样本的学生降低了他们对创业相关技能的感知能力。进一步调查这些学生是否认为自己的创业经历是成功的,将会带给我们更多启示。最后,我关注了人格维度界定的子样本,估计值并没有显示出课程对某个子样本有特殊的作用。

四、结论

在本章中,我提出了两个研究问题:课程对平均创业态度和意向的影响规模有多大,影响的性质是什么?在人口学变量、前期经历或人格维度界定的子样本中,某些子样本的学生和其他子样本的学生相比,是否更易受到影响?为了回答这些问题,我使用了准实验方法,利用双重差分法来分析课程对平均创业意向和态度的影响。此外,我还运用了三重差分法来求证是否某些子样本的学生比其他子样本的学生更能够对课程产生的刺激做出反应。

对于第一个问题,研究结果显示,课程结束后,学生的感知社会规范和感知行为控制均值比学习课程之前有所提高。然而,与课程刚开始时相比,创业意向均值在课程后并没有显著提高。感知社会规范的显著提高可以反映出学生在课程过程中结识了一批具有创业意向的新同伴(特别是有的学生是通过教师员工安排而非自行选择进入创业计划团队,因此他们并没有和认识的朋友一起合作)。正如第二章第五部分所述,课程的部分内容,尤其是创业者所需技能,能够影响和改变学生的感知行为控制结果。创业态度的显著提升体现了"创业计划"课程的理念,即"做中学"。根据社会学习理论(Bandura,1977;1982),在实践中掌握技能的这一体验过程是培养学生技能的最有力方式。因此,"创业计划"课程成功地传授了创业的必要技能。另一方面,前测与后测的感知合意性均值和创业意向均值并没有发生显著的变化。鉴于许多项目投资人最终的愿望是增加新的创业者,那么课程对创业意向的影响初看之下可能会令人格外失望。但这种结果并不一定是不利的。一方面,均值的少量变化并不代表完全没有变化。因为总体而言,计算均值时相反的结果可能会相互抵消,所以还需要另一种方法来将这些变化对应到个体身上进行分析。另一方面,感知行为控制能力的提高也说明了课程可能并不是培养了更多的创业者,而是培养了"更优秀"的创业者。那些没有选择创业的学生可能会在企业中展现更多的创业思维,第六章将就这一点进行更多探讨。

对于本章中的第二个研究问题,研究结果显示创业教育的确对每个学生产生了不同的影响,这与卢瑟与弗兰克(2004)的假设是一致的。研究结果表明,共有三个子样本的学生受到了课程的影响:父母创业的学生、有过创业经历的学生以及之前参加过创业教育课程的学生。其中,第一个子样本的感知合意性、感知社会规范以及最后一个子样本的感知合意性都发生了积极的变化,原因可能是接触过创业的学生对创业教育的学习持有了更加开放的态度。另一方面,之前创业过的学生受到了与前者不同的影响并且本能地抵触课程。在课程进行过程中,他们的创业意向和感知行为控制都有所下降。这表明他们可能并不打算创建另一家公司,或者由于他们管理公司的方式与课程教授的方式或合作创业者的方式有所不同,而导致他们对自身能力失去了信心。

研究结果对创业教育的设计有如下启示意义。课程设计者可以把"创业计划"课程当作蓝本,提高学生在社会规范和行为控制方面的一般感知。这也为开展团队合作和教学辅导提供了支持理据。团队成员和指导教师的反馈有可能影响社会规范,大量的反馈也保证了积极的效果。在行为控制方面的积极效果表明学生们能在与创业者合作的"真实的"创业项目中受益。根据前面的论证,不管是针对创业者还是针对公司的员工,创业教育都应该帮助他们提高相关创业技能。因此,基于这些研究结果,创业课程应该包括"做中学"的相关要素,例如撰写商业计划、在投资者面前推销、进行模拟创业,甚至是创建小型公司。

对不同子样本受到不同影响方面的研究为选择哪些学生参加创业课程提供了指导。由于预算和课程名额有限,课程设计者可能会面临如何挑选合适学生的问题。依据研究结果,把"创业计划"课程作为创业课程的蓝图,课程对三个子样本有着显著的影响。这三个子样本分别为:父母创业的学生、已经创业过的学生和之前参加过创业课程的学生。这些子样本似乎最有可能对课程的刺激做出反应,所以在挑选学生时应优先考虑这些学生。然而,如果课程的目标是通过提升总体创业意向来提高新兴创业者的数量,那么课程设计者就应该避免录取创办过企业的学生。本章扩展了双重差分基础框架,在课程对平均创业意向和态度上的影响进行了更稳健的估计,并发现了创业教育对不同子样本学生的影响,对进一步研究创业教育的影响也有一定意义。今后的研究可以沿用这种研究方法并把它应用到其他学生样本和课程理念中,以进一步证实和推广研究结果。

第六章 运用贝叶斯更新法评价创业教育

一、引言

拉维尼茨等学者(2010)近期的研究中使用了一种基于贝叶斯更新模型(Bayesian Updating)的新方法来评价创业教育。研究表明,参加创业课程能够帮助学生认识到自己的创业天赋,并帮助他们选择是否要成为创业者。尽管创办公司的总体意向在课程期间有所下降,但学生们对于自己适合的职业路径,比如创业与否,有了更深刻的认识。根据课程所学,学生们可以调整对其创业天赋的评价。这些观点与大部分创业教育研究中的观点不同。第一章第二部分中所展示的研究都假定创业教育对创业态度和意向有积极影响,他们忽略了冯·拉维尼茨等学者(2010)强调的分流优势,即"学习"的作用,这也恰恰是本章的观点。

本章试图探索这个评价创业教育的新方法。首先,我将冯·拉维尼茨等学者(2010)引入的贝叶斯更新模型作为基础。它强调把分流作用——即发现个人的创业天赋——作为本类课程的目标。一般来讲,创业课程可以帮助学生更新他们对自己创业天赋的认识,从而更好地选择是否进行创业。因此,平均创业意向并不会有较大变化,但职业意向会变得更加"极端"(选择创业或选择受雇佣)。这些区分作用[①]可能是课程对

[①] 分流作用(sorting effects)指的是创业课程结束后,学生对是否选择创业有了更明确的态度;区分作用(separation effects)指的是课程对学生创业意向的影响,比如学生一开始并不确定自己的创业意向,但由于课程的影响,学生的创业意向变得更加强烈(或更不强烈)。

平均创业意向(参见第五章)影响并不显著的原因,因为这些不同方向的变化会相互抵消。我将通过第三章第五部分中所描述的数据库来检验该模型。① 冯·拉维尼茨等学者(2010)提出的方法并没有使用对照组数据,我扩展了他们的方法,将实验组和对照组学生的数据都作为检验的基础。此外,本章还扩展了贝叶斯更新模型的框架结构,并把它与计划行为理论结合起来,以更好地理解更新过程。贝叶斯更新法和计划行为理论的结合能够帮助发现创业教育通过哪个途径(感知合意性、感知社会规范和感知行为控制)推动个人认识的更新。这相应地保证了创业课程的优化设计,从而让学生了解到最适合自己的职业。此外,基于第五章的研究发现,我还调查了是否某些子样本的学生更善于接收到课程中的信息信号,研究发现确实会有些学生更善于处理信息并更新他们对自己创业天赋的认识。

尽管之前的研究都忽略了创业教育的分流作用,但人们确实发现了支撑这一作用的论据。通过深入观察创业教育的分类和目标,我们可以发现创业教育并不是为了"生产"创业者,而是为了提供信息,帮助学生选择是否创业。这意味着存在总体创业意向会下降的情况。例如,当学生认识到创业者的平均终生收入明显低于员工的平均终生收入(Hamilton,2000)时,或了解到创业者的工作时间更长时,他们的创业意向就可能会下降(Shelton,2006)。正如第二章第五部分所阐述的,学生会根据创业课程的信息调整自己的行为信念、规范信念和控制信念,研究者也应该考虑研究对象的特点。大部分参加创业课程的学生为本科生,他们通常比研究生年轻并缺少经验,也不太了解创业的过程(Cox et al.,2002)。在上述提到的研究中,研究者假设学生对自己的创业技能和意向已经有了明确的认识,创业课程很难再对学生起到塑造作用。我认为研究者不应该根据学生态度或意向的积极变化、抑或根据新创企业的数量

---

① 在冯·拉维尼茨等学者(2010)的研究中,我们使用了实验组的 2008 分组作为被试,来测试该模型。现在我将使用两个分组测试该模型。

来评价课程。他们可以采用不同的方式来衡量课程效果,重点研究在课前对自己未来职业犹豫不定的学生在课后是否有了更明确的职业意向。创业教育是为了培养更优秀的创业者,而不是为了劝导学生成为创业者。它能发掘学生在创业方面的天赋,并使他们凭借所学技能有意识地决定是否从事创业。

本章的模型重新解读了先前大部分研究的矛盾点(参见第一章第二部分)。总体创业意向在创业教育课程之后有所下降并不是坏事。例如,如果学生知道了自己可能并不会成为一名成功创业者,那么他可能会决定从事管理岗位,而不会付出很大代价去创业并以失败告终(von Graevenitz et al.,2010),这种转变其实是创业课程的一个积极成果。但大部分研究者(和许多政策制定者)都会认为这是失败案例。沙恩(Shane,2009)认为典型的新创企业不具有创新性,创造的工作很少,产生的财富也很小。依据沙恩的观点,创业者带来的经济增长和增加就业不是一个数字游戏,更重要的是鼓励创业者创办高质量的公司。为了达到上面提到的终极目标,创业教育不应该仅仅是为了产生更多的创业者,而应该是培养学生成为更优秀,更有意识的创业者(或管理者)。

本章包含四个部分。在第一部分,我将展示一个基于贝叶斯定理和计划行为理论的理论模型,以衡量创业教育的影响。第三部分将提供支撑该模型的描述性分析,这些分析同时也支持了模型预测的实证检验。第四部分总结并讨论了未来的研究。

二、计划行为理论与学习模型的结合

我将计划行为理论作为本章的部分理论框架,分析大学创业教育课程对学生创业意向的影响。人们先获取记忆中的相关信息或者信念,然后再形成关于创业的行为(感知合意性)、规范(感知社会规范)和控制信念(感知行为控制)。这种态度重塑也会反过来促使学生改善他们对自己创业天赋的认识。

在创业教育方面,人们经常假设学习能够积极地改变学生的创业态度和意向。① 我认为学习创业教育课程会帮助学生重新认识自身创业的天赋,这种认识既可能是正面的,也很有可能是负面的。因此,在课程开始前和结束后仔细审视创业意向的变化是很有价值的。例如,如果发现学生的平均创业意向在课程之后并没有改变,但创业意向出现了更明显的两极分化,我们就可以认为这个课程是成功的。因为课程将真正想创业的学生和经过学习后不想成为创业者的人区分开了。换言之,平均创业意向没有多少变化并不意味着单个学生没有改变他们的意向,很有可能是这些改变相互抵消了而已。然而,之前的研究完全忽略了这一方面。

在过去的研究中确实可以找出一些证据来证明这个观点。利安(2004)认为必须将学生对现实的感知程度考虑进来。而创业教育教授的具体知识可以帮助学生改进其对现实的感知程度(不只是提高感知合意性和创建企业的可行性)。阿杰恩(2002)认为一些人可能会对自己的行动力存在错误的认知,而这可以通过创业课程得到修正。在本部分中,我运用了贝叶斯更新模型来阐述之前讨论的创业教育中的学习作用。

(一) 通过创业教育修正对个人创业天赋的认识

创业教育传授的知识和技能可以降低创业成本,但在教学过程中也会教授一些通识内容(如学会怎样撰写创业计划,这对在企业中工作的员工也有帮助)。从这一点看,创业教育对创业意向并没有太大的影响。然而,根据计划行为理论,这种干预影响行为、规范和控制信念的同时也会影响意向,然后影响行为的改变。② 另外,创业教育使学生在实验情境下参与到创业活动中来,例如模拟创业或实践项目,这些都可以帮助学生明确自己的创业意向。因此,创业教育最重要的作用可能在于帮助学生发现和领悟自己的创业天赋。

---

① 测试这种假设最好的方法是本书第五章使用的双重差分法。
② 对创业教育如何影响行为、规范和控制信念更详细的阐释见第二章第五部分。

米里提和拜格雷夫(2001)提出:"……创业是一个学习的过程,所以创业理论也需要一套有关学习的理论","创业者在过往经历的基础上通过更新自己的知识积累达到学习的目的"。阿杰恩和利安(2002)也认为学习可以改善学生对创业态度的感知。所以我们可以认为创业教育课程可以帮助学生发现或了解他们自己真实的创业意向。

本章使用的学习理论框架基于冯·拉维尼茨等学者(2010)的研究模型。不断了解个人创业态度和真实的创业意向是一种贝叶斯更新过程。这种过程建立在过往经历和创业教育课程中产生的信号基础之上,影响着学生对自身创业天赋的认识情况。在本章中,我以这个模型为基础并根据计划行为理论将其延伸:我认为创业教育课程为计划行为理论的三个主要方面提供了有益的信号。学生在课程过程中处理需要的信息并改变自身的行为、规范和控制信念。在这些新形成信念的基础上,学生改进了对自身"真实"职业意向的认识。

将贝叶斯更新法和计划行为理论结合起来可以进一步了解行为、规范和控制(或者是这三者的结合)信念的变化是否促进了学生对其创业天赋的更新,不论这种更新是正向的还是负向的。同时也为如何设计创业教育课程从而实现创业意向的两极化分布提供了建议。这些课程能够帮助学生更好地发掘自己的创业天赋,在课后减少对自己职业意向仍不明确的学生数量。

之前对创业教育作用的研究只局限于创业态度和意向的平均变化(可以参见第五章),而本文关注的是课程前后创业意向分布的特点。

(二) 假设

本部分将回顾我与冯·拉维尼茨和迪特马尔·哈霍夫(2010)所写文章中模型的几个重要方面,并引用文章的更多细节和模型进行说明。这个模型展现了在创业教育之前和在该过程中产生的信息性信号是如何影响学生对职业意向认知的。在这个过程中,学生可以更好地判断或了解他们的创业天赋,创业意向也会随之变得更强或更弱。贝叶斯更新法通过模型体现了认识自己创业天赋的过程。

学生在生活中可能会接收到与自身创业天赋相互矛盾的信号,不同的学生可能会接收到不同性质的信号(第五章中不同样本的结果可以证明这一点)。假设创业教育课程这样的行为干预也可以产生信息性信号(对于这种说法的理论探讨见第二章第五部分),那么课程结束后可以将学生分为三组:

① 没有任何收获,对自己创业天赋的认识和之前一样,并没有改变自己的创业意向;

② 接收到可以影响行为、规范和控制等信念的信息性信号,发现自己想要成为创业者;

③ 接收到影响信念的信号,但发现自己并不想成为创业者。

通过调查问卷中提供的数据,我可以看出学生在课程前和课程中所收到信号的特性,这帮助我们识别出学生对自己创业意向的确定程度,较弱的信号意味着学生不确定自己的天赋。我们通过分析学生接收到信号的强度差异来检验学生的学习,模型关注的是信号强度差异所引起的结果。

模型假设一共有两类学生:创业者(n)和雇员(m),成为创业者意味着个人在创业岗位上发挥的效用要比在雇员岗位上的效用大。这样分类的出发点是我们假设学生知道这两种类型的存在,但不确定自己属于哪一类,即他们不清楚自己"真实"的职业意向,但知道创业者的比例是 $\emptyset$,因此他们成为创业者的可能性也是 $\emptyset$。

对自己的创业天赋,学生可以接收到两个独立的信号:一个是在大学前(阶段一),另一个是在创业教育课程中(阶段二)。学生会接收到两种信号,阶段一为 σ_1,阶段二为 σ_2。另外,我们将这两种信号加以区分,创业者接受的为 σ^n,雇员接受的为 σ^m。

学生对于自己职业意向的认识分布在[0,1]区间内,0 代表学生认为自己是雇员(即他将雇员作为职业目标),1 意味着学生认为自己是一名创业者(即他将创业作为职业目标)。

这两类学生在不同阶段接收到自己具有较高创业天赋积极信号的可能性为 ψ^k,其中 $\psi\in[0,1], k\in\{n,m\}$,我们用 $\varsigma_i, i\in\{1,2\}$ 表示这些积极信号的精确度。对于学生接收到的信号,我们还列出了几个简单假设。

1) 学生不是创业者就是雇员。

2) 产生信号的过程是信息性的。这个假设包括两个方面:

① 创业者类型的学生接收到自己是创业者的积极信号的概率比雇员类型接收到此类信号的概率高,而且

② 信号总是包含一些信息。

现在,我们将学生接收到的信号强度定义为:

$$\sigma_1^n := \Psi^n - \varsigma_i, \quad \sigma_1^m := \Psi^m \cdot (1-\varsigma_i)$$

如果 $\varsigma_i > \dfrac{\Psi^m}{\Psi^m + \Psi^n}$,那么信号所传达的信息为 $\sigma_1^n > \sigma_1^m$。

3) 最后,我们假设学生根据贝叶斯定理更新他们的职业意向。

根据该假设,信号是信息性的。这就意味着创业者类型学生在接收到创业天赋的积极信号 σ_1^n 时,创业意向不会下降。信号精确度的增加会提高创业型学生接收到的积极信号的强度,同时降低雇员型学生接收到此类信号的强度。这意味着,当学生接收到与自己类型相符的正确的信号时,信号精确度越高,相应地职业意向的改变力量越强。

(三) 定义

学生学习创业教育课程之前会接收到与创业天赋相关的信号,这些信号对不同类型的学生来说是不同的。

第一阶段之后的职业意向

根据贝叶斯定理,创业型学生在第一阶段后认为自己是创业者这个认识的强度是:

$$I_n^n = \frac{\sigma_1^n \phi}{\sigma_1^n \phi + \sigma_1^m (1-\phi)} \quad \text{和} \quad I_m^n = \frac{(1-\sigma_1^n)\phi}{(1-\sigma_1^n)\phi + (1-\sigma_1^m)(1-\phi)}$$

这里 I_n^n 代表创业者在课程之前接收到自己是创业者的积极信号强

度,I_m^n代表创业者在课程之前接收到自己是创业者的消极信号强度。因此,第一阶段的信号将创业者类型的学生分成两类。第一类是更加坚定地认为自己是创业者的创业型学生(I_n^n),第二类是不太坚定地认为自己是创业者的创业型学生(I_m^n)。在此基础上,雇员型学生在第一阶段后认为自己是雇员的认识的强度可以表示为:

$$I_n^m = 1 - I_n^n \quad \text{和} \quad I_m^m = 1 - I_m^n$$

在接收第一阶段的信号后,雇员型学生被分为两类:第一类是更加坚定地认为自己是雇员的雇员型学生(I_m^m),第二类是不那么坚定地认为自己是雇员的雇员型学生(I_n^m)。

第二阶段之后的职业意向

再次使用贝叶斯定理,我们发现创业型学生在第二阶段后(即课程后)认为自己是创业者这一认识的强度是:

$$I_{n|n}^n = \frac{\sigma_2^n I_n^n}{\sigma_2^n I_n^n + \sigma_2^m I_n^m} \quad \text{和} \quad I_{n|m}^n = \frac{\sigma_2^n I_m^n}{\sigma_2^n I_m^n + \sigma_2^m I_m^m}$$

$$I_{m|n}^n = \frac{(1-\sigma_2^n) I_n^n}{(1-\sigma_2^n) I_n^n + (1-\sigma_2^m) I_n^m} \quad \text{和} \quad I_{m|m}^n = \frac{(1-\sigma_2^n) I_m^n}{(1-\sigma_2^n) I_m^n + (1-\sigma_2^m) I_m^m}$$

这里,$I_{n|n}^n$代表创业型学生在接收第二阶段传达他们是创业者的信号和第一阶段传达他们是创业者的信号后,仍然认为自己是创业者的认识的强度。$I_{m|n}^n$代表创业型学生在接收第二阶段传达他们是雇员的信号和第一阶段传达他们是创业者的信号后,最后仍然认为自己是创业者这一认识的强度。$I_{n|m}^n$和$I_{m|m}^n$的定义与上面的定义一样简单明了。因此,在课程结束后一共有四组创业型学生,他们对自己创业才能认识的强度各有不同,这种认知强度体现了学生所接收到的信号。共有两组创业型学生连续接收到了同一方向的信号(即持续信号),在对于自己是创业者的判断上,一组学生有着最强的($I_{n|n}^n$)认知,另一组学生的认识最弱($I_{m|m}^n$)。根据他们接收到的信号,这两个小组又强化了他们的职业意向。与之相反,另外两个小组接收到了相互矛盾的信号。这两组学生在第二阶段中(与第一阶段相比),分别提高($I_{n|m}^n$)和降低($I_{m|n}^n$)了对自己创业天赋的认

识。与上面类似,课程结束后一共有四组雇员型学生对自己真实的职业意向持有不同的认识:

$I_{n|n}^{m} = 1 - I_{n|n}^{n}$, $I_{n|m}^{m} = 1 - I_{n|m}^{n}$, $I_{m|n}^{m} = 1 - I_{m|n}^{n}$, 和 $I_{m|m}^{m} = 1 - I_{m|m}^{n}$

首先,雇员型学生接收到两组持续的信号,他们认为自己是雇员的认识既有最强的($I_{m|m}^{m}$),也有最弱的($I_{n|n}^{m}$)。另外,也有雇员型学生在第二阶段接收到了与第一阶段相互矛盾的信号,并由此提高了自己是创业者这一认识的强度($I_{n|m}^{m}$),或降低了这一强度($I_{m|n}^{m}$)。

冯·拉维尼茨等学者(2010)的研究表明,如果在课程之前对自己真实的职业意向十分不确定,而且课程又能提供信息性信号的话,那么课程之后学生对自己创业天赋的认识将会发生很大的变化。

之后,我们发现课程提供的信息性信号主要有两种作用:首先,第一阶段和第二阶段中接收到持续信号的学生,比接收到相互矛盾信号的学生更为强烈地认识到自己的创业天赋。第二,课程会使接收到更强的第一阶段信号的学生更为强烈地认识到自己的创业天赋。

最后,我们发现,创业课程作为一种信息性信号,尽管是持续且足够精确的,但只要学生在第一阶段接受的信号越强,它对学生对自己天赋认识的改变作为越小。

我将运用冯·拉维尼茨等学者(2010)的理论模型,并在下一段介绍由此引出的假设。为了证明这些命题,我参考了他们所写的这篇文章。

1. 创业教育之后对创业天赋的认识

我从更新模型最明显的含义开始:假设学生群体中的创业者和雇员都接收到了信息性信号,当第一阶段信号(学生是创业者)并不强烈,如果学生依照贝叶斯定理更新对自己创业意向的认知,那么可以推出:

命题 6-1

如果课程之前的信息性信号不是特别强,那么课程之后学生对自己创业天赋认识的方差将比课程之前对自己创业天赋认识的方差大。

提供信息性信号的课程会使更多的学生认识到自己的创业天赋,学生因此会被分成两组,并有越来越多(并非绝对)的学生能够确定他们是

否应该创业。下面的假设在本章第三部分得到了检验:

假设 6-1

课程之后创业意向的方差比课程之前创业意向的方差大。

进一步考虑第一阶段的信号对创业者和雇员在第二个阶段中对自己创业天赋认识的影响。如果信号是持续的,而且第一阶段信号越强,课程之后对创业天赋的认识就越强。

命题 6-2

如果学生接收到的信号是持续的,那么课程之后对自己创业天赋的认识会比信号不持续的情况下更强。课程前信号越强,课程后的认识也越强。

注意对接收到相互矛盾信号的学生来说,课程之后的认知也会变强。本章第三部分将检验下面的假设:

假设 6-2

① 如果信号是持续的,那么课程之后的职业意向会变强。

② 课程前信号越强,课程后的职业意向也越强。

假设 6-2(带入条件)

① 如果感知合意性/感知社会规范/感知行为控制中的信号是持续的,那么课程后的职业意向会更强。

② 如果感知合意性/感知社会规范/感知行为控制中的信号在课程前更强,课程后的职业意向也更强。

为了检验这个假设,(学生关于)职业意向认识的强度测量由计划行为理论每个维度中强烈的第一阶段信号(Strong First Period Signals, $SFPS_{PD,PSN,PBC}$)和持续信号(Consistent Signals, $CS_{PD,PSN,PBC}$)测量回归得出。根据因变量的定义,更强的职业意向提高了因变量的水平。经验模型是:

$$\begin{aligned}\bar{I} = &\beta_0 \\ &+ \beta_1 SFPS_{PD} + \beta_2 CS_{PD} + \beta_3 CSX_{PD} \\ &+ \beta_4 SFPS_{PSN} + \beta_5 CS_{PSN} + \beta_6 CSX_{PSN} \\ &+ \beta_7 SFPS_{PBC} + \beta_8 CS_{PBC} + \beta_9 CSX_{PBC} \\ &+ \beta'_{10} X + \varepsilon\end{aligned}$$

方程 6-1：后测职业意向强度的估计方程

其中 $\bar{I}$ 表示课程之后学生的职业意向强度，$SFPS_*$ 是第一阶段信号强度的测量，CS_* 是持续信号的测量，CSX_* 是后两个变量的相互作用。X 是控制变量的矢量。假设 6-2 预测 $\beta_i > 0, i = 1, 2, 4, 5, 7, 8$。

作为稳健性检验，我也会在引入交互作用项（interaction terms）以及实验虚拟变量后估测方程 6-1，以控制对照组的学生在第一阶段和第二阶段中接收到的信号。因此，扩展的经验模型是：

$$\begin{aligned}
\bar{I} = & \beta_0 \\
& + \beta_1 SFPS_{PD} + \beta_2 CS_{PD} + \beta_3 CSX_{PD} \\
& + \beta_4 SFPS_{PSN} + \beta_5 CS_{PSN} + \beta_6 CSX_{PSN} \\
& + \beta_7 SFPS_{PBC} + \beta_8 CS_{PBC} + \beta_9 CSX_{PBC} \\
& + \beta_{10} SFPS_{PD}^T + \beta_{11} CS_{PD}^T + \beta_{12} CSX_{PD}^T \\
& + \beta_{13} SFPS_{PSN}^T + \beta_{14} CS_{PSN}^T + \beta_{15} CSX_{PSN}^T \\
& + \beta_{16} SFPS_{PBC}^T + \beta_{17} CS_{PBC}^T + \beta_{18} CSX_{PBC}^T \\
& + \beta_{19} T + \beta'_{20} X + \varepsilon
\end{aligned}$$

方程 6-2：后测职业意向强度估计方程的扩展

其中上角标 T 代表各个变量与实验虚拟变量实验（0/1）的交互作用。这里，假设 6-2 预测 $\beta_i > 0, i = 10, 11, 13, 14, 16, 17$。

2. 创业教育后对创业天赋认识的改变

除了以上的假设，即信号是提供信息的，这里我们还假定信号的传递过程是可靠的。也就是说，学生们会有超过二分之一的概率接收到和自己类型相符的正确信号。在这些假设下，拉维尼茨等学者（2010）证明了另外一个命题。

命题 6-3

如果学生接收到了足够准确和可靠的第一阶段信号，第一阶段的信号越强，接收到持续信号的学生会越少地更新对自己创业才能的认识。

由于附加的假设,命题 6-3 比命题 6-2 弱。对应的假设是:

假设 6-3

如果学生接收到了持续的信号,在课前接收到的信号越强,他们就越少地改变自己的职业意向。

为了检验这个假设,课程中职业意向的绝对数值变化①由第一阶段信号强度和持续信号的测量回归得出。经验模型是:

$$\bar{\Delta} = \gamma_0$$
$$+ \gamma_1 SFPS_{PD} + \gamma_2 CS_{PD} + \gamma_3 CSX_{PD}$$
$$+ \gamma_4 SFPS_{PSN} + \gamma_5 CS_{PSN} + \gamma_6 CSX_{PSN}$$
$$+ \gamma_7 SFPS_{PBC} + \gamma_8 CS_{PBC} + \gamma_9 CSX_{PBC}$$
$$+ \gamma'_{10} X + \varepsilon$$

方程 6-3:职业意向变化的估计方程

其中 $\bar{\Delta} = \Delta^2$ 表示学生们职业意向的绝对数值变化,其他变量定义同上。假设 6-3 预测 $\gamma_i < 0, i = 3, 6, 9$。

和之前一样,我对引入带有虚拟变量的交互作用项的扩展模型也进行了估计,扩展的经验模型为:

$$\bar{\Delta} = \gamma_0$$
$$+ \gamma_1 SFPS_{PD} + \gamma_2 CS_{PD} + \gamma_3 CSX_{PD}$$
$$+ \gamma_4 SFPS_{PSN} + \gamma_5 CS_{PSN} + \gamma_6 CSX_{PSN}$$
$$+ \gamma_7 SFPS_{PBC} + \gamma_8 CS_{PBC} + \gamma_9 CSX_{PBC}$$
$$+ \gamma_{10} SFPS^T_{PD} + \gamma_{11} CS^T_{PD} + \gamma_{12} CSX^T_{PD}$$
$$+ \gamma_{13} SFPS^T_{PSN} + \gamma_{14} CS^T_{PSN} + \gamma_{15} CSX^T_{PSN}$$
$$+ \gamma_{16} SFPS^T_{PBC} + \gamma_{17} CS^T_{PBC} + \gamma_{18} CSX^T_{PBC}$$
$$+ \gamma_{19} T + \gamma'_{20} X + \varepsilon$$

方程 6-4:职业意向变化的扩展估计方程

其中上角标 T 同样代表了各个变量与实验虚拟变量 T 的交互作用。

① 我会用职业意向差值的平方得出绝对数值的变化。

如果学生参加了课程,那么 T 等于 1;如果学生在对照组内,则 T 等于 0。假设 6-3 预测 $\gamma_i<1, i=12,15,18$。

三、实证分析

本部分介绍了因变量、解释性变量、描述性数据以及假设检验。我进一步扩展了冯·拉维尼茨等学者(2010)的研究,在检验中使用了对照组数据。

(一) 变量的描述

在下文中我将描述假设检验中所需的变量。我在实证分析中使用的其他变量已经在第三章中有所讨论。

1. 因变量

假设 1 的检验使用了课前和课后创业意向的变化来测量职业意向。假设 2 关注课程之后学生对自己是(或者不是)创业者这种认识的强度。前测,我从创业意向变量量表上的理论中值(在 7 分量表上是 4)上获得了离差平方(squared deviation),由此获得前测职业意向强度变量。基于后测数据,我测量了学生在课后的认识强度(后测职业意向强度,$\bar{I}$)。假设 3 基于由课程引起的学生的意向变化。这里测量的是在课程前后创业意向变量值的平方差(学生的职业意向变化,$\bar{\Delta}$)。

2. 信号及其强度

当然,学生在创业课程之前和期间接收到的信号是无法观察的。然而,这些信号可以通过课程前后的行为信念、规范信念和控制信念的强度得到体现,进一步,也可以从三个态度因素的强度中反映出来。

(1) 第一阶段的信号

第一阶段的信号是通过使用感知合意性、感知社会规范和感知行为控制的量表测量的。计划行为理论中的每一个方面都构成了一个信号。

每一个方面的信号强度通过个人所得量表值和某一具体分值对比得出,这一分值代表着受访者在某一题项上态度不确定性。依据冯·拉维尼茨等学者(2010)的研究,我把这个分值设定为前测感知合意性、感知社会规范和感知行为控制数值的中位数。第一阶段信号的强度被定义为因受访者感到不确定而选择的分值的离差平方。所有变量中,第一阶段感知合意性/感知社会规范/感知行为控制信号强度可以得出强度。这些变量无法获得信号的方向。

各个信号的方向(即有关创业天赋的正面或负面的信息)也来自前测量表上的数值。如果个人的数值比中值大(小),那么他接收到的是创业方面的正向(负向)信号。

(2) 第二阶段信号

第二阶段信号使用后测和前测数值之间感知合意性、感知社会规范和感知行为控制的差异量表测量。

信号的强度由差异量表上不确定分值的离差平方测量,这个点也是量表上的中值(对所有这些量表来说是0)。这就得出了第二阶段感知合意性/感知社会规范/感知行为控制信号强度这些变量。同上,这些变量得不出信号的方向或水平。

信号的方向通过使用合意性、社会规范和行为控制的各自感知差异来获得。如果前测和后测数值之间的简单差异是正向的(负向的),那么学生接收到了创业各方面的正向(负向)信号。

(3) 信号的持续性

如果在第一阶段和第二阶段中接收到的信号都是正向的或都是负向的,那么这一连串的信号就被定义为是持续的。

如果第一阶段的信号和第二阶段的信号都是正向的,那么信号就被定义为持续正向。反之,创业方面的信号就被定义为持续负向。因此我获得了对持续感知合意性/感知社会规范/感知行为控制信号的测量。在这个定义上,大约三分之一的学生接收到计划行为理论每个方面的持续信号。

最终,我将第一阶段变量的强度与持续信号变量联系起来,并获得了对强烈和持续感知合意性/感知社会规范/感知行为控制信号的测量。

表6-1和表6-2分别列出了实验组和对照组中所有变量的描述性统

计数据。在表顶端我展示了因变量,并在下面列出了解释性变量。在第三章第五部分,我已阐述了控制变量的描述性统计数据。数据展示了课程前和课程后问卷中我能够匹配的 403 个实验组学生样本和 106 个对照组学生样本。在下一小节中我将展示课程前后创业意向分布方面的附加描述性结果。

表 6-1　描述性统计数据(实验组)

变量	数量	平均数	中值	S.D.	最小值	最大值
职业意向						
前测创业意向	403	4.179	4	1.780	1	7
后测创业意向	403	3.859	4	1.845	1	7
前测职业意向强度	403	3.191	1	3.177	0	9
后测职业意向强度(I)	403	3.417	4	3.267	0	9
学生的职业意向变化(Δ)	403	2.136	1	4.230	0	36
感知合意性						
前测感知合意性	403	4.280	4.2	1.418	1	7
后测感知合意性	403	4.333	4.4	1.519	1	7
感知合意性差异(后测-前测)	403	0.052	0	1.175	−6	4.6
第一阶段感知合意性信号强度	403	2.013	1	2.462	0	10.24
第二阶段感知合意性信号强度	403	1.380	0.4	3.614	0	36
持续感知合意性信号	403	0.323	—	—	0	1
强烈和持续感知合意性信号	403	0.464	0	1.193	0	9
感知社会规范						
前测感知社会规范	403	−4.856	0	29.121	−78	84
后测感知社会规范	403	−1.782	0	30.494	−84	84
感知社会规范差异(后测-前测)	403	3.074	0	23.365	−77	90
第一阶段感知社会规范信号强度	403	869.491	361	1160.492	0	7056
第二阶段感知社会规范信号强度	403	554.027	196	974.978	0	8100
持续感知社会规范信号	403	0.295	—	—	0	1
强烈和持续感知社会规范信号	403	206.933	0	632.674	0	6084
感知行为控制						
前测感知行为控制	403	4.195	4	0.992	1	7
后测感知行为控制	403	4.346	4.3	1.069	1	7
感知行为控制差异(后测-前测)	403	0.151	0.3	0.919	−6	3
第一阶段感知行为控制信号强度	403	1.019	0.6	1.561	0	9
第二阶段感知行为控制信号强度	403	0.853	0.3	2.661	0	36
持续感知行为控制信号	403	0.365	—	—	0	1
强烈和持续感知行为控制信号	403	0.295	0	0.784	0	5.062

表 6-2 描述性统计数据(对照组)

变 量	数量	平均数	中值	S.D.	最小值	最大值
职业意向						
前测创业意向	106	3.528	3	1.634	1	7
后测创业意向	106	3.396	3	1.637	1	7
前测职业意向强度	106	2.868	1	2.781	0	9
后测职业意向强度(I)	106	3.019	1	3.210	0	9
学生的职业意向变化(Δ)	106	2.132	1	4.705	0	36
感知合意性						
前测感知合意性	106	3.825	3.6	1.275	1	7
后测感知合意性	106	3.891	4	1.345	1	6.6
感知合意性差异(后测-前测)	106	0.066	0.2	1.143	-4.4	2.6
第一阶段感知合意性信号强度	106	1.661	1	2.060	0	11.56
第二阶段感知合意性信号强度	106	1.313	0.36	2.703	0	21.16
持续感知合意性信号	106	0.340	—		0	1
强烈和持续感知合意性信号	106	0.440	0	1.016	0	4.84
感知社会规范						
前测感知社会规范	106	-14.66	-12	25.612	-72	45
后测感知社会规范	106	-15.028	-16	27.173	-72	62
感知社会规范差异(后测-前测)	106	-0.368	0	25.258	-81	72
第一阶段感知社会规范信号强度	106	6563.868	361	754.714	1	3600
第二阶段感知社会规范信号强度	106	632.104	182.5	1138.220	0	6561
持续感知社会规范信号	106	0.245	—		0	1
强烈和持续感知社会规范信号	106	142.519		495.349	0	3249
感知行为控制						
前测感知行为控制	106	4.007	4	1.040	1.25	63.75
后测感知行为控制	106	3.943	4	1.056	1	7
感知行为控制差异(后测-前测)	106	-0.064	0	0.773	-2	2.25
第一阶段感知行为控制信号强度	106	1.071	0.562	1.543	0	7.562
第二阶段感知行为控制信号强度	106	0.596	0.25	0.982	0	5.062
持续感知行为控制信号	106	0.358			0	1
强烈和持续感知行为控制信号	106	0.254	0	0.642	0	4

(二) 描述性结果

在第五章第三部分中,我已经表明平均创业意向分数已从4.179显著下降到3.859(|t|=4.5000,p=0.000)①。因此我证实了之前对创业教育

---

① 然而,与对照组的变化相比该下降并不显著(参见第五章)。

评价的研究结果(Cox et al.,2002；Oosterbeek et al.,2010；von Graevenitz et al.,2010)。然而，与冯·拉维尼茨等学者的研究中描述的一样，能够提供信息的不仅是平均值的改变，还包括创业意向前测和后测的分布。本小节通过对描述性结果的展示，说明了区分作用的可能性。

1. 职业意向的强度和变化

首先，我观察了课程前后学生职业意向的平均强度。表 6-1 和表 6-2 表明实验组和对照组学生在课程前的前测职业意向强度分别是 3.191 和 2.868。依据双侧 t 检验，该差异并不显著（|t|＝0.955，p＝0.340）。事实上，等效性检验显示这两个样本在统计上可以被认为是等效的（|z|＝2.650，p＝0.004）[①]。需要重申的是，这为接下来的实证分析提供了极好基础，因为我并不希望偏差主要来自实验组和对照组之间职业意向强度的最初差异。

在后测职业意向值上，两个表显示实验组学生的后测职业意向明显强于对照组学生（3.417 VS. 3.019）。t 检验表明该差异在 5% 水平时显著（|t|＝2.316，p＝0.021；双侧）。在职业意向强度的差异方面，表 6-1 表明该变量的值在实验组学生参加课程期间从 3.191 上升到了 3.417。对该差异的双侧 t 检验显示，尽管只是在 10% 的水平上，该差异在统计上是显著的（|t|＝1.486，p＝0.095）。针对对照组学生在这种差异（从 2.868 上升到 3.019）上的检验，没有产生统计上的显著的结果（|t|＝0.526，p＝0.600）。很显然，实验组学生在该变量上平均值的上升比对照组的学生更强劲。我用 t 检验比较这两个差异（+0.026 与 +0.151），可以得到一个双重差分估计值。然而，该检验显示此估计值在统计上不显著（|t|＝0.205，p＝0.838）。

然而，后一个测量没有提供关于创业意向绝对值变化的信息，因为意向量表上相反方向的变化在平均值上可能会相互抵消。学生的职业意向

[①] Westlake 版本；等效准数是对照组平均值的 20%，这里只说明了双向单侧试验的最高 p 值；更多关于等效性检验的信息参照第三章第五部分。

变化变量反映了课程期间意向上的绝对值变化。很显然,意向方面的绝对值变化在两组中是非常相似的(实验组中是 2.132,对照组中是 2.136)。该变化在双侧 t 检验得出的数据中并不显著($|t|=0.009$,$p=0.993$)。

这些描述性结果支持了我的判断,即实验组的学生比对照组的学生更明显地被区分为"创业者"和"雇员"。虽然实验组和对照组学生的最初职业意向强度相似,但前者比后者表现出更强的后测职业意向。鉴于这一观察,创业意向统计数据上绝对值的变化表明实验组学生显示出"更极端的"后测职业意向(即他们的回应集中于量表极端值附近),而对照组学生的回应似乎集中在后测量表的中间部分(这意味着与之前相比他们对自己未来职业的选择更加不确定)。图 6-1 和图 6-2 证实了这一想法,它们分别显示了实验组和对照组中的前测和后测创业意向分布。实验组学生的后测创业意向更多种多样。另一方面,大约三分之一的对照组学生在衡量创业意向的题项上,选择了"比较不同意"。而在前测调查问卷中大部分人选择了"不同意"。因此对照组中对未来职业规划不确定方面的增长(从统计上讲,是选择量表中间附近的那部分学生的增长),似乎很大

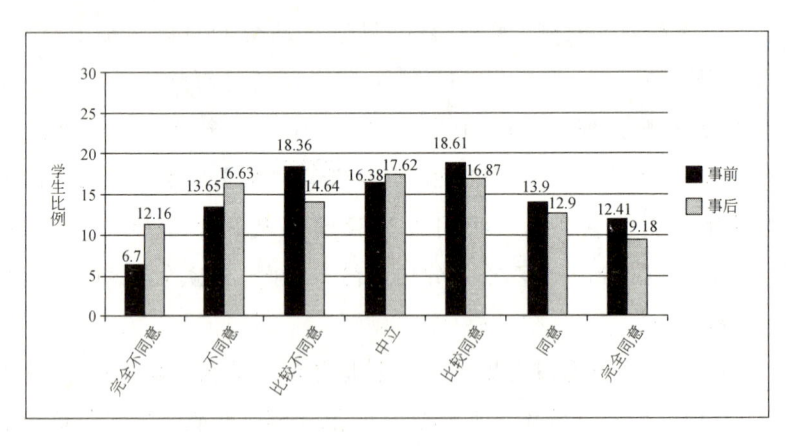

图 6-1 实验组学生前测和后测的创业意向

注:学生需要回答他们在多大程度上同意"我打算在接下来的五到十年内创办自己的公司"这句表述。数量=403。

程度上是由那些前测选择"不同意"转变为后测选择"比较不同意"的学生推动的。

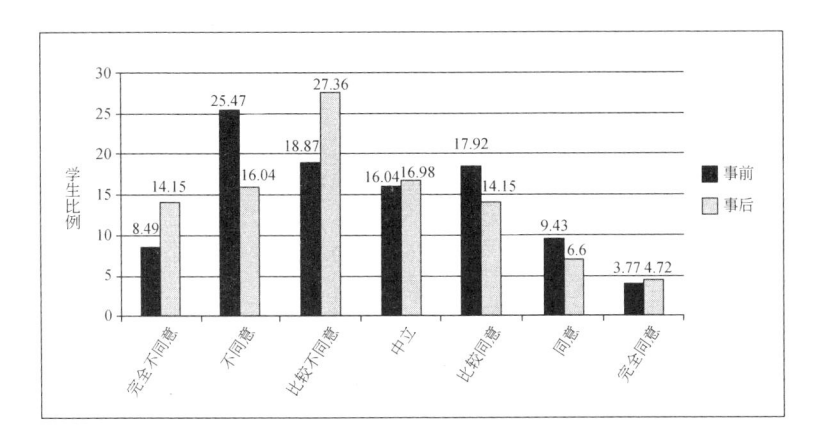

图 6-2 对照组学生前测和后测的创业意向
注:学生需要回答他们在多大程度上同意"我打算在接下来的五到十年内创办自己的公司"这句表述。数量=106。

2. 持续性和信号强度

接下来,我查看了两组学生接收到的第一阶段信号和第二阶段信号。首先,明确实验组、对照组学生在课程之初是否有不同的第一阶段强烈信号是很有必要的,而且这和后面的多变量分析有很大联系。和第三章第五部分一样,我对第一阶段的三个信号变量做了等效性检验。结果显示在表 6-3 中。

表 6-3 表明第一阶段信号变量强度的等效性检验结果并不是确定的。也就是说,不能排除这些变量的最初差异在结果中造成的偏差。为了控制这种情况,同第五章一样,我将在接下来的多变量回归中运用广义精确匹配。

在课程效果方面,我们需要注意持续性测量的数据和第二阶段信号(即在课程期间接收到的信号)的强度。表 6-4 显示了实验组和对照组相比之下,持续性变量数值和第二阶段信号强度数值的 t 检验结果。结果表明实验组学生接收到了较强的第二阶段合意性以及行为控制信号和较

180 创业教育评价

表 6-3 第一阶段信号变量强度的等效性检验（实验组 vs. 对照组）

变量	实验组（混合）（数量=403） 平均数	实验组（混合）（数量=403） 标准差	对照组（混合）（数量=106） 平均数	对照组（混合）（数量=106） 标准差	偏差（实验−对照）平均数	偏差（实验−对照）S.E.	差异性检验 双侧 t 检验 |t|	差异性检验 双侧 t 检验 p	等效性检验 Westlake 版本 准数	等效性检验 Westlake 版本 |z|	等效性检验 Westlake 版本 p
第一阶段感知合意性信号强度	2.013	2.462	1.661	2.060	0.352	0.260	1.354	0.176	0.332	0.078	0.469
第一阶段感知社会规范信号强度	869.491	1160.492	656.868	754.714	212.623	118.866	1.789	0.074	131.374	0.684	0.247
第一阶段感知行为控制信号强度	1.019	1.561	1.071	1.543	−0.052	0.170	0.308	0.758	0.214	0.952	0.171

注：等效准数是对照组平均数的 +/−20%；报告了双向单侧检验的最高 p 值；** 表示双侧 t 检验在 5% 时显著；+ 表示等效性检验在 5% 时显著。

表 6-4 各组间第二阶段信号强度的比较

变量	实验组（数量=403）平均数	实验组（数量=403）标准差	对照组（数量=106）平均数	对照组（数量=106）标准差	偏差和检验数据 平均数	偏差和检验数据 S.E.	双侧 t 检验 |t|	双侧 t 检验 p
第二阶段感知合意性信号强度	1.380	3.614	1.313	2.703	0.067	0.376	0.178	0.859
第二阶段感知社会规范信号强度	554.027	974.978	632.104	1138.220	−78.077	110.353	0.708	0.480
第二阶段感知行为控制信号强度	0.853	2.661	0.596	0.982	0.257	0.263	0.976	0.330

注：* 在 10% 时显著；** 在 5% 时显著；*** 在 1% 时显著（对于双侧 t 检验）。

弱的社会规范信号。然而,该差异在统计上并不显著。

3. 区分作用

在讨论过相关变量的平均值后,现在我们把目光转向课程可能会引起的区分作用。我进一步调查了在课程结束后,实验组学生与对照组学生相比,是否有更极端的职业意向。

表 6-5 表明实验组学生对未来职业规划不确定的回复("比较不同意"、"中立"、"比较同意")从 53.3% 下降到 49.1%。尽管该变化较小,但显示出课程有助于降低学生对未来职业规划的不确定性。

表 6-5 与前测回应相比,创业意向各题项的后测回应(实验组)

		后测回应							总计	
		1	2	3	4	5	6	7	数量	%
前测回应	1 完全不同意	13	6	5	1	1	1	0	27	6.7
	2 不同意	18	23	7	7	0	0	0	55	13.6
	3 比较不同意	6	21	24	10	10	3	0	74	18.4
	4 中立	3	12	14	21	11	5	0	66	16.4
	5 比较同意	7	2	4	20	29	9	4	75	18.6
	6 同意	0	3	3	8	13	20	9	56	13.9
	7 完全同意	2	0	2	4	4	14	24	50	12.4
总计	数量	49	67	59	71	68	52	37	403	
	%	12.2	16.6	14.6	17.6	16.9	12.9	9.2		100.0

学生在一定程度上认识了他们真正的职业意向,这一点在表 6-6 中体现得更为明显。在该表中我对创业意向变化的离散测度(discrete measure)和前测意向做了交叉列联表。结果表明,相比不确定的学生来说,有较强前测意向的学生改变意向的可能性较小。正如人们在课程期间用贝叶斯更新法预料的那样,前测回应选择不确定("比较不同意"、"中立"、"比较同意")的学生往往会发生意向的改变。

表 6-7 和表 6-8 展示了实验组和对照组中职业意向的变化,为上述预测提供了进一步的佐证。这两个表显示了创业意向回应在低值范围("完全不同意"、"不同意")、中立范围("比较不同意"、"中立"、"比较同意")

182　创业教育评价

表 6-6　与前测回应相比,创业意向各题项的变化(实验组)

<table>
<tr><th colspan="2" rowspan="2"></th><th colspan="4">后测回应</th><th rowspan="2">总计</th></tr>
<tr><th colspan="2">变　化</th><th colspan="2">无　变　化</th></tr>
<tr><td rowspan="7">前测回应</td><td>完全不同意</td><td>14</td><td>51.9%</td><td>13</td><td>48.1%</td><td>27</td></tr>
<tr><td>不同意</td><td>32</td><td>58.2%</td><td>23</td><td>41.8%</td><td>55</td></tr>
<tr><td>比较不同意</td><td>50</td><td>67.6%</td><td>24</td><td>32.4%</td><td>74</td></tr>
<tr><td>中立</td><td>45</td><td>68.2%</td><td>21</td><td>31.8%</td><td>66</td></tr>
<tr><td>比较同意</td><td>46</td><td>61.3%</td><td>29</td><td>38.7%</td><td>75</td></tr>
<tr><td>同意</td><td>36</td><td>64.3%</td><td>20</td><td>35.7%</td><td>56</td></tr>
<tr><td>完全同意</td><td>26</td><td>52.0%</td><td>24</td><td>48.0%</td><td>50</td></tr>
<tr><td colspan="2">总计</td><td>249</td><td>60.5%</td><td>154</td><td>39.5%</td><td>403</td></tr>
</table>

表 6-7　创业意向各题项回应的改变模式(实验组)

<table>
<tr><th colspan="2" rowspan="2"></th><th colspan="2">变到</th><th colspan="3">如果改变:变到</th><th rowspan="2">总计</th></tr>
<tr><th>相同范围</th><th>其它范围</th><th>低</th><th>中立</th><th>高</th></tr>
<tr><td rowspan="3">前测回应</td><td>低</td><td>60
73.2%</td><td>22
26.8%</td><td></td><td>21
25.6%</td><td>1
1.2%</td><td>82</td></tr>
<tr><td>中立</td><td>143
66.5%</td><td>72
33.5%</td><td>51
23.7%</td><td></td><td>21
9.8%</td><td>215</td></tr>
<tr><td>高</td><td>67
63.2%</td><td>39
36.8%</td><td>5
4.7%</td><td>34
32.1%</td><td></td><td>106</td></tr>
</table>

表 6-8　创业意向各题项回应的改变模式(对照组)

<table>
<tr><th colspan="2" rowspan="2"></th><th colspan="2">变到</th><th colspan="3">如果改变:变到</th><th rowspan="2">总计</th></tr>
<tr><th>相同范围</th><th>其它范围</th><th>低</th><th>中立</th><th>高</th></tr>
<tr><td rowspan="3">前测回应</td><td>低</td><td>24
66.7%</td><td>12
33.3%</td><td></td><td>11
30.6%</td><td>1
2.8%</td><td>36</td></tr>
<tr><td>中立</td><td>44
78.6%</td><td>12
21.4%</td><td>7
12.5%</td><td></td><td>5
8.9%</td><td>56</td></tr>
<tr><td>高</td><td>6
42.9%</td><td>8
57.1%</td><td>1
7.1%</td><td>7
50.1%</td><td></td><td>14</td></tr>
</table>

和高值范围("同意"、"完全同意")中的改变模式。表 6-7 展示了实验组中的变化,表 6-8 展示了对照组中的变化。结果显示,前测回应在低值范围或高值范围的实验组学生,比对照组学生更倾向于停留在原范围中。另一方面,最初对职业意向不确定的实验组学生与对照组学生相比,其职业意向更有可能发生极端的改变。似乎大多数对照组学生或者是没有认识到他们真正的职业意向(一大部分"中立"的学生在后测仍停留在"中立"范围),或者是失去了他们对未来职业最初的确定性(在两个极端范围中变化的学生比例相对较高)。然而,在实验组中,最初有较强职业意向的学生似乎更倾向于保持这些职业意向,甚至后测对它们更加确定。最初不确定的学生或许接收到了引导他们形成更坚定职业意向的信息。

正如上文所说,两组都接收到了影响职业意向的信号。然而,在形成更坚定职业规划的能力方面,通修的工商管理课程发出的信号似乎比在同一时间参加创业课程的学生接收到的信号弱。因此,我们可以确定两种发展可能性:一方面,课程明显减弱了参与学生的创业意向;另一方面,学生表示他们学到了一些关于创业的知识。课程重塑了学生的创业意向,也似乎更加坚定了他们的职业规划。尤其是在与对照组学生的职业规划发展相比后,这种改变更加明显。在下一小节,我将检验理论模型的预测情况,进一步监测贝叶斯更新法和计划行为理论是否能够合理地解释实验观察到的内容。

(三) 假设检验

为了检验假设,我使用了以下检验方法:①用方差差异检验调查课程对创业意向的影响;②用 OLS 回归检验课程之后的信念强度;③用 OLS 回归得出课程期间意向变化的程度。

1. 假设 6-1

运用贝叶斯更新模型,我们做出了如下预测:如果学生从课程中接收到和他们真正职业意向相关的信息性信号,并且如果第一阶段信号不是十分强烈,那么学生在课程结束后的职业意向将会有更大的变化。

在比较实验组内前测后测变化和两组各自变化的差异之前,我观察了表 6-9 中实验组和对照组前测创业意向的差异,并把它作为一种等效性检验。我在图 3-6 以及第三章第五部分展示了实验组和对照组的创业意向的前测分布情况。该图表明这两组的分布呈不同的形状,因此我必须处理实验组和对照组前测创业意向中可能存在的差异。表 6-9 列出了实验组和对照组前测创业意向的标准偏差。我运用了以下四种方差差异检验法,并展示了检验数据(p 值):传统的 F 检验(F-test);列文稳健性检验(Levene's robust test),该检验在非正态分布下较为稳健(Levene,1960);布朗和福赛思的中位数检验和切尾均值检验(Brown and Forsythe's median and trimmed mean test),这两种检验对有偏总体(skewed population)更为稳健(Brown and Forsythe,1974)。该表使我无法推翻实验组和对照组中前测创业意向等方差的零假设。此外,在分布均等性方面,依据双样本柯尔莫哥洛夫-斯米尔诺夫检验(Kolmogorov-Smirnov-Test),我无法推翻实验组和对照组中创业意向前测分布均等的零假设(p=0.630)。由此,我可以比较出由课程引起的实验组和对照组各自变化中的差异。

表 6-9 小组间前测创业意向的标准偏差对比

		估计样本
观察对象		1018
		S.D.
小组	实验	1.780
	对照	1.634
	差异(实验-对照)	0.146
数据检验(p 值)	F 检验	0.294
	列文的稳健性检验	0.294
	布朗和福赛思的中位数检验	0.281
	布朗和福赛思的切尾均值检验	0.215

现在我要观察前测后测变化。表 6-10 列出了学生前测和后测创业意向的标准偏差,左栏是实验组,右栏是对照组。结果来源于可匹配的调

查问卷。其次我排除了有着强烈前测意向的学生(即在创业意向量表上选择"极端"数值:"非常不同意"或"非常同意"),并展示出了相应的结果(限制1)。我也排除了那些完全没有改变意向的学生(限制2)。我更倾向于选择"限制1"估计样本,在该样本中我排除了有极端前测意向的学生。因为依据创业意向量表的定义,有极端前测意向的学生不会在课程结束后变得更极端。[①] 因此如果没有特殊标明,我关注的则是此样本下的研究结果。

表6-10 假设6-1的检验(小组创业意向的前测和后测变化)

		实验组			对照组		
		估计样本	估计样本限制1	估计样本限制2	估计样本	估计样本限制1	估计样本限制2
观察对象		806	652	418	212	186	122
		S.D.			S.D.		
回应时间	前测	1.780	1.351	1.330	1.634	1.375	1.389
	后测	1.845	1.663	1.779	1.637	1.446	1.481
	差异(后测-前测)	0.065	0.312	0.449	0.003	0.071	0.092
数值检验(p值)	F检验	0.467	0.000	0.000	0.986	0.629	0.620
	列文的稳健性检验	0.435	0.000	0.000	0.592	0.858	0.754
	布朗和福赛思的中位数检验	0.459	0.000	0.000	0.515	0.634	0.610
	布朗和福赛思的切尾均值检验	0.285	0.000	0.000	0.436	0.632	0.682

表格说明实验组学生创业意向的方差上升了:创业意向与之前相比,方差更大。尽管我不能推翻整体样本方差不变的这个假设,但是在限制1样本中,我发现方差在统计数据上有了显著的上升。在观察对照组前测和后测创业意向的变化过程中,我没有发现方差在统计数据上的显著改变。尽管对照组的方差也有小幅提升,但实验组学生的上升程度更大。在限制2样本中,这种"双重差分"甚至更大。这些结果证实了假设6-1,也同时证实了冯·拉维尼茨等学者(2010)的研究结果。

[①] 我在第二章中使用调查问卷时,讨论了这些最高和最低效应的缺点。

我还调查了实验组子样本中的分流作用，以明确特定背景性特征是否会促进或阻碍分流作用[①]。表 6-11 表明假设 1 在哪些子样本（由表 3-13 中的虚拟变量界定）中成立。结果以小组（实验组和对照组）的形式展现。我只展示了对"限制 1"实验组样本的列文稳健性检验结果。表 6-11 的前半部分对应的是没有显示背景性因素的学生，展示了他们后测和前测创业意向的标准偏差及其差异。后半部分的结果对应的是显示出背景性因素的学生。"双重差分"行展示了各组（实验组和对照组）标准偏差中的双重差分。最后一行的"三重差分"估计，对比了实验组和对照组各子样本的意向中标准偏差的变化。[②]

如果只考虑实验组，假设 1 似乎在其他子样本中都成立，除了那些父母创业、自己已经创业和已经参加过创业课程学生的样本，创业意向的方差没有显著变化。然而，对于那些父母没有创业、自己没有创业经历和没有参加过创业课程的学生而言，方差上升较为显著。当对标准偏差进行双重差分时，方差也有所增长。三重差分行提供了关于标准偏差变化的附加信息。在对比本研究考虑的子样本和对照组中各个子样本时，我们发现对于女性学生、已经为新创企业工作的学生和经验开放的学生来说，创业意向的方差有所上升。这表明对这些创业态度不明确的学生来说，课程发挥了分流作用。对那些父母创业、自己有过创业经历、性格外向以及情绪稳定的学生来说，方差有所下降。女性和外籍学生、有熟人创业的学生、随和的学生以及有责任心的学生三重差分值较小。[③]

在第五章第三部分，我发现有创业经历的学生创业意向和感知行为控制（三重差平均估计）会发生显著的消极变化。另外，父母创业的学生感知合意性和感知社会规范发生了积极的变化，已经学习过创业课程的学生感知合意性也发生了变化。结合本章的研究发现，这可能意味着课

[①] 背景性特征对课程期间接收到信息的重要性参见第二章第五部分。
[②] 我没有使用统计检验去确定标准偏差中的双重差分或三重差分是否在统计上异于零。这些数值应该被用于与意向标准偏差变化相关的定性分析中。
[③] 应谨慎留意对三重差分的解读，因为此处假设其他所有条件相同。

表 6-11　子样本的创业意向方差（第一部分）

子样本定义下的变量			人口学变量						前期经历								
			女性(0/1)		外籍(0/1)			父母创业(0/1)			熟人创业(0/1)			在新创公司工作过(0/1)		创业者(0/1)		参加过创业课程(0/1)
小组(T=实验组 C=对照组)			T	C	T	C	T	C	T	C	T	C	T	C	T	C
否	数量		288	76	558	162	350	96	226	82	514	128	628	176	626	166
	回应	前测 S.D.	1.350	1.324	1.351	1.387	1.290	1.362	1.374	1.267	1.355	1.332	1.353	1.385	1.344	1.365
		后测 S.D.	1.659	1.445	1.650	1.447	1.648	1.383	1.736	1.378	1.657	1.528	1.682	1.440	1.659	1.419
	时间	差异(前测-后测)	0.309	0.121	0.299	0.060	0.358	0.021	0.362	0.111	0.302	0.196	0.329	0.055	0.315	0.054
	列文(Levene)的稳健性检验(P值)		0.019	0.713	0.000	0.759	0.000	0.514	0.003	0.789	0.000	0.515	0.000	0.669	0.000	0.700
是	数量		364	110	94	24	302	90	426	104	138	58	24	10	26	20
	回应	前测 S.D.	1.326	1.421	1.330	1.279	1.385	1.352	1.325	1.462	1.345	1.473	1.348	1.304	1.536	1.265
		后测 S.D.	1.590	1.456	1.705	1.422	1.631	1.466	1.624	1.507	1.697	1.203	1.087	0.894	1.772	1.563
	时间	差异(前测-后测)	0.264	0.035	0.375	0.143	0.246	0.114	0.299	0.045	0.352	−0.270	−0.261	−0.410	0.236	0.298
	列文(Levene)的稳健性检验(是否)		0.013	0.583	0.180	0.802	0.249	0.627	0.003	0.601	0.041	0.049	0.275	0.341	0.490	0.591
双重差分(实验组双重差分-对照组双重差分)			−0.045	−0.086	0.076	0.083	−0.112	0.093	−0.063	−0.066	0.050	−0.466	−0.590	−0.465	−0.079	0.244
三重差分			0.041		−0.007		−0.205		0.003		0.516		−0.125		−0.323	

注：子样本由表 3-13 定义。由于我没有 2008 分组的变量数据，因此对照组的人格维度的子样本数量有所减少。

表 6-11 子样本的创业意向方差（第二部分）

<table>
<tr><th rowspan="2">子样本定义下的变量
小组（T=实验组 C=对照组）</th><th colspan="10">格　维　度</th></tr>
<tr><th colspan="2">外向性 (0/1)</th><th colspan="2">随和性 (0/1)</th><th colspan="2">尽责性 (0/1)</th><th colspan="2">情绪稳定性 (0/1)</th><th colspan="2">开放性 (0/1)</th></tr>
<tr><td></td><td>T</td><td>C</td><td>T</td><td>C</td><td>T</td><td>C</td><td>T</td><td>C</td><td>T</td><td>C</td></tr>
<tr><td>否　数量</td><td>268</td><td>76</td><td>426</td><td>84</td><td>168</td><td>22</td><td>314</td><td>58</td><td>170</td><td>46</td></tr>
<tr><td>回应时间 前测 S.D.</td><td>1.312</td><td>1.516</td><td>1.323</td><td>1.517</td><td>1.400</td><td>1.362</td><td>1.328</td><td>1.524</td><td>1.384</td><td>1.403</td></tr>
<tr><td>回应时间 后测 S.D.</td><td>1.673</td><td>1.441</td><td>1.672</td><td>1.590</td><td>1.819</td><td>1.502</td><td>1.697</td><td>1.575</td><td>1.712</td><td>1.642</td></tr>
<tr><td>差异（前测-后测）</td><td>0.361</td><td>−0.075</td><td>0.349</td><td>0.073</td><td>0.419</td><td>0.140</td><td>0.396</td><td>0.051</td><td>0.328</td><td>0.239</td></tr>
<tr><td>列文（Levene）的稳健性检验（P值）</td><td>0.002</td><td>0.180</td><td>0.000</td><td>0.927</td><td>0.005</td><td>1.000</td><td>0.000</td><td>0.952</td><td>0.008</td><td>0.385</td></tr>
<tr><td>是　数量</td><td>384</td><td>50</td><td>226</td><td>42</td><td>484</td><td>104</td><td>338</td><td>68</td><td>482</td><td>80</td></tr>
<tr><td>回应时间 前测 S.D.</td><td>1.366</td><td>1.528</td><td>1.400</td><td>1.521</td><td>1.336</td><td>1.550</td><td>1.371</td><td>1.518</td><td>1.335</td><td>1.528</td></tr>
<tr><td>回应时间 后测 S.D.</td><td>1.657</td><td>1.796</td><td>1.654</td><td>1.532</td><td>1.610</td><td>1.607</td><td>1.618</td><td>1.596</td><td>1.636</td><td>1.502</td></tr>
<tr><td>差异（前测-后测）</td><td>0.291</td><td>0.268</td><td>0.254</td><td>0.011</td><td>0.274</td><td>0.057</td><td>−0.247</td><td>0.078</td><td>0.301</td><td>−0.026</td></tr>
<tr><td>列文（Levene）的稳健性检验（P值）</td><td>0.007</td><td>0.341</td><td>0.087</td><td>0.761</td><td>0.001</td><td>0.748</td><td>0.055</td><td>0.776</td><td>0.003</td><td>0.490</td></tr>
<tr><td>双重差分（实验组双重差分-对照组双重差分）</td><td>−0.070</td><td>0.343</td><td>−0.095</td><td>−0.062</td><td>−0.145</td><td>−0.083</td><td>−0.122</td><td>−0.027</td><td>−0.027</td><td>−0.265</td></tr>
<tr><td>三重差分</td><td colspan="2">−0.413</td><td colspan="2">−0.033</td><td colspan="2">−0.062</td><td colspan="2">−0.149</td><td colspan="2">0.238</td></tr>
</table>

注：子样本由表 3-13 定义，由于我没有 2008 分组的变量数据，因此对照组的人格维度的子样本数量有所减少。

程并没有对这些小组的学生起到分类、筛选的分流作用。父母创业的学生在刚开始学习课程时创业意向就比较高（见第四章第三部分），他们的创业态度发生了比较一致的积极变化。参加过创业课程的学生似乎都非常统一地积极地改变了自己的创业意向。但是，有过创业经历的学生在课程过程中却放弃了再次创业的想法。

2. 假设 6-2

表 6-12 列出了检验假设 2 的回归结果，用实验组数据估测了方程 6-1。我共列出 6 组回归模型。第一组只包括控制变量，研究结果表明这些变量都无法评估学生对自己创业天赋认识的强度，即是否成为创业者。模型 2 到模型 4 分别考量了计划行为理论的每个态度因素，模型 2 考量了感知合意性，模型 3 考量了感知社会规范，模型 4 考量了感知行为控制。每个回归模型都包括了检验第一阶段信号强度的指标、持续性信号的指标以及这两个指标的相互作用。如果单独考虑每一个态度因素，假设 2 在社会规范和行为控制信号方面可以得到充分证实，但在自我雇佣态度方面只能得到部分地证据。由于我参考并证实了冯·拉维尼茨等学者（2010）的研究，模型 4 值得格外注意。模型 5 运用方程 6-1，展示了完整的回归模型。模型 6 的第一栏列出了 OLS 回归模型的系数。第一阶段信号强度的系数为正，在感知合意性和感知社会规范方面较为显著。持续性信号也为正，在感知社会规范和感知行为控制方面较为显著。其余所有相关的解释性变量都不显著。综合考虑整个模型，我们发现在感知社会规范方面，假设 2 得到了进一步验证，但在感知合意性和感知行为控制方面，该假设只得到了部分验证，原因可能是学生不能按照计划行为理论的各个方面区分他们接收到的信号。在模型 6 中我去掉了所有显著性超出 20% 的控制变量，然后逐个去掉了最不显著的控制变量。决定系数对这个过程的反映最为强烈，但评估系数并没有受到该过程的显著影响，我发现，这种影响是非常稳健的。另外，我还展示了本模型的 OLS 评估标准系数，以探讨持续性信号对后测职业意向强度的影响。在探讨如何设计创业教育课程以帮助学生更好地确立职业意向时，这个变量最具相关性。

持续的行为控制信号似乎比持续的社会规范信号有更强的影响作用,并且结合第二阶段行为控制信号的高强度来看,计划行为理论这一方面的信息似乎能够引领学生发现"真实的"职业意向。

表 6-12 对假设 6-2 的检验(OLS 回归模型,仅包括实验组数据,第一部分)

因变量 后测职业意向强度	模型 1 控制变量	模型 2 仅感知合意性	模型 3 仅感知社会规范	模型 4 仅感知行为控制
感知合意性				
第一阶段信号强度		0.476*** (0.069)		
持续性信号		0.311 (0.417)		
强烈并持续的信号		0.457*** (0.166)		
第二阶段信号强度		0.100** (0.043)		
感知社会规范				
第一阶段信号强度			0.737*** (0.160)	
持续性信号			1.067*** (0.403)	
强烈并持续的信号			0.791** (0.322)	
第二阶段信号强度			0.358** (0.162)	
感知行为控制				
第一阶段信号强度				0.249** (0.123)
持续性强度				1.316*** (0.395)
强烈并持续的信号				0.705*** (0.267)
第二阶段信号强度				0.178*** (0.068)

续表

因变量 后测职业意向强度	模型 1 控制变量	模型 2 仅感知合意性	模型 3 仅感知社会规范	模型 4 仅感知行为控制
人口学变量				
年龄	0.008 (0.080)	−0.014 (0.071)	−0.007 (0.073)	−0.013 (0.075)
女性(0/1)	−0.331 (0.356)	−0.143 (0.321)	−0.436 (0.328)	−0.115 (0.334)
外籍(0/1)	−0.328 (0.469)	−0.196 (0.423)	−0.383 (0.432)	−0.175 (0.439)
前期经历				
之前接触创业的程度	0.105 (0.176)	−0.084 (0.161)	−0.090 (0.165)	−0.161 (0.169)
参加过创业课程	0.206 (0.481)	−0.013 (0.433)	0.059 (0.443)	−0.107 (0.451)
ECTS	0.001 (0.013)	0.002 (0.012)	−0.001 (0.012)	0.001 (0.012)
人格维度				
外向型	0.077 (0.163)	0.134 (0.147)	−0.024 (0.151)	0.084 (0.152)
随和性	−0.145 (0.225)	−0.229 (0.203)	−0.098 (0.207)	−0.127 (0.215)
尽责性	−0.188 (0.157)	−0.254* (0.142)	−0.261* (0.145)	−0.177 (0.149)
情绪稳定性	−0.032 (0.156)	0.073 (0.141)	0.047 (0.145)	−0.049 (0.147)
开放性	−0.057 (0.199)	−0.122 (0.179)	−0.050 (0.184)	−0.026 (0.189)
常数	5.035** (2.437)	4.536** (2.190)	4.743** (2.265)	4.411* (2.285)
检验数据				
观察对象	403	403	403	403
决定系数	−0.013	0.188	0.143	0.120
F 检验(自由度)	0.526(11)	7.210(15)	5.463(15)	4.646(15)
F 显著性检验	0.886	0.000	0.000	0.000

注:括号内为稳健性标准误差;* 在 10%时显著;** 在 5%时显著;*** 在 1%时显著。

表 6-12　对假设 6-2 的检验(OLS 回归模型,仅包括实验组数据,第二部分)

因变量 后测职业意向强度	模型 5 完整模型	模型 6 受限模型 coefficient	beta
感知合意性			
第一阶段信号强度	0.321*** (0.073)	0.313*** (0.072)	0.236
持续性信号	0.133 (0.396)	0.097 (0.386)	0.014
强烈并持续的信号	0.287* (0.165)	0.299* (0.162)	0.109
第二阶段信号强度	0.036 (0.054)	0.033 (0.053)	0.036
感知社会规范			
第一阶段信号强度	0.489*** (0.168)	0.488*** (0.165)	0.172
持续性信号	0.804** (0.374)	0.847** (0.367)	0.121
强烈并持续的信号	0.335 (0.305)	0.311 (0.300)	0.059
第二阶段信号强度	0.164 (0.154)	0.152 (0.151)	0.045
感知社会行为			
第一阶段信号强度	−0.037 (0.126)	−0.034 (0.124)	−0.016
持续性信号	0.944** (0.365)	0.905** (0.356)	0.133
强烈并持续的信号	0.463* (0.253)	0.520** (0.243)	0.125
第二阶段信号强度	0.128 (0.079)	0.129* (0.077)	0.105
人口学变量			
年龄	−0.015 (0.068)		
女性(0/1)	−0.176 (0.306)		
外籍(0/1)	−0.193 (0.401)		

续表

因变量 后测职业意向强度	模型 5 完整模型	模型 6 受限模型 coefficient	beta
前期经历			
之前接触创业的程度	−0.274* (0.156)	−0.280* (0.146)	−0.085
参加过创业课程	−0.197 (0.411)		
ECTS	−0.001 0.011		
人格维度			
外向性	0.046 (0.140)		
随和性	−0.153 (0.197)		
尽责性	−0.283** (0.136)	−0.316** (0.128)	−0.107
情绪稳定性	0.066 (0.135)		
开放性	−0.077 (0.174)		
常数	4.142** (2.092)	3.307*** (0.765)	
检验数据			
观察对象	403	403	
决定系数	0.275	0.288	
F 检验(自由度)	7.628(23)	12.6(14)	
F 显著性检验	0.000	0.000	

注：括号内为稳健性标准误差；* 在 10% 时显著；** 在 5% 时显著；*** 在 1% 时显著。

为了检验稳健性，在增加对照组数据后，我再次检验了假设 6-2。在表 6-13 中，我展示了用以评估方程 6-2 的 OLS 回归模型的结果。我共设置了 11 个模型，其中四个模块各包括两个模型，一个模块包括三个模型。每个模块的第一个模型是表 6-12 中评估模型的副本，但由于我没有对照组人格维度方面的数据，因此仅有有限的控制变量。第二个模型分别考量了计划行为理论的每一个态度因素。第四个模块(模型 9、10 和 11)介绍了对完整模型的评估,其中模型 10 介绍了对方程 6-2 的评估。为了控制实验组和对照组之间的差异,我特别对模型 11 中的数据进行了广义精确匹配。和第五章第三部分一样,我选择了下面几个变量来比较实验组和对照组:女性(0/1)、外籍(0/1)、父母创业(0/1)、熟人创业(0/1)、在新创企业工作过(0/1)、创业者(0/1)和参加过的创业课程。我在这些变量中增加了第一阶段信号强度这一变量。对这些变量的不平衡性进行检验,结果表明多变量不平衡性(multivariate imbalance)$L_1 = 0.766$。经过匹配算法(matching algorithm)后,不平衡性降低到 $L_1' = 0.552$。整体的样本量也因此下降到 331(实验组为 278,对照组为 53)。模型 11 展示了对假设的检验。

表 6-13 对假设 6-2 的检验(OLS 回归模型,包括实验组和对照组数据,第一部分)

因变量 后测职业意向强度 样本	模型 1 仅控制变量 仅实验组	模型 2 加对照组	模型 3 仅感知合意性 仅实验组	模型 4 加对照组	模型 5 仅感知社会规范 仅实验组	模型 6 加对照组
实验(是=1)		0.345 (0.364)		−0.240 (0.531)		−0.517 (0.542)
感知合意性						
第一阶段信号强度			**0.463*** **(0.068)**	0.139 (0.170)		
持续性信号			**0.289** **(0.412)**	0.036 (0.835)		
强烈并持续的信号			0.454*** (0.165)	0.748* (0.407)		
第二阶段信号强度			0.100** (0.042)	0.157 (0.119)		
第一阶段信号强度 x 实验组				0.324* (0.182)		
持续性信号 x 实验组				0.262 (0.932)		
强烈并持续的信号 x 实验组				−0.295 (0.440)		
第二阶段信号强度 x 实验组				−0.057 (0.126)		

续表

因变量 后测职业意向强度 样本	模型 1	模型 2	模型 3	模型 4	模型 5	模型 6
	仅控制变量		仅感知合意性		仅感知社会规范	
	仅实验组	加对照组	仅实验组	加对照组	仅实验组	加对照组
感知社会规范						
第一阶段信号强度 *1000					**0.653**^{***} **(0.154)**	0.202 (0.496)
持续性信号					**0.855**^{**} **(0.417)**	−0.004 (0.864)
强烈并持续的信号 *1000					**0.862**^{***} **(0.320)**	1.937^{**} (0.862)
第二阶段信号强度 *1000					**0.380**^{**} **(0.160)**	−0.091 (0.273)
第一阶段信号强度 x 实验组 *1000						0.448 (0.518)
持续性信号 x 实验组						0.870 (0.957)
强烈并持续的信号 x 实验组 *1000						−1.077 (0.919)
第二阶段信号强度 x 实验组 *1000						0.469 (0.316)
感知行为控制						
第一阶段信号强度						
持续性信号						
强烈并持续的信号						
第二阶段信号强度						
第一阶段信号强度 x 实验组						
持续性信号 x 实验组						
强烈并持续的信号 x 实验组						
第二阶段信号强度 x 实验组						

续表

因变量 后测职业意向强度 样本	模型1 仅控制变量 仅实验组	模型2 加对照组	模型3 仅感知合意性 仅实验组	模型4 加对照组	模型5 仅感知社会规范 仅实验组	模型6 加对照组
人口学变量						
年龄	0.007 (0.077)	0.027 (0.070)	−0.017 (0.070)	0.006 (0.065)	−0.008 (0.072)	0.007 (0.066)
女性(0/1)	−0.442 (0.331)	−0.439 (0.294)	−0.363 (0.299)	−0.354 (0.272)	−0.635** (0.309)	−0.581** (0.277)
外籍(0/1)	−0.303 (0.455)	−0.380 (0.410)	−0.182 (0.411)	−0.261 (0.377)	−0.326 (0.421)	−0.353 (0.384)
前期经历						
之前接触创业的程度	0.123 (0.168)	0.111 (0.150)	−0.050 (0.153)	−0.055 (0.140)	−0.013 (0.158)	−0.002 (0.142)
参加过创业课程	0.163 (0.473)	−0.087 (0.164)	−0.028 (0.428)	−0.104 (0.151)	−0.031 (0.441)	−0.131 (0.153)
常数	3.350** (1.683)	2.615* (1.497)	2.711* (1.518)	2.478* (1.408)	2.784* (1.564)	2.943** (1.448)
检验数据						
观察对象	403	509	403	509	403	509
决定系数	−0.004	−0.001	0.188	0.163	0.140	0.129
F检验(自由度)	0.657(5)	0.933(6)	11.32(9)	8.089(14)	8.281(9)	6.373(14)
F显著性检验	0.656	0.471	0.000	0.000	0.000	0.000

注:括号内为稳健性标准误差;* 在10%时显著;** 在5%时显著;*** 在1%时显著。

表 6-13 对假设 6-2 的检验(OLS 回归模型,包括实验组和对照组数据,第二部分)

因变量 后测职业意向强度 样本	模型7 仅感知行为规范 仅实验组	模型8 加对照组	模型9 完美模型 仅实验组	模型10 加对照组	模型11 加 CEM
实验(是=1)		0.127 (0.528)		−0.586 (0.670)	−1.332* (0.758)
感知合意性					
第一阶段信号强度			**0.309*** **(0.073)**	0.084 (0.177)	0.972** (0.378)
持续性信号			**0.128** **(0.393)**	0.052 (0.826)	1.156* (0.643)
强烈并持续的信号			0.281* (0.163)	0.485 (0.432)	−0.918 (0.693)

续表

因变量 后测职业意向强度 样本	模型 7	模型 8	模型 9	模型 10	模型 11
	仅感知行为规范		完美模型		
	仅实验组	加对照组	仅实验组	加对照组	加 CEM
第二阶段信号强度			0.025 (0.053)	0.202* (0.116)	−0.268* (0.145)
第一阶段信号强度 x 实验组				**0.223** **(0.191)**	**0.829** **(0.576)**
持续性信号 x 实验组				**0.066** **(0.917)**	**−1.007** **(0.868)**
强烈并持续的信号 x 实验组				−0.200 (0.463)	1.272 (0.953)
第二阶段信号强度 x 实验组				−0.176 (0.128)	0.517** (0.201)
感知社会规范					
第一阶段信号强度 * 1000			**0.427*** **(0.162)**	−0.103 (0.489)	0.067 (0.915)
持续性信号			**0.614*** **(0.356)**	−0.085 (0.835)	0.165 (0.817)
强烈并持续的信号 * 1000			0.448 (0.302)	1.730** (0.839)	4.290 (3.114)
第二阶段信号强度 * 1000			0.172 (0.153)	−0.342 (0.278)	0.381 (0.284)
第一阶段信号强度 x 实验组 * 1000				**0.528** **(0.516)**	**0.435** **(1.284)**
持续性信号 x 实验组				**0.682** **(0.921)**	**0.782** **(1.078)**
强烈并持续的信号 x 实验组 * 1000				−1.274 (0.894)	−2.147 (3.610)
第二阶段信号强度 x 实验组 * 1000				0.515 (0.318)	0.205 (0.482)
感知行为控制					
第一阶段信号强度	0.251** (0.122)	0.361 (0.231)	−0.032 (0.126)	0.192 (0.245)	0.143 (0.755)
持续性信号	1.316*** (0.387)	0.471 (0.789)	0.932** (0.360)	0.508 (0.738)	1.415** (0.587)
强烈并持续的信号	0.692*** (0.259)	0.497 (0.594)	0.490** (0.248)	0.159 (0.605)	2.696* (1.608)
第二阶段信号强度	0.187*** (0.064)	0.308 (0.338)	0.158** (0.077)	0.339 (0.323)	1.452*** (0.473)

续表

因变量 后测职业意向强度 样本	模型 6 仅感知行为规范 仅实验组	模型 8 加对照组	模型 9 完美模型 仅实验组	模型 10 加对照组	模型 11 加 CEM
第一阶段信号强度 x 实验组		−0.119 (0.262)		−0.229 (0.277)	0.415 (1.020)
持续性信号 x 实验组		0.841 (0.880)		0.417 (0.825)	1.102 (0.868)
强烈并持续的信号 x 实验组		0.192 (0.646)		0.329 (0.652)	−0.860 (2.269)
第二阶段信号强度 x 实验组		−0.123 (0.334)		−0.183 (0.332)	−1.009* (0.533)
人口学变量					
年龄	−0.014 (0.073)	0.021 (0.067)	−0.017 (0.066)	0.004 (0.062)	−0.003 (0.098)
女性(0/1)	−0.199 (0.311)	−0.266 (0.279)	−0.383 (0.289)	−0.381 (0.265)	−0.646* (0.352)
外籍(0/1)	−0.150 (0.424)	−0.249 (0.389)	−0.156 (0.389)	−0.175 (0.363)	−0.525 (0.546)
前期经历					
之前接触创业的程度	−0.139 (0.160)	−0.134 (0.145)	−0.214 (0.149)	−0.198 (0.137)	−0.580*** (0.195)
参加过创业课程	−0.144 (0.444)	−0.102 (0.155)	−0.266 (0.409)	−0.148 (0.145)	−0.148 (0.104)
常数	2.963* (1.577)	2.133 (1.469)	2.201 (1.449)	2.312 (1.408)	3.288 (2.087)
检验数据					
观察对象	403	509	403	509	331
决定系数	0.128	0.112	0.273	0.242	0.256
F 检验(自由度)	7.531(9)	5.570(14)	9.880(17)	6.407(30)	4.754(30)
F 显著性检验	0.000	0.000	0.000	0.000	0.000

注：括号内为稳健性标准误差；* 在 10%时显著；** 在 5%时显著；*** 在 1%时显著。

在表中，我对假设 6-2 相关的解释性变量进行了加粗显示。结果表明，建立在实验组数据上的模型只有当使用有限的控制变量时，才具有稳健性。然而，建立在实验组和对照组学生数据基础上的评估显示，在计划行为理论的各个态度因素模型和完整模型中，主要解释性变量的相关系数都变得不再显著。唯一的例外是模型 4 中实验虚拟变量与第一阶段感知合意性信号强度的相关系数,该系数在 10% 时显著。因此,建立在完整的实验组和对照组数据基础上的假设 6-2 被推翻了。

3. 假设 6-3

最后,对接收到持续性信号和强烈的第一阶段信号的学生,我研究了他们如何在课程过程中改变对自身创业天赋的认识的。表 6-14 建立在方程 6-3 和仅实验组数据基础之上,它展示了六个关于创业意向变化程度的 OLS 回归模型及系数,其变量和上面一致。模型 5 是一个完整模型,假设 6-3 对持续并强信号的相关系数预测是负向的。与前面相同,模型 1 只包含了控制变量。研究发现外向的学生改变他们职业意向的可能性更小。模型 2 和模型 4 只考虑了计划行为理论的一个方面,模型 5 涵盖了完整的模型。在所有的八个模型中,持续并强烈的信号对计划行为理论的各个维度都没有显著影响。因此,假设 6-3 被推翻了。然而,一个有趣的发现是,第二阶段信号的强度系数(即课程中学生接收的信号)是显著且正向的。因此我们推断,信号越强,其对创业意向的改变就越大。在完整模型中,合意性信号和社会规范信号的系数都在 1% 时显著。

表 6-14 对假设 6-3 的检验(OLS 回归模型,仅包括实验组数据)

因变量 职业意向的变化	模型 1 仅控制变量	模型 2 仅感知合意性	模型 3 仅感知社会规范	模型 4 仅感知行为控制	模型 5 完整模型
感知合意性					
第一阶段信号强度		−0.167* (0.085)			−0.229** (0.092)
持续性信号		−0.205 (0.519)			−0.298 (0.502)
强烈并持续的信号		**−0.004** **(0.207)**			**−0.071** **(0.208)**
第二阶段信号强度		0.615*** (0.053)			0.568*** (0.068)

续表

因变量 职业意向的变化	模型1 仅控制变量	模型2 仅感知合意性	模型3 仅感知社会规范	模型4 仅感知行为控制	模型5 完整模型
感知社会规范					
第一阶段信号强度 *1000			0.030 (0.212)		0.325 (0.213)
持续性信号			0.434 (0.535)		0.618 (0.474)
强烈并持续的信号 *1000			**−0.400** **(0.427)**		**−0.352** **(0.386)**
第二阶段信号强度 *1000			1.450*** (0.215)		0.988*** (0.195)
感知行为控制					
第一阶段信号强度				−0.387** (0.163)	−0.226 (0.160)
持续性信号				−0.152 (0.520)	0.135 (0.462)
强烈并持续的信号				**0.095** **(0.468)**	**−0.311** **(0.474)**
第二阶段信号强度				0.549*** (0.089)	−0.029 (0.100)
人口学变量					
年龄	−0.035 (0.103)	−0.063 (0.089)	−0.030 (0.097)	−0.043 (0.099)	−0.033 (0.086)
女性(0/1)	0.359 (0.460)	0.388 (0.399)	0.318 (0.435)	0.555 (0.440)	0.331 (0.387)
外籍(0/1)	−0.251 (0.605)	−0.013 (0.526)	−0.195 (0.572)	−0.122 (0.578)	0.050 (0.508)
前期经历					
之前接触创业的程度	0.038 (0.227)	−0.183 (0.200)	−0.028 (0.219)	−0.230 (0.222)	−0.242 (0.198)
参加过创业课程	−0.799 (0.621)	−0.656 (0.539)	−0.695 (0.588)	−0.880 (0.594)	−0.637 (0.521)
ECTS	−0.001 (0.017)	0.002 (0.015)	0.008 (0.016)	0.005 (0.016)	0.008 (0.014)

续表

因变量 职业意向的变化	模型 1 仅控制变量	模型 2 仅感知合意性	模型 3 仅感知社会规范	模型 4 仅感知行为控制	模型 5 完整模型
人格维度					
外向性	−0.473**	−0.196	−0.417**	−0.407**	−0.209
	(0.210)	(0.183)	(0.200)	(0.200)	(0.177)
随和性	−0.153	−0.380	−0.265	−0.302	−0.325
	(0.290)	(0.252)	(0.275)	(0.283)	(0.249)
尽责性	0.032	0.171	0.002	0.123	0.076
	(0.203)	(0.176)	(0.192)	(0.196)	(0.172)
情绪稳定性	0.164	0.254	0.261	0.210	0.290*
	(0.202)	(0.175)	(0.193)	(0.193)	(0.171)
开放性	0.315	0.497**	0.399	0.545**	0.496**
	(0.257)	(0.223)	(0.244)	(0.249)	(0.220)
常数	3.170	0.880	1.318	1.401	−0.408
	(3.144)	(2.727)	(3.002)	(3.012)	(2.648)
检验数据					
观察对象	403	403	403	403	403
决定系数	−0.006	0.249	0.101	0.088	0.307
F 检验(自由度)	0.774(11)	9.898(15)	4.016(15)	3.581(15)	8.731(23)
F 显著性检验	0.666	0.000	0.000	0.000	0.000

注：括号内为稳健性标准误差；* 在 10%时显著；** 在 5%时显著；*** 在 1%时显著。

与上面相同，在表 6-15 中，我还介绍了建立在实验组和对照组数据基础上的方程 6-4 的评估结果，该表的结构与表 6-13 的结构相同。模型 10 包括了完整模型，模型 11 应用了 CEM 方法，也展示了完整的模型。由于这些模型只是建立在实验组数据的基础之上，而该数据库具有可控性，因此其结果在各模型不同的条件下都具有稳健性。与之前相同，不论是在计划行为理论单一要素的模型中还是在完整模型中，相关的解释性变量都不具有显著性。因此，假设 3 仍然被推翻了。在第二阶段信号强度这一方面，模型 11 与表 6-15 中的完整模型不同。在对比实验组和对照组的信号强度后，我们发现行为控制信号与创业意向的根本改变似乎是最为相关的。

表 6-15　对假设 6-3 的检验（OLS 回归模型，包括实验组和对照组数据，第一部分）

因变量 后测职业意向强度 样本	模型 1 仅控制变量 仅实验组	模型 2 仅控制变量 加对照组	模型 3 仅感知合意性 仅实验组	模型 4 仅感知合意性 加对照组	模型 5 仅感知社会规范 仅实验组	模型 6 仅感知社会规范 加对照组
实验（是＝1）		−0.061 (0.485)		1.372** (0.671)		−0.444 (0.740)
感知合意性						
第一阶段信号强度			−0.161* (0.086)	0.872*** (0.215)		
持续性信号			−0.145 (0.517)	0.036 (1.056)		
强烈并持续的信号			**0.008** **(0.207)**	−0.624 (0.515)		
第二阶段信号强度			0.590*** (0.052)	0.497*** (0.150)		
第一阶段信号强度 x 实验组				−1.035*** (0.230)		
持续性信号 x 实验组				−0.211 (1.178)		
强烈并持续的信号 **x 实验组**				0.634 (0.556)		
第二阶段信号强度 x 实验组				0.094 (0.159)		
感知社会规范						
第一阶段信号强度 *1000					−0.115 (0.205)	0.413 (0.677)
持续性信号					−0.152 (0.554)	−1.718 (1.178)
强烈并持续的信号 *1000					**−0.051** **(0.425)**	−0.511 (1.176)
第二阶段信号强度 *1000					1.441*** (0.212)	0.736** (0.373)
第一阶段信号强度 x 实验组*1000						−0.552 (0.707)
持续性信号 x 实验组						1.509 (1.306)
强烈并持续的信号 **x 实验组*1000**						0.496 (1.254)
第二阶段信号强度 x 实验组*1000						0.715* (0.432)

续表

因变量 后测职业意向强度 样本	模型1	模型2	模型3	模型4	模型5	模型6
	仅控制变量		仅感知合意性		仅感知社会规范	
	仅实验组	加对照组	仅实验组	加对照组	仅实验组	加对照组
感知行为控制						
第一阶段信号强度						
持续性信号						
强烈并持续的信号						
第二阶段信号强度						
第一阶段信号强度 x 实验组						
持续性信号 x 实验组						
强烈并持续的信号 x 实验组						
第二阶段信号强度 x 实验组						
人口学变量						
年龄	−0.044 (0.100)	0.052 (0.094)	−0.063 (0.087)	0.029 (0.082)	−0.045 (0.095)	0.068 (0.090)
女性(0/1)	0.319 (0.429)	0.302 (0.392)	0.382 (0.375)	0.313 (0.343)	0.209 (0.411)	0.170 (0.378)
外籍(0/1)	−0.168 (0.589)	−0.413 (0.547)	0.032 (0.516)	−0.130 (0.477)	−0.194 (0.559)	−0.482 (0.523)
前期经历						
之前接触创业的程度	0.007 (0.217)	0.032 (0.199)	−0.082 (0.192)	−0.191 (0.177)	0.016 (0.209)	0.016 (0.194)
参加过创业课程	−0.750 (0.613)	−0.204 (0.219)	−0.475 (0.537)	−0.120 (0.191)	−0.589 (0.586)	−0.163 (0.209)
常数	2.974 (2.181)	0.940 (1.997)	2.995 (1.906)	−0.163 (1.780)	2.406 (2.077)	0.473 (1.975)
检验数据						
观察对象	403	509	403	509	403	509
决定系数	−0.007	−0.008	0.236	0.243	0.095	0.082
F检验(自由度)	0.468(5)	0.366(6)	14.83(9)	12.65(14)	5.691(9)	4.252(14)
F显著性检验	0.800	0.900	0.000	0.000	0.000	0.000

注:括号内为稳健性标准误差;* 在10%时显著;** 在5%时显著;*** 在1%时显著。

表 6-15　对假设 6-3 的检验（OLS 回归模型,包括实验组和对照组数据,第二部分）

因变量 职业意向变化 样本	模型 7	模型 8	模型 9	模型 10	模型 11
	仅感知行为规范		完美模型		
	仅实验组	加对照组	仅实验组	加对照组	加 CEM
实验（是＝1）		−0.509 (0.726)		0.128 (0.862)	−0.702 (0.734)
感知合意性					
第一阶段信号强度			−0.223** (0.093)	0.939*** (0.228)	−0.161 (0.366)
持续性信号			−0.165 (0.501)	0.245 (1.064)	0.446 (0.623)
强烈并持续的信号			**−0.068** **(0.208)**	−0.447 (0.557)	−0.486 (0.671)
第二阶段信号强度			0.576*** (0.068)	0.503*** (0.149)	0.276* (0.141)
第一阶段信号强度 x 实验组				−1.165*** (0.247)	−0.421 (0.558)
持续性信号 x 实验组				−0.439 (1.181)	−0.850 (0.841)
强烈并持续的信号 x 实验组				**0.381** **(0.596)**	**0.867** **(0.923)**
第二阶段信号强度 x 实验组				0.073 (0.164)	0.142 (0.194)
感知社会规范					
第一阶段信号强度 *1000			0.194 (0.207)	−0.394 (0.629)	0.598 (0.886)
持续性信号			−0.034 (0.492)	−1.537 (1.076)	−1.863** (0.791)
强烈并持续的信号 *1000			**−0.029** **(0.386)**	0.090 (1.081)	0.395 (3.016)
第二阶段信号强度 *1000			0.962*** (0.195)	0.417 (0.358)	0.865*** (0.275)
第一阶段信号强度 x 实验组 *1000				0.593 (0.664)	−1.396 (1.243)
持续性信号 x 实验组				1.488 (1.186)	1.481 (1.044)
强烈并持续的信号 **x 实验组 *1000**				**−0.107** **(1.151)**	**−2.701** **(3.497)**
第二阶段信号强度 x 实验组 *1000				0.552 (0.410)	−0.540 (0.467)

续表

因变量 后测职业意向强度 样本	模型 7 仅感知行为规范 仅实验组	模型 8 加对照组	模型 9 完美模型 仅实验组	模型 10 加对照组	模型 11 加 CEM
感知行为控制					
第一阶段信号强度	−0.380** (0.163)	0.236 (0.318)	−0.193 (0.161)	−0.262 (0.315)	−0.875 (0.731)
持续性信号	−0.207 (0.515)	−0.471 (1.085)	0.109 (0.460)	−0.134 (0.951)	−0.496 (0.569)
强烈并持续的信号	**0.137** **(0.344)**	−0.358 (0.817)	**0.143** **(0.316)**	−0.414 (0.779)	0.330 (1.558)
第二阶段信号强度	0.496*** (0.085)	−0.368 (0.464)	−0.098 (0.098)	−0.445 (0.416)	−0.796* (0.458)
第一阶段信号强度 x 实验组		−0.648* (0.360)		0.050 (0.356)	0.843 (0.988)
持续性信号 x 实验组		0.224 (1.210)		0.226 (1.062)	1.910** (0.841)
强烈并持续的信号 x 实验组		0.470 (0.988)		1.064 (0.840)	−1.099 (2.198)
第二阶段信号强度 x 实验组		0.861* (0.472)		0.348 (0.427)	1.478*** (0.516)
人口学变量					
年龄	−0.047 (0.097)	0.051 (0.092)	−0.038 (0.085)	0.054 (0.080)	−0.028 (0.095)
女性(0/1)	0.557 (0.414)	0.501 (0.384)	0.257 (0.369)	0.215 (0.341)	0.098 (0.341)
外籍(0/1)	−0.055 (0.565)	−0.370 (0.535)	0.050 (0.497)	−0.137 (0.467)	−0.771 (0.529)
前期经历					
之前接触创业的程度	−0.186 (0.213)	−0.105 (0.199)	−0.098 (0.190)	−0.173 (0.177)	−0.355* (0.189)
参加过创业课程	−0.782 (0.591)	−0.175 (0.214)	−0.502 (0.523)	−0.107 (0.187)	−0.036 (0.101)
常数	2.902 (2.098)	1.270 (2.020)	2.099 (1.851)	0.148 (1.813)	2.869 (2.021)
检验数据					
观察对象	403	509	403	509	331
决定系数	0.079	0.050	0.292	0.288	0.188
F 检验(自由度)	4.805(9)	2.905(14)	10.77(17)	7.862(30)	3.524(30)
F 显著性检验	0.000	0.000	0.000	0.000	0.000

注:括号内为稳健性标准误差;* 在 10% 时显著;** 在 5% 时显著;*** 在 1% 时显著。

四、讨论和结论

创业并不是简单的数字游戏。单单依靠拥有更多的创业者并不能实现政治家对经济发展、就业岗位增多的愿望，只有通过建立高质量的新创企业才能满足这一需求（Shane，2009）。因此，高等教育阶段的创业教育（政治家通过这一方式"生产"更多的创业者）的目标应被重新定义。如果学生不想创业，却仍要说服他们成为创业者，这是正确的目标吗？

在本章，我论述了创业教育的目标应该是通过创业教育，帮助学生在创业和其他职业方向中进行自我选择。在这种目标意识上，我根据贝叶斯定理建立了一个理论模型，该模型以学习过程和对自身创业天赋认识的变化为基础。根据冯·拉维尼茨等学者（2010）的研究，我对模型进行了延伸，在理论上应用了计划行为理论，在实践中增加了对照组的数据。研究认为，学生在学习创业教育课程之前就已经具有了一定的前测职业意向，然后在课程过程中不断将其更新，最后逐渐趋向"真实的"职业意向。在课程中，他们接收到计划行为理论三个方面的信号，即对创业的感知合意性、感知社会规范和感知行为控制。由此模型我引申出了三个假设，他们一方面建立在计划行为理论基础之上，另一方面将后测意向和意向的变化联系起来，这些变化是由学生在课程前和课程过程中接收到的信号强度和持续性带来的。为了检验这些假设，我使用了第三章第五部分描述的数据。

我证实了创业意向方差显著增加的假设。这是研究中首次发现创业教育具有区分作用。学生的创业意向更加明确了。通过对区分作用在几个子样本上效果的进一步调查，我发现创业教育对女性学生、在新创企业工作过的学生以及经验开放的学生区分作用尤为显著。另外，结合第五章的研究，我发现父母创业的学生和学习过创业课程的学生对创业天赋的认识有了更加积极的转变。在感知合意性和感知社会规范方面接收到强烈前测信号的学生，通过课程对自己创业天赋有了更深刻的认识；感知社会规范和感知行为控制方面的持续性信号也有同样的作用。本章展示的对冯·拉维尼茨等学者(2010)研究的延伸模型丰富了计划行为理论的各个方面,反映了学生对新信息的处理以及之后对自己创业天赋认识的变化。然而,这些研究发现并不适用于对照组数据,原因可能是对照组数据中只有106个观察对象,缺乏数据上的说服力(见第三章第七部分)。另外研究发现,课程过程中创业意向的变化与强烈并持续的课前信号无关。

对创业教育目标的重新思考是本研究的现实意义之一。对创业教育的评价也是向创业教育投资者提交的一份报告。该评价可以建立在实际或预期的企业创办率增加上,比较项目利益和成本的大小;也可以建立在创业意向和态度的积极转变上。然而这些方法都忽视了本章强调的分流作用。传授给学生相关创业知识并帮助他们提高自己的创业意向是创业教育的一种成功,但是帮助学生意识到自己并不乐于创业也应该视作创业教育的另一种成功。因为学生可以避免在现实中进行成本高昂的创业实验,比如成立一家公司,却又可能面临破产的风险。另外还有其他可能出现的福利效应:在创立新企业方面,之前的研究认为对新企业进行补助是一种社会资源浪费(De Meza and Southey,1996;De Meza,2002)。同样,人们可能认为说服不适合创业的人进行创业是创业教育的负面作用。而实际上这种教育可以帮助学生认识并发现自己的特殊天赋。这样,即使创业意向下降也是一种社会增益,因为这可能意味着就业市场的人才匹配程度会有所提高(Graevenitz et al.,2010)。

至于应该如何设计创业课程才能帮助学生更好地了解到自己最适合的职业,研究结果也有相关体现。计划行为理论为这方面的研究提供了合适的理论框架。持续的社会规范信号和持续的行为控制信号强化了学生关于自己是(或不是)创业者的信念。教育者应该提供更多的机会,让学生获得全面的反馈或者让他们在设有反馈环节的团队项目中讨论自己的表现,而不仅仅是给学生评分。这种对学生课堂表现(如撰写创业计划或模拟创业)的反馈可以产生社会规范信号。另外,行为控制信号显得尤为重要。在创业教育课程中,应该设置相应的情境让学生发现自己是否可以完成与创建企业相关的任务,这也是第五章最重要的研究发现。课程对几个子样本起到不同强度的分流作用,该发现为优化教师对授课对象的选择提供了初步指导意义。如果课程设计者的目标是让学生明确自己的创业天赋,那么课程应该优先选择女性学生、在新创企业工作过的学生和经验开放的学生。从研究方法的角度来说,本章通过使用对照组数据拓展了冯·拉维尼茨等学者(2010)的研究方法,从而使得估计方法更为可信。然而,正如前文所言,本章的对照组数据缺乏数据上的说服力。

  本部分提出的理论框架为今后的研究提供了以下几点启示。首先,今后的研究可以通过使用容量大小合适的实验组和对照组数据,进一步检验此理论框架,将其应用到其他的创业课程甚至其他类型的教育中。第二,应该将创业教育与计划行为理论框架潜在的相互作用考虑在内。第三,正如前文所述,应该就课程特点对创业态度的影响(间接影响到创业意向)创建一个模型。我们应该更多地思考应如何设计创业教育,从而让学生得到更多的信息而不是说服学生成为创业者。另外,进一步调查课程对不同背景特征界定下的子样本影响,能够为如何选择最适合的学生参与授课提供更多的参考。

第七章 创业教育的同伴效应

一、引言

尽管社会互动在教育领域(Sacerdote,2001)以及创业活动的形成(Nanda and Sørensen,2010)方面都有十分重要的作用,但到目前为止,它在创业教育中对提升创业技能起到的作用却被完完全全地忽略了。与此同时,借助社会互动效应来促进学生创业技能的形成是一种潜在的教学办法:以团队为基础的"创业计划"课程是创业教育的重要组成部分(Krueger et al.,2000)。由于教育预算的限制,需要寻找一个高效的途径(例如团队重组),不仅能将社会互动效应(有利于技能形成)最大化,而且也很受教师和课程设计者的欢迎。由于学生水平参差不齐,从提高教育产出的角度出发,将社会互动产生的外部效应加以量化,对创业教育利益相关团体十分有价值(Foster,2006)。

如今,尽管高等学府中对创业教育效果的研究致力于课程设计的优化,但是这些研究并没有将社会乘数效应(social multiplier effect),即由创业计划团队中的社会互动,带来的创业技能的形成考虑在内。由于创业教育的主要作用是提升学生的创业技能(见前面几章),因此如果有一项针对外部效应的调查,就可以为本研究提供有力的佐证。在本章节,我着重研究了创业课程中的社会互动效应是否会促使创业技能的形成。"创业计划"课程(在第三章中已有描述)为此研究提供了非常有价值的情境设定。在这门课程中,学生以四到六人为一组,共同撰写创业计划。在这种团队工作的氛围中,持续的社会互动可能会提升学生的创业技能。

在这门课程前后,我对学生的技能感知进行了调查,并将这一变化与他们同组成员之间产生的影响联系起来。

我的调查主要集中在三个问题上:第一,社会互动效应是否存在于创业教育的环境中?第二,其产生影响的程度和性质会怎样?具体来说,"接收信息的学生"(即初始技能低的学生)是否更容易接收来自他们同组成员的信息,而不是来自比他们能力更高学生的信息?(或者是否正好与之相反)?同样,我也考虑了"输出信息的学生"情况,焦点学生(focal student)是否会对小组成员的技能水平产生影响?第三,课程设计者应如何根据学生最初的技能水平进行分组,以实现其创业技能"社会增益"最大化?

为了回答这些问题,我参考了之前教育和创业方面与社会互动的相关研究。这些研究已经观察了学校通识教育的各个阶段。他们发现,在衡量教学成果时,除了要考虑教师和基础设施外,学生的素质作为一项重要的投入要素,也需要被考虑在内。社会科学家着重强调了社会互动对学生的重要性。这种互动的存在可能会影响到课堂学习过程以及学生技能的形成,而这种影响反过来也有利于优化社会互动系统。经济学家对社会互动在学生群体中产生的影响特别感兴趣,由于这些影响中"外部效应"因素是无法内化的(Hoxby,2001),因此,利用"社会乘数"效应提升教学中学生的整体技能很有价值。一些实证研究评价了这些影响大小和性质,为高等教育更好地组织教学提供了参考(Sacerdote,2001; Zimmerman,2003; Hanushek et al.,2003; Arcidiacono and Nicholson, 2005)。

社会互动同样也吸引了创业研究者的兴趣。高层次创业活动聚集区域,如硅谷的形成,引发了人们的一个疑问,即在给定环境内(地理的或社会的),强有力的社会互动是否能够影响一个人创业的决定(Lerner and Malmendier,2011)。针对社会互动和创业活动的研究侧重探究合作者在创业态度和创业活动形成过程中所起到的作用(e.g. Nanda and Sorensen,2010; Stuart and Ding,2006)。勒纳和马尔曼德(Lerner and

Malmendier,2011)利用哈佛商学院的相关数据,首次研究了社会互动效应在大学生中产生的影响。

据我所知,通过创业教育中创业技能的形成过程来研究社会互动效应具有首创性,因为它将两种研究思路融合在了一起。因此,本章的研究为下列问题提供了初步信息,即社会互动效应是否在创业教育中发挥了一定作用,课程设计者应如何利用这些效应来使学生整体创业技能最大化。

结果显示,社会互动效应确实存在。焦点学生的平均创业技能一旦得到提高,他们同组成员的技能水平也会随之提高。即使引入固定效应(fixed effect),把几个小组共享的资源也考虑在内(比如课程助教),这种情况也成立。但是,针对社会互动效应本质的进一步调查显示,这种效应是由低技能组员对其他组员的技能产生的负面影响所驱动的。另外的其他分析表明,男性学生比女性学生更容易受到社会互动的影响,创业相关经历较少的学生比创业相关经历较多的学生更容易受到影响。考虑到社会互动效应中非线性特征的存在,研究表明,应该为具有中等创业技能的学生分配一些有较高创业技能的组员。其他的组合搭配并没有对焦点学生的创业技能产生积极影响。课程设计者利用这些研究结果能够使学生获得创业技能层面的社会净增益。高技能者不应和低技能者或者其他高技能者组成一组,因为这两组学生似乎不能从中获益。

我认为上述研究发现都是可信的,因为我的研究设计能够克服许多其他研究设计在解决社会互动效应时遇到的困难。首先,研究中社会互动(创业计划团队)的范围十分明确。虽然其他相关人员可能会在社会互动促成创业技能形成的这一过程中起到一定作用,但还是那些作为调查对象的学生起到的作用最大,因为他们将大量的时间用于与创业相关的课题上。其次,对社会互动效应的评估通常会受到选择性偏差的巨大影响。当学生能自由选择团队时,他们可能会选择与自己志趣相投的人。在创业技能方面,研究人员无法辨别技能的提高到底是团队影响的结果还是学生属于某一团队的原因(Hoxby,2001)。而本章中我的研究是建立在"拟随机"(quasi-random)分组基础上的。虽然学生们需要根据已接受的大学课程进度分组,但检验表明,从调查对象之前接触创业的程度以及其他个体背景因素的角度来看,这种分配方式仍是随机的。因此,我认为我的研究结果不存在自我选择而导致的误差。最后,根据前测和后测设计,我能够确定,测量创业技能的变量既可以作为学生个体以及所在团队技能水平的外部决定因素,还可以作为一种内部结果变量。本研究将学术能力评估测验(SAT)分数作为技能水平的外部决定因素,将平均绩点(GPA)作为内部变量(Sacerdote,2001;Zimmerman,2003)。与其他针对学校的研究相比,这种测量方式能够使测量误差最小化。

本章其余部分内容如下:第二部分是关于学校和创业环境下社会互动效应的文献综述。同时,我还讨论了在创业课程中,学生的创业技能是如何互相影响并提高的。第三部分我介绍了一份与计量经济学相关的统计表,并据此分析了这些影响的程度和性质。第四部分介绍了相关的测量标准以及描述性数据。第五部分是研究结果。第六部分总结并讨论了这些发现的启示和意义。

二、教育和创业中的社会互动

对社会互动的分析是社会学以及社会心理学的核心内容,也是与经济成果相关的一个重要研究领域(Manski,1993;2010)。这些分析旨在解释同一组成员因相互影响而产生的群组行为。社会互动模型也被广泛应用于以下领域:邻域对社会经济成果的影响、选址决策(造成经济活动的集聚,如硅谷)、技术标准的采用、由投票倾向而产生的政党演变、因同伴效应而形成的"不受欢迎行为"类型、信息流(information cascade)(通过观察同伴的方式学习)以及科学的演进(科学界的从众效应)(Brock and Durlauf,2001)等。

观察表明,属于同一小组的个体倾向于有相似的行为表现。曼斯基(Manski,1993)对此提出了三条假设,并提出三种不同的效应:

① 内部社会(或同伴)效应[①]：个体行为随小组成员行为的变化而变化的倾向；

② 外部社会(或背景)效应：个体行为随着小组成员的外部特征的不同而变化的倾向；

③ 相关效应：由于相似的个体特征或者相似的制度环境，属于同一小组的个体倾向于有相似的表现。

接下来，我将会从"教育干预"、"教育干预的目的"和"提高整体学习程度以及整体学习效果"这三方面入手，讨论这三种效应以及它们对政策的不同意义。之后我会进一步关注社会互动对创业态度、创业意向以及创业行为的影响。在本章第二部分第三小节的总结中，我将论证创业课程中的社会互动效应是可以促进创业技能形成的。

(一) 学校教育中的社会互动效应

对学校教育中社会互动效应的调查研究是分析学业成绩的一个重要方面。了解社会互动效应的性质和大小对社会科学家来说十分关键。与其他投入要素(如教师和基础设施)相比，社会科学家对社会互动效应在提高学生整体学习水平方面的作用，以及这些社会互动是否会带来巨大的社会乘数更感兴趣(Sacerdote,2001；Epple and Romano,1998)。其基本假设是，学生会通过观察和模仿向他们的老师以及同学学习。参照群体的成员(同学)以及他们的行为都被视为是一种信息来源。如果学校的目标是提升整体学习情况，那么我们应该将这种社会互动效应考虑在内，因为它可能会影响到学校教育结构的优化。

在学校教育结构方面，课堂学生的构成是文献研究中最为重要的问

[①] 和内部社会效应相关的术语很多。这些效应表明个人态度或行为的形成与其所处的参照群体的态度和行为有关。换句话来说，同一小组的成员可能会有相似的态度及相似的行为(Manski,1993)。这些影响可以被称为"社会规范"(见第二章第三部分)、"同伴影响"或"同伴效应"、"相邻效应"、"从众"、"模仿"、"接触传染"、"传染"、"流行"、"潮流"、"羊群行为"、"相关偏好"或者"社会互动"(Manski,1993)。

题之一(Schneeweis and Winter-Ebmer,2007)。例如,是否应该将高水平、高技能或来自特定社会经济背景下的学生分配到同一组("分轨制")?如果是出于提高整体学习水平考虑,那么赞成和反对的观点都是有道理的。在这种分轨制下,老师能够因材施教,针对不同水平学生的不同需求作出特定的方案。但是,将技能熟练的学生与技能较低的学生(或者属于不同社会经济层次的学生)组合在一起,可能会激发后者的学习效应(learning effects)。如果这些效应是非对称的,通过重组班级来提升整体学习情况,可能会带来一定的经济效益。例如,如果水平较高的学生相对于水平较低的学生更容易受到组内成员的影响,那么分轨制就是最优策略。相反,如果水平较低的学生更容易受到影响,那么应该将水平高和水平较低的同学分入一个班级中。这种班级结构上的改变会对学生的成绩产生相当大的影响(Woessmann,2003)。

根据曼斯基(1993;2010)提出的三种假设,社会互动效应会对学校学生产生如下影响:

- 如果个体学习成绩随着参照群体(例如班级同学)的平均学习成绩变化而变化,那么学习成绩的内部效应便发生了。这里,互动效应并没有结束,随着一名学生成绩的提升,其他同学的成绩也会相应地得到提升。
- 如果个体学习成绩随着参照群体的社会经济组成的变化而变化,那么外部效应就发生了。这就意味着如果学生 i 的社会经济背景有助于提高学习成绩,那么学生 j 的个人学习成绩也能得到相应提高。
- 相关效应意味着学生个体的学习成绩和他们的组员相似,因为他们有着相似的背景经历,或者处于相似的教学环境中,例如由同一位老师授课。

与其他研究社会互动的领域一样,学校教育领域内的调查研究可以分为针对外部效应的研究(大多表现为社会学家对背景性变量方面的兴趣)和针对内部效应(大多表现为经济学家对外部因素的兴趣)的研究

(Gaviria and Raphael,2001)[①]。将外部效应和内部效应区分开来变得越来越重要,因为二者对政策影响的预测是不同的。

外部效应的影响在20世纪60年代成为了社会学的主要研究领域。学者们为分析学校教育和邻域对学生的影响开展了大量的调查。例如,课堂学生构成的多元化(社会方面、种族方面、智力方面)可能会影响学生的态度和学习成绩。这项研究主要针对中小学教育。在这一领域内,1966年的"科尔曼报告"(Coleman et al.,1966)是最受关注的外部效应研究。来自3000多所中小学的超过50万名学生成为了该研究的研究对象。其中,一个主要的研究发现是学生的学习成绩会随着校内其他学生的教育背景和学习目标的改变而改变。这些影响比教师的个人特点或者学校环境特征更加重要。惠特莫尔(Whitmore,2005)利用田纳西大学(Tennessee University)"学生教师成就比率"项目(简称STAR)的数据库进行了研究。她发现从幼儿园到二年级,女性对男性和女性同伴都能产生积极的溢出效应。这一发现与霍比(Hoxby,2001)的观点不谋而合。霍比也发现如果一个分组中女孩的比例较高,则该分组更容易提高学习成绩。

从经济学家的角度来看,在此研究领域中,最重要的就是效率问题:是否可以通过提升班级中某一位同学的成绩来带动班级中其他同学学习成绩的提高?外部效应或相关效应大概不会产生这些"社会乘数"的效应(Manski,2000)。由于未能使用大型数据库,这项研究只针对中小学。

例如,哈努谢克(Hanushek,2003)等学者通过研究德克萨斯州3000多所公立小学共计100多万名三年级学生的数据,发现同伴的平均成绩对不同分数段的学生有非常大的影响。同伴(同学)的平均成绩每上升0.1个标准偏差(从一个年级升入下一年级),就能够导致某一个学生的

[①] 当然,还有对相关效应的研究,例如,课堂规模效应(Woessmann and West,2006)或因课堂中学生共享同一资源而导致的拥塞问题(Hanushek,1998)。

成绩上升 0.02 个标准偏差。

康(Kang,2007)的研究使用了第三次国际数学和科学评测(TIMSS, Third International Mathematics and Science Study)的数据。他检验了各个国家班级内部同学之间的同伴效应,并且在分析内部效应时,他利用学生之间的差异尽量减少了内部偏差。研究结果证明,在绝大多数国家中,学生个体和同班同学的成绩之间存在正相关的关系。

对同伴效应的分析还使用了另一个大型的国际数据库。施尼维斯和温特艾伯姆(Schneeweis and Winter-Ebmer,2007)研究了国际学生评估项目(PISA,Programme for International Student Assessment)中的奥地利学生的数据。结果显示,在阅读理解方面,同伴效应是不对称的,它更有利于能力比较低的那些学生,因此这些学生获益更多。

针对高等教育中同伴效应的研究较少。塞舍尔德特(Sacerdote, 2001)在研究高等教育中的社会乘数效应方面作出了重要贡献。他利用随机寝室分配来评估达特茅斯大学(Dartmouth College)中学生的同伴效应,这为同伴效应的存在提供了强有力的佐证。相应地,室友间的同伴效应也对一年级学生的平均学分绩点有较为明显的影响。他的研究发现还表明,当平均学分绩点在后 25% 的学生与前 25% 的学生住在同一间宿舍时,前者成绩会提高。

齐默尔曼(Zimmerman,2003)利用威廉姆斯学院(Willianms College)学生的数据,即学生和他们室友的数学成绩以及学术能力评估测验的英语成绩来衡量同伴效应对学生学分绩点的影响。他发现相对于数学成绩来说,同伴效应与英语成绩有着更加密切的关系,虽然这种影响并不是很大。然后,他进一步研究了这种非对称效应:当中等成绩的学生和平均学分绩点在后 15% 的学生住在同一间宿舍时,前者的成绩可能会变差。

哈努谢克等学者(Hanushek et al.,2003)研究了 3000 多所德克萨斯州公立小学 100 多万名三年级学生的数据,发现同伴的平均成绩对不同分数段的学生产生了很大的影响。同伴(同学)的平均成绩(从一个年级到下一个年级)如果提高了,个体学生的成绩也会相应提高。

阿希德卡诺和尼科尔森(Arcidiacono and Nicholson,2005)通过研究一组特别选定的学生来评估美国一所医学院学生中的同伴效应(样本量为47.755)。他们发现同伴的能力可以影响个体能力。然而,这种影响在引入学校中的固定效应时就消失了。他们也分析了在专业偏好中的同伴效应。研究结果表明,在医学院中,当学生和决定以后要选择高薪专业的人成为同学后,其个人能力提高的可能性和以后选择高薪工作的可能性也增加了。

而另一方面,福斯特(Foster,2006)在对马里兰大学(the University of Maryland)超过5万名本科学生的数据进行研究后,仍不能确定室友是否会对其他学生的学习成绩产生稳健的同伴效应的作用。她进一步对比了随机选出的学生和特定学生对其他学生在校学习成绩的影响,发现,对于学生成绩而言,二者带来的影响几乎相同。

本研究对学校教育中同伴效应的文献综述还远远不够全面,但却针对班级构成以及社会乘数效应方面的研究进行了充分回顾。虽然在高等教育机构展开研究更有利于衡量同伴效应,但这样的研究却寥寥无几。如果研究对象是青少年,则又很难将其受到的同伴效应分离出来进行研究。因为在他们这个人生阶段中,家庭的影响可能更为强烈,甚至可能会抵消由学生之间互动而产生的积极或消极的影响。通过探究同伴效应我们发现,大部分影响并不明显或非常强烈,且对一些样本设定的影响不稳健(Foster,2006)。在衡量同伴效应的过程当中,特别是在实证区分外部效应和内部效应时,我们遇到了很多困难。而到目前为止我还没有提到过这些问题。我将会在本章第三部分中讨论这一点,同时我还会提到我的实证研究思路。尽管如此,大量研究表明,在某一群组中,同伴效应有利于整体的学习状况以及学习成绩的提高。下面我会以高等教育中的创业课程为例,讨论同伴效应和社会乘数效应也同样存在于教育干预之中。但是首先我还是回顾了关于同伴效应的文献,以及这一效应在创业态度形成和创业活动方面发挥的作用。

(二) 社会互动效应、创业意向以及创业活动

在上一小节的文献综述部分,我曾提到一篇文献,这篇文献指出,同伴可能会对个体职业选择产生一定影响(Arcidiacono and Nicholson, 2005)。在本小节,我将会从同伴在个体创业态度的形成和创业活动中起到的作用这一角度进行文献综述。在前面的章节中,我强调了感知社会规范在创业意向形成过程中的作用。本章的前文部分也提到,社会规范是同伴效应的一种形式。然而,同伴间的社会互动对创业态度、意向以及创业活动形成的作用在近期才受到关注。同样,研究者也会调查高技能群体间的互动是否能够带来更大的社会乘数。高水平创业活动的聚集地,如硅谷的形成,促使人们产生一个疑问,即在一种特定的环境内(地理的或社会的),强烈的社会互动效应是否能够影响到一个人做出想要成为创业者的决定(Lerner and Malmendier, 2011)。同时,伯纳多和韦尔奇(Bernardo and Welch, 2001)讨论了"创业流"(entrepreneurship cascades)。这个概念是从贝克汉德尼等学者(Bikhchandani et al., 1998)的"信息流"中引申而来的:一个人决定成为创业者可能会鼓励其他人作出相似的决定,即使这位模仿者在之前听说过创业的回报可能并不大。

詹内蒂和西蒙诺夫(Giannetti and Simonov, 2009)从社会学的角度,利用瑞典当地劳动市场的数据研究了这个问题。他们的研究发现当一个人周围出现高水平创业活动时,他本人进行创业的可能性就会更高。

另一些研究则关注同事在创业活动形成方面起到的作用。斯图尔特和丁(Stuart and Ding, 2006)研究了促使一些在大学工作的科学家成为创业者的条件。研究表明,如果一些科学家的同事之前曾经进行过创业活动,那么他们成为创业者的可能性要更大一些。

基于丹麦劳动力市场研究的整合数据库(Integrated Database for Labor Market Research in Denmark,简称 IDA),南达和索伦森(Nanda and Sorensen,2010)研究了个体创业活动的可能性与同事之前创业经历之间的关系。他们发现如果个体的同事之前有过创业经历,这个个体成为创业者的可能性便会增大。

勒纳和马尔曼德(2011)在给哈佛商学院工商管理硕士学生分组时(每组80到90名学生),发现了与常识相悖的结果。他们发现,在某一小组中若有较多具有创业背景的学生,那么他们的同伴(即组员)之后成为创业者的几率会变低。

和我的研究环境最为接近的就是福尔克等学者(Falck et al.,2010)的研究。他们使用了国际学生评估项目2006年的数据,研究了同伴效应给15到16岁学生带来的创业影响。研究结果显示,拥有创业经历的同伴(例如同学的父母是创业者)能够促使个体创业意向的形成。

虽然支持这一论断的实证研究很少,但相关文献也为这一论断提供了依据,即同伴确实能够影响个体创业态度、意向以及活动。然而严格来说,这些文献的研究对象并没有进行实质的创业活动。这意味着我们可能低估了同伴在个体创业态度形成上的影响。上述影响更有可能是观察同伴行为的结果,而不是与同伴合作进行创业活动而获得的结果。研究者可能会发现,与那些在同一地点工作却没有致力于创业项目的合作团队,甚至没有产生合作关系的团队相比,共同致力于创业项目的团队产生的社会乘数效应更强。

这里我利用创业课程,即"创业计划"的课程结构,以"拟随机"[①]的方式将学生分组,让他们合作完成创业项目。我将与学业成果相关的同伴效应的文献和与创业态度形成相关的文献相结合,研究了同伴效应在创业技能形成过程中的影响。据我所知,之前的研究并没有评估过同伴效应在创业技能形成过程中发挥的作用。因此,我的研究将为以下两方面研究作出贡献:

第一,无论学生在未来会成为创业者还是雇员(成为有创业技能的雇

---

① 教职人员根据先前已完成的大学课程进度对学生进行项目分组。

员),大学的目标是提高学生的创业技能。针对这一目标,我调查研究了同伴效应的性质和大小,并且从中得到了一些关于学生分组的启示,即当创业课程涉及团队合作时,应该如何将学生分组才能提升学生整体创业技能水平。

第二,我的研究表明,当整个团队共同进行某一创业项目时,同伴(同事)会影响团队成员创业技能的形式。

在下一小节中,我将介绍创业项目合作中,同伴效应在创业技能形成过程中发挥作用的相关理论基础。

(三) 在创业教育过程中的同伴效应以及创业技能的形成

创业教育的目的在于提升学生的创业技能。在这样的背景下,一大批创业文献研究了如何优化课程设计以提升学习效果(以及后测创业意向)。为了达到这一目标,我们在高等教育领域做出了巨大的努力。然而,学生的"素质"本身也可能是学生创业技能形成的一个重要因素。在许多创业课程中,学生会在创业项目上进行团队合作。例如,撰写创业计划或者进行模拟创业。当他们与高水平学生合作一个创业项目时,能学到更多的知识并获得更多的创业技能。学生之间的紧密联系可能会加快与创业相关的学习过程,而且有益于社会学习和知识溢出(Saxenian, 1996)。为了确认在创业技能形成过程中的同伴效应,我采用了班杜拉(Bandura, 1977; 1982)有关自我效能和创业自我效能的概念。

1. 创业自我效能

"自我效能感"这一概念来源于班杜拉的"社会学习理论"(1977; 1982)。班杜拉(1977,第 257 页)将"自我效能感"定义为"……人们对能否利用自身拥有的技能,应对那些对生活造成影响事件的自信程度"。这里描述了个体对自己是否有能力完成必要活动以及未来项目所进行的推测与判断。同时这个概念也和个体将这些能力转化为预期结果的效率有关。个体基于过去的经历和对未来困难的估计,可以判断未来目标是否能得以实现。值得注意的是研究认为自我效能感是建立在任务和领域之上的。因此,个体可以在某一领域展现出非常强的自我效能感,相信自己能够成功地实施某一行为。而在另一个领域,情况却可能完全相反(Bandura,1977;1982;1977)。

经验和社会对自我效能产生的影响表现在四个方面(Bandura,1982):掌握性经验(即"做中学"),观察学习(即"替代经验"。这个指向榜样学习,榜样有可能是某一个体的同伴),社会说服(通过他人反馈来评价个体执行某项任务的能力(Gist and Mitchell,1992)),以及对自我生理状态的判断。

自我效能的概念在创业活动和创业教育研究中越来越受重视(Chen et al.,1998;Zhao et al.,2005;Wilson et al.,2007;Kickul et al.,2009)。陈等学者(1998,第301页)将"创业的自我效能"定义为"一种个人信念的力量,即个体对自己能够完成创业任务的信念"。克鲁格和卡什伍德(Krueger and Carsrud,1993)强调,创业自我效能会受到管理方式和所接触的创业环境的影响。因此创业教育似乎为自我效能的发展创造了有利的条件。同时,同伴的评价也会在其中起到一定作用。

班杜拉对自我效能这一现象的研究表明,具有高度自我效能感的个体会在研究中履行相应角色并完成任务(Bandura,1997)。基于这一表述,我提出了一个基本且合理的假设:当研究对象合作进行某个创业项目时,团队成员会根据自己的创业自我效能来采取行动,同时还会向彼此学习。

2. 团队合作中创业自我效能的共同提升

根据社会学习理论,对其他人的直接观察能够提供替代性经验。个体通过与潜在榜样进行社会比较,所获得的替代性经验会影响自己的态度(Wood and Bandura,1989)。如果个体感受到自己和榜样之间具有相似之处(比如性格或者技能),并且所观察的行为获得了显著或巨大的成功(Bandura,1986;Gist and Mitchell,1992),那么他倾向于认为当自己作出同样的行为时,也会获得成功。同伴(例如在创业课程中合作进行同一项目的成员)就可以互为榜样。先前的调查显示,能力知觉(perceived competence)(例如创业自我效能感)的相似性越大,个体观察学习的可能性越大(Bandura,1986)。当个体观察到团队成员的优异表现时,他对完成某项任务的自我效能感也会相应提升:"无论个体是基于选择偏好还是被迫与一个群体来往,他的行为模式会因对群体行为模式的重复观察和学习而受到限定。"(Bandura,1986,第55页)。

在研究小组学习的文献中也提到了由同伴效应产生的互利作用。每一个体都会为团队的知识建设作出贡献,而他们也可以将团队知识融入自己的知识体系中。先前的研究还指出了合作学习的优势(Webb,1982)。研究者强调小组合作学习互动的重要性:"团队学习方法就是通过在完成学习任务中互动和交流来影响认知学习"(Sharan,1980,第242页)。当每名团队成员的成绩都能够影响团队成绩时,团队成员将会在学习上彼此支持,这样反过来会激发个人付出更大的努力。

总的来说,针对社会心理学和合作学习的研究指出,之前提到的小组内比较过程会使个体产生一种强烈的趋同或统一的倾向。创业自我效能感非常高(或非常低)的人可能会成为小组内的"行为风向标",并在团队中获得一种"社会认同"(Bicchieri and Fukui,1999)。小组成员会倾向于遵守他们所认同的团队规范。这种"来自同伴的压力"会在利益(例如成绩得分)共享之时变得更为强烈(Kandel and Lazear,1992)[①]。从另一个角度来讲,这个理论表明,在团队合作中,自我效能越高,团队成员在团队工作中所作贡献越大。但同时需要说明的是,这些同伴效应并不一定总是有益的。若在一个团队中,许多团队成员都展现出较低的创业自我效能,并且也做出了相应的行为,其他团队成员可能也会因此受到消极影响。也就是说,其他成员可能也会在创业项目中表现平平,并且会因此降低创业自我效能感。

---

① 在"创业计划"课程中,团队成员也是利益共享的,因为最终的成绩是根据整个团队的创业计划给出的。

在接下来的部分，我会用参加"创业计划"课程学生的数据，研究在创业教育中各小组进行创业活动时同伴效应的大小和性质。研究的首要目的是探究这些小组内是否存在同伴效应。研究模型也允许同伴水平非线性的存在，以测试创业自我效能分布在特定区域的同伴，是否会对个体的自我效能产生不同影响。具有"信息传送"作用的同伴产生的非对称影响和不断变化的自我效能感，都可以用来评估同伴是否会对某些特定群体产生不同的影响。正如我们所讨论的，从经济效率的角度来说，非对称同伴效应的存在十分重要。因为将学生重新分组能为个体创业自我效能的发展带来积极的影响。最后，我也会尝试为创业课程设计者提供合作学习方面的指导，根据学生及其团队成员的创业自我效能来进行最优分组，从而最大化学生创业自我效能方面的"社会增益"，即最大化地提升所有课程参与者的平均水平。

三、计量经济学框架

在这一部分，我会介绍用以估测平均值以及非对称同伴效应所使用的计量经济学模型。我会在下一部分评估这些模型，并且会一一回答前面提出的问题。

（一）平均同伴效应

本章第二部分第一小节提出的普通评估框架是用来评估高中学业成绩方面同伴效应的。这个框架包括学生的平均学分绩点，该学分绩点取决于学生本身学业能力的水平（在研究同伴效应之前，通常是通过学业能力评估测验来反映学生的学业能力水平）以及同伴的平均学分绩点（GPA）。因此，基础的计量经济学模型（Sacerdote，2001）经常表述如下。假定学生 i 只有一名同伴学生 j（将此模型扩展到可以针对更多的同伴的方法是直接利用学生同伴的平均特质进行研究）：

$$GPA_i = \alpha'_0 + \alpha'_1 SAT_i + \alpha'_2 SAT_j + \alpha'_3 GPA_j + \alpha'_4 X_i + \varepsilon_i$$
$$GPA_j = \beta'_0 + \beta'_1 SAT_j + \beta'_2 SAT_i + \beta'_3 GPA_i + \beta'_4 X_j + \varepsilon_j$$

在此公式中，GPA。和 SAT。分别代表了学生 i 或学生 j 的平均学分绩点以及学术能力评估值，而 $\in$。代表了以 SAT 为学术能力衡量标准时出现的误差，X。则代表学生背景性特征的矢量值。

在我的研究实例中，前测和后测设计让我能够估计在受到同伴效应影响前后，创业自我效能的相关结果。因此我利用了下面的模型：

$$ESE_i^{ex\text{-}post} = \alpha_0 + \alpha_1 ESE_i^{ex\text{-}ante} + \alpha_2 ESE_j^{ex\text{-}ante} + \alpha_3 ESE_j^{ex\text{-}post} + \alpha_4 X_i + \varepsilon_i$$

$$ESE_j^{ex\text{-}post} = \alpha_0 + \alpha_1 ESE_j^{ex\text{-}ante} + \alpha_2 ESE_i^{ex\text{-}ante} + \alpha_3 ESE_i^{ex\text{-}post} + \beta_4 X_i + \varepsilon_j$$

此处 $ESE_{\cdot}^{time}$ 分别代表了学生 i 或 j 在前测或后测的创业自我效能。

因为学生 i 和同伴 j 的创业自我效能是同时确定的，这种"反射问题（reflection problem）"使得对同伴效应的识别变得异常复杂（Manski，1993）。为了克服这种复杂性，研究者提出，当研究中的数据表现出一种结果的"滞后值"时，可以利用一个简化方程（Sacerdote，2001），在这里用 $ESE^{ex\text{-}ante}$ 来表示。因此，我用一个方程来代替另一个方程，然后得到了下面的简化形式：

$$ESE_i^{ex\text{-}post} = \gamma_0 + \gamma_1 ESE_i^{ex\text{-}ante} + \gamma_2 ESE_j^{ex\text{-}ante} + \gamma_3 X_i + \gamma_4 X_j + \eta_i$$

根据我的背景设置，即通常情况下同组成员会多于一个，我将方程进行了转化。根据先例，我利用了学生同伴的平均值进行分析。我将（内在）同伴变量用 $\overline{ESE_{(-i)}^{ex\text{-}ante}}$（即前测同伴创业自我效能的平均值）和 $\overline{X_{(-i)}}$（即同伴背景性特征的平均情况）来表示。在这里，下脚标-i 意味着，这些变量代表的是除学生 i 以外的其他所有同伴的平均值。

$$ESE_i^{ex\text{-}post} = \gamma_0 + \gamma_1 ESE_i^{ex\text{-}ante} + \gamma_2 \overline{ESE_{(-i)}^{ex\text{-}ante}} + \gamma_3 X_i + \gamma_4 \overline{X_{(-i)}} + \eta_i$$

方程 7-1：估算同伴效应的简化形式

其中系数 γ_2 表示同伴效应。曼斯基（1993）对同伴效应的假设预设 γ_2 不等于 0。

对最后这一模型的估算仍然面临着一些概念和实践上的障碍。第一个问题是对"合适的"同伴团队的定义。我认为，4—6 个学生组成的创业计划团队有利于同伴效应的识别。而另一种（可以观测到的）识别该效应的方式则是，4—5 组同伴团队每周都要参加教学辅导课。然而，因为同组学生之间比学生与教师之间存在着更强烈的互动关系,我将其定义为相关联的同伴团队。我的研究设计中最大的优势在于,学生只能和指定的同组成员进行互动沟通。和表示邻域影响的数据不一样(Giannetti and Giannetti,2009),这种互动范围是非常明确的。但是,这也并没有排除其他可能影响后测创业自我效能的因素,包括非团队成员的同伴(朋友、兄弟姐妹等等)。但更有可能的情况是,在这一阶段,学生们将绝大多数时间都放在了创业的问题上(在研究中的那学期),放在了课程后期时与同组成员合作撰写创业计划上。我对于同伴效应的估算仅仅建立在团队成员的基础上,相比影响后测创业自我效能的总体同伴效应,这里的同伴效应只是其中的一小部分。以后,我也会用"团队"这个词来表示某一名学生的同伴群体。另一个严重的问题是学生是否能够随机分组。如果不能,估算同伴效应的 γ_2 就会出现偏差,因为 $\text{cov}(ESE_j^{ex\text{-}ante}; \eta_i)$ 不等于 0。因为学生是自行选择他们的团队和同伴的,所以现有大部分的研究都出现了这样的情况。但是在《创业计划》课程中,学生不能自由选择分组,因为教师会对学生进行分配。虽然如此,这样的任务也并不完全是随机的:团队都是根据之前的学习成绩,即 ECTS 得分分组的。这意味着每个团队都有低分、中等和高分的学生。但是在下一个部分,我会检测这样的团队分配在与创业相关的背景性因素方面,是否可以被视为是随机的。这种"拟随机"的分配可以将研究结果的偏差降到最低。最后,我需要考虑的是"共同冲击(common shocks)",观察其对整个团队的影响。当其中几个团队资源共享而其他团队没有使用到这一资源的时候,共同冲击就出现了。在我的研究中,教师的水平最有可能会引起这样的反应。应对这种冲击的方法是增加教学辅导层面的固定效应(Sacerdot,2001)。

总的来说,在我的研究框架中,将外部效应和内部效应区分开来也就等同于恢复了上述方程中的原始结构参数 α_3 和 β_3。为了确认这些结构参数,我进一步做出限制性假设:对学生和同伴前测创业自我效能的衡量是没有误差的,且不存在未观测到的背景性变量。我最终得到的针对个体 i(i 属于团队 k，参加教学辅导 m)的计量经济学模型(该模型并未包含教学辅导的固定效应)如下：

$$ESE_{ikm}^{ex\text{-}post} = \gamma_0 + \gamma_1 ESE_{ikm}^{ex\text{-}ante} + \gamma_2 \overline{ESE_{(-i)km}^{ex\text{-}ante}}$$
$$+ \gamma_3 X_{ikm} + \gamma_4 \overline{X_{(-i)km}} + \gamma_5 Y_{km} + \gamma_6 Z_m + \xi_{ikm}$$

方程 7-2：估算同伴效应的计量经济学模型

此处 Y_{km} 和 Z_m 是用以代表团队和教学辅导变量的矢量，而 ξ_{ikm} 用以表示误差。

此外，我还评估了一些允许非线性存在的同伴效应和前测创业自我效能的模型。值得一提的是，这些模型会根据学生以及其同伴前测自我效能的分布(后 25％、中间 50％以及前 25％这些"范围")的变化而变化。如下：

$$ESE_{ikm}^{ex\text{-}post} = \gamma_0' + \sum_{g=1}^{3} \gamma_{1,g}' ESE_{ikm,g}^{D,ex\text{-}ante} + \sum_{h=1}^{3} \gamma_{2,h}' \overline{ESE_{(-i)km,h}^{D,ex\text{-}ante}}$$
$$+ \gamma_3' X_{ikm} + \gamma_4' \overline{X_{(-i)km}} + \gamma_5' Y_{km} + \gamma_6' Z_m + \xi_{ikm}'$$

方程 7-3：同伴效应中存在非线性的计量经济学模型

此处 $ESE_{ikm,g}^{D,ex\text{-}ante}$ 和 $\overline{ESE_{(-i)km,h}^{D,ex\text{-}ante}}$ 描述的是前测自我效能范围的虚拟变量(分别用 g 和 h 表示)和与这一范围相关的影响(用 $\gamma_{*,+}$ 表示)。

我利用 OLS 估算这些模型，并将同伴前测创业自我效能系数解读为同伴效应对于个体创业自我效能提升作用的估计。研究同伴效应是否存在，以及同伴前测创业自我效能水平是否并如何决定平均同伴效应是一种计量经济学策略。在接下来的部分，我提出了两种模型用以评估非线性同伴效应，从而进一步研究学生的个体创业自我效能水平是否会不同程度地受到同伴的影响。

(二) 非线性的同伴效应

在实证研究的最后，我提出另一个模型。该模型通过研究焦点学生前测自我效能水平来衡量同伴效应的大小和性质。这一评估结果可以帮助我们依据学生最初的创业自我效能优化分组，从而使学生获得后测创业自我效能的最大"社会增益"。根据塞舍尔德特（Sacerdote,2001）的研究结果,我总结出一个个体后测自我效能的回归方程,其中的二元标示变量表示自己和同伴的前测自我效能水平：

$$\begin{aligned}ESE_{ikm}^{ex\text{-}post} = & \pi_0 \\ & + \pi_1 \cdot ESE_{km}^{ex\text{-}ante}（个体=后,同伴=后）\\ & + \pi_2 \cdot ESE_{km}^{ex\text{-}ante}（个体=后,同伴=中间）\\ & + \pi_3 \cdot ESE_{km}^{ex\text{-}ante}（个体=后,同伴=前）\\ & + \pi_4 \cdot ESE_{km}^{ex\text{-}ante}（个体=中间,同伴=后）\\ & + \pi_5 \cdot ESE_{km}^{ex\text{-}ante}（个体=中间,同伴=中间）\\ & + \pi_6 \cdot ESE_{km}^{ex\text{-}ante}（个体=中间,同伴=前）\\ & + \pi_7 \cdot ESE_{km}^{ex\text{-}ante}（个体=前,同伴=后）\\ & + \pi_8 \cdot ESE_{km}^{ex\text{-}ante}（个体=前,同伴=中间）\\ & + \pi_9 \cdot ESE_{km}^{ex\text{-}ante}（个体=前,同伴=前）\\ & + \zeta_{ikm}\end{aligned}$$

方程7-4：考虑同伴效应和个体水平非线性的计量经济学模型

为研究某特定学生或同伴的组合是否比其他学生表现得更好,我将对比系数 $\pi_k, k=1,\cdots,9$。根据这些对比,我可以得到一些关于分组的启示,即如何依据学生的最初创业自我效能对其进行分组,以达到学生创业自我效能的"社会净增益"最大化。

（三）对研究方法的进一步探讨

最后,我将解决两个有关研究方法的问题。首先,因为我并没有观测学生所有的同伴,所以我把这次对同伴效应的评估当作同伴对个体自我效能的真实因果关系（Ammermueller and Pischke,2009）。为了尽量减少这种偏差,在评估这一模型时,我会观察所研究学生60％以上的同伴。其次,我需要顾及解释性变量的"分组"性质。该性质可能会在估算标准误差的时候产生偏差。当残差方差-协方差矩阵（residual variance-covariance matrix)的实际设置呈现分组结构时,通过简单最小二乘法估算的标准误差将会偏小(Gaviri and Raphael,2001)。因此,我利用休伯-怀特(Huber-White)稳健估计工具评估了所有的模型,其中残差协方差矩阵以团队为单位计算。

四、数据集合和其他测量方法

这一部分主要介绍了测量创业自我效能的方法,并描述了我是如何构建出同伴变量的。这些实证分析同样基于第三章第五部分介绍的数据集合。

(一)创业自我效能

为测量创业自我效能,前测和后测问卷都设计了 19 个题项(见表 7-1)。我采用了德·诺贝尔等学者(DeNoble et al.,1999)、陈等学者(Chen et al.,1998)以及安娜等学者(Anna et al.,2000)研究中的题项,这些题项还曾应用于科尔沃雷德和艾斯克森(Kolvereid and Isaaksen,2006)的研究中。同样,我应用了李克特七级量表(见表 3-4),询问学生认为自己距离达成创业者的角色和任务还有多远。通过计算平均值,我获得了学生前测后测创业自我效能(其缩写为 ESE)的整体估计情况。克龙巴赫 α 系数(Cronbach's alpha)(前测为 0.925,后测为 0.939)呈现的数值较高,这表明这种量表比较可靠。个体创业自我效能后 25%,中间 50%,前 25%这三个虚拟变量,显示了一名学生的创业自我效能在前测创业自我效能中的分布。

表 7-1 测量创业自我效能的问卷题项

题项	德 语 题 项	中文译文(基于科尔沃雷德和艾斯克森 2006 年的研究)
	Ich fühle mich fähig …	我认为我能够…
1	neue Marktchancen für neue Produkte bzw. Dienstleistungen zu erkennen.	发现新产品或服务带来的新商机。

续表

题项	德语题项	中文译文（基于科尔沃雷德和艾斯克森 2006 年的研究）
2	neue Wege zu finden, bestehende Produkte und Dienstleistungen zu verbessern.	发掘升级现存产品或服务的新方式。
3	neue Bereiche mit Wachstumspotential zu identifizieren.	发现新领域以求得可能的增长。
4	Produkte und Dienstleistungen zu entwerfen, die aktuelle Probleme losen.	设计可以解决现存问题的产品或服务。
5	Produkte und Dienstleistungen zu erschaffen, die unbefriedigte Kundenbediirftrisse erfüllen.	开发新的产品或服务来满足顾客未能满足的需求。
6	eine Produktidee rechtzeitig umzusetzen und auf den Markt zu bringen.	及时地将产品理念推向市场。
7	cine Marktrecherche durchzuführen.	进行市场调研。
8	ausreichende Finanzmittel für zukünftiges Unternehmenswachstum zu sammeln.	获得足够的资金以支持未来的发展。
9	vorteilhafte Beziehungen mit potentiellen Investoren a. ufzubauen und zu pflegen.	与潜在的投资者建立并保持良好的关系。
10	Beziehungen zu Schlüsselpersonen aufzubauen, die Zugang zu Finanzierungsquellen haben.	与掌握资本的主要负责人建立关系。
11	potentielle Quellen zur Finanzierung von Investitionen zu identifizieren.	发现获取投资的潜在来源。
12	unter anhaltend. em Stress, Druck und Kon: Oikten produktiv zu arbeiten.	在持续的压力和冲突下能够保持工作的效率。
13	unerwartete Veränderungen in den wirtschaftlichen Rahmenbedingungen auszuhalten.	承受商业环境下的未知变化。
14	trotz Widrigkeiten hartnäckig zu bleiben.	在逆境中坚持。
15	kalkulierte Risiken einzugehen	承担预期风险。
16	Entscheidungen unter Unsicherheit und Risiko zu treffen	在不确定因素和风险中作出决定。
17	Risiken und Unsicherheit zu reduzieren.	降低风险和不确定性。
18	einen Überblick über die Geschäftskosten zu behalten	管理花销。
19	Ausgaben zu kontrollieren.	控制经营成本。
20	Zahlungseingänge zu verwalten.	管理现金流。

（二）其他解释性变量和控制变量

本章主要的解释性变量是同伴前测创业自我效能，以及表示同伴前测创业自我效能分布情况的三个虚拟变量，即同伴创业自我效能后25%，中间50%以及前25%。这些同伴变量以及下面要提到的变量是通过同伴（即团队成员）各个变量的平均值构建的，并不包括考虑焦点学生的影响。

实证分析中的同伴背景性变量包括：女性同伴比例、外籍同伴比例、同伴年龄、父母创业的同伴比例、熟人创业的同伴比例、在新创企业工作过的同伴比例、是创业者的同伴比例、同伴之前接触创业的程度以及同伴参加过创业课程[①]。

我将团队层面变量和教学辅导层面变量也纳入其中，即团队规模、团队规模平方、教学辅导规模以及教学辅导规模平方。其他所有的控制变量都和之前提到的一样。下一小节中的表7-2展示了这些变量的描述性统计数据。

表 7-2　描述性统计数据

变量	数量	平均数	S.D.	P25[②]	中值	P75[③]	最小值	最大值
个体变量								
创业自我效能								
前测创业自我效能	403	4.957	0.741	4.450	4.950	5.450	2.300	7.000
个体创业自我效能后25%	105	4.049	0.393	—	—	—	2.300	4.450
创业自我效能中间50%	187	4.932	0.262	—	—	—	4.500	5.400
创业自我效能前25%	111	5.859	0.370	—	—	—	5.450	7.000

[①]　注：我将所有前测观察对象计入了同伴变量的计算中。这些数值基于710份观察对象（见表3-3），并且不受潜在未应答偏差影响。

[②]　译者注：第一四分位数。

[③]　译者注：第三四分位数。

续表

变量	数量	平均数	S.D.	P25①	中值	P75②	最小值	最大值
个体后测创业自我效能	403	4.972	0.814	4.450	5.000	5.500	1.000	7.000
创业自我效能的变化(后测-前测)	403	0.016	0.782	−0.350	0.050	0.450	−6.000	3.200
控制变量								
前测创业意向	403	4.179	1.780	3.000	4.000	6.000	1.000	7.000
女性(0/1)	403	0.533	—	—	—	—	0.000	1.000
外籍(0/1)	403	0.159	—	—	—	—	0.000	1.000
年龄	403	21.660	2.135	20.000	21.000	22.000	19.000	34.000
父母创业(0/1)	403	0.479	—	—	—	—	0.000	1.000
熟人创业(0/1)	403	0.672	—	—	—	—	0.000	1.000
在新创企业工作过(0/1)	403	0.261	—	—	—	—	0.000	1.000
创业者(0/1)	403	0.060	—	—	—	—	0.000	1.000
之前接触创业的程度	403	1.471	0.991	1.000	1.000	2.000	0.000	4.000
参加过创业课程	403	0.065	0.347	0.000	0.000	0.000	0.000	4.000
同伴变量								
创业自我效能								
同伴的前测创业自我效能	388	4.925	0.506	4.600	4.908	5.235	3.400	7.000
同伴的创业自我效能后25%	70	4.192	0.218	—	—	—	3.400	4.450
同伴的创业自我效能中间50%	266	4.951	0.252	—	—	—	4.463	5.438
同伴的创业自我效能前25%	52	5.780	0.257	—	—	—	5.467	7.000
同伴的后测创业自我效能	372	4.967	0.628	4.600	5.000	5.381	2.175	6.750

① 译者注:第一四分位数。
② 译者注:第三四分位数。

续表

变量	数量	平均数	S.D.	P25	中值	P75	最小值	最大值
同伴的创业自我效能的变化(后测-前测)	372	0.022	0.564	−0.267	0.050	0.350	−2.133	2.000
控制变量								
同伴的前测创业意向	388	4.130	1.079	3.333	4.000	4.750	1.000	7.000
女性同伴比例	388	0.548	0.264	0.333	0.500	0.750	0.000	1.000
外籍同伴比例	388	0.202	0.242	0.000	0.000	0.333	0.000	1.000
同伴年龄	388	21.743	1.289	21.000	21.667	22.333	19.000	28.500
父母创业的同伴比例	388	0.506	0.331	0.250	0.500	0.750	0.000	1.000
熟人创业的同伴比例	388	0.675	0.298	0.500	0.667	1.000	0.000	1.000
为新创企业工作过的同伴比例	388	0.261	0.264	0.000	0.250	0.500	0.000	1.000
是创业者的同伴比例	388	0.066	0.149	0.000	0.000	0.000	0.000	1.000
同伴之前接触创业的程度	388	1.071	0.574	0.750	1.000	1.500	0.000	2.500
同伴参加过创业课程	388	0.088	0.242	0.000	0.000	0.000	0.000	2.000
团队变量								
团队规模	403	5.069	0.405	5.000	5.000	5.000	4.000	6.000
观测到的同伴数量	403	2.873	1.052	2.000	3.000	4.000	0.000	4.000
观测到的团队成员比例	403	0.768	0.215	0.600	0.800	1.000	0.167	1.000
教学辅导变量								
教学辅导规模	403	22.129	2.648	20.000	21.000	25.000	19.000	26.000
观测到的教学辅导成员数量	403	15.489	2.568	14.000	16.000	17.000	9.000	19.000

(三) 描述性统计数据

混合数据集(即"创业计划"课程中 2008 年分组和 2009 年分组的数据)包括 160 个团队以及 36 个辅导课程中的数据[①]。当我只观察团队中某一个人(这意味着我不会观察某个个体的所有同伴)或者不观察任何人时,我在分析中会把这一观察对象排除在外。在所有团队中,有两个团队我没有观察任何一名组员,有 17 个团队我分别只观察了一位组员。这样我一共有 388 个观察对象用于接下来的实证研究。

位于表格底部的团队层面的变量表明,每个团队平均有五名学生,而我能够平均观察到每位学生的三名同伴。我最多能观测四个同伴,所以很显然,在六人团队中我不可能得到所有的数据。表格中教学辅导层面的变量表明:平均教学规模在 22 名学生左右。对于每一名学生,我将会观测大致 15 名同一课程的同学[②]。

首先从个体变量来看,前测创业自我效能分布处于后 25%(403 名学生中的 105 名学生)的学生的创业自我效能低于 4.450,而处于前 25%(403 名学生中的 111 名学生)的学生的创业自我效能高于 5.450。进一步来说,从简单平均差异来看,平均创业自我效能的变化并不大(双侧 t 检验结果显示 $|t|=0.398, p=0.691$)。然而,这并不意味着个体创业自我效能没有大的变化,因为正向和负向的变化在计算平均数的过程中会相互抵消。

[①] 和之前一样,我进行了"韦斯特莱克(Westlake)"版本的等效性检验,来研究这两个分组是否在前测创业自我效能方面可以被视为在数据上是等效的。测试的结果得出了肯定的结论(在"Westlake"测验中,$|z|=11.641, p=0.000$,该值为 p 的最大值;双侧 t 检验中 $|t|=1.125, p=0.261$)。因此将这两个分组进行混合是合理的。更多关于"Westlake"版本等效性检验的信息,请参见第三章第五部分。
在这一研究中,我同时也检测了失访偏差这一变量。根据双侧 t 检验,变量创业自我效能不会受到失访偏差的影响($|t|=0.157, p=0.876$)。这些检验的设置与在第三章第五部分中的呈现的相同。

[②] "创业计划"课程教师团队向我提供了这 403 名学生的数值。

图 7-1 展示了更多学生创业自我效能①变化的细节。大约有 8.4% 的学生的创业自我效能出现了大幅下降(低于或者等于-1.0),约有 6.5% 的学生的创业自我效能出现了大幅上升(高于或等于+1.0)。大约有三分之一学生创业自我效能略有降低,并退出了课程。另外有三分之一学生的创业自我效能略有提高。而有 27 名学生的创业自我效能没有发现任何变化。

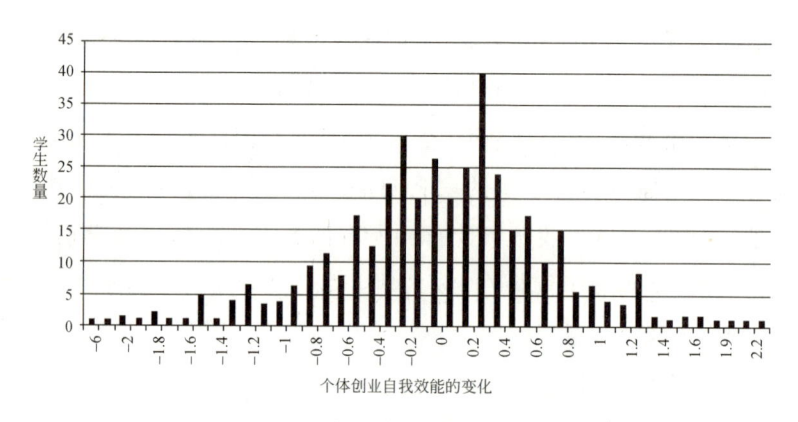

图 7-1 在课程过程中个体创业自我效能的变化

接下来我会讨论同伴变量。基于个体创业自我效能的分布情况,有 70 名学生的同伴居于后 25%,有 266 名学生的同伴处于中间 50%,还有其他 52 名学生的同伴处于前 25%②。通过同伴控制变量可以知道学生的同伴团队的构成情况。相应地,同伴中的一半都是女性,而 20% 的成员是外籍人士(这意味着,根据所观察的同伴数量,每一名被观察的学生平均都有一名非德国籍的团队成员)。同伴之前接触创业程度的数值表明,每一名学生平均至少有一名团队成员在参加创业课程之前有过创业相关的经历。更多信息详见表 7-3,该表格展示了团队和教学辅导层面的数据。

---

① 数值四舍五入到小数点后一位。
② 我会将创业自我效能前 25% 的学生称为"顶尖"、"优质"或者"高水平"学生,创业自我效能后 25% 学生称为"差的"或者"低水平"学生。

表 7-3　描述性统计数据(团队和教学辅导层面的数据)

变量	数量	平均数	S.D.	P25	中值	P75	最小值	最大值
团队层面								
创业自我效能								
团队前测创业自我效能	158	4.948	0.438	4.650	4.969	5.250	3.983	6.300
团队后测创业自我效能	154	4.957	0.512	4.625	4.937	5.350	2.633	6.100
控制变量								
团队成员前测创业意向	158	4.197	1.016	3.500	4.200	5.000	1.667	7.000
女性团队成员比例	158	0.533	0.224	0.400	0.600	0.600	0.000	1.000
外籍团队成员比例	158	0.188	0.240	0.000	0.000	0.333	0.000	1.000
团队成员年龄	158	21.661	1.175	21.000	21.667	22.250	19.667	26.000
父母创业的团队成员比例	158	0.491	0.316	0.250	0.500	0.750	0.000	1.000
熟人创业的团队成员比例	158	0.689	0.278	0.500	0.750	1.000	0.000	1.000
在新创企业工作过的团队成员比例	158	0.259	0.258	0.000	0.250	0.400	0.000	1.000
是创业者的团队成员比例	158	0.061	0.130	0.000	0.000	0.000	0.000	0.500
团队成员之前接触创业的程度	158	1.001	0.527	0.600	1.000	1.400	0.000	2.200
团队成员参加过创业课程	158	0.078	0.208	0.000	0.000	0.000	0.000	1.600
团队变量								
团队规模	160	5.081	0.434	5.000	5.000	5.000	4.000	6.000
观测到的团队成员	160	3.873	1.052	3.000	4.000	5.000	0.000	5.000
观测到的团队成员比例	160	0.667	0.264	0.500	0.708	0.800	0.000	1.000
教学辅导层面								
创业自我效能								
教学辅导成员前测创业自我效能	36	4.942	0.177	4.799	4.947	5.049	4.592	5.330
教学辅导成员后测创业自我效能	36	4.954	0.224	4.830	4.930	5.117	4.414	5.338
控制变量								
教学辅导成员前测创业意向	36	4.192	0.458	3.941	4.215	4.500	2.818	4.933

续表

变量	数量	平均数	S.D.	P25	中值	P75	最小值	最大值
女性教学辅导成员比例	36	0.536	0.106	0.462	0.532	0.577	0.333	0.857
外籍教学辅导成员比例	36	0.191	0.103	0.092	0.188	0.264	0.000	0.400
教学辅导成员年龄	36	21.726	0.492	21.432	21.743	21.971	20.765	22.875
父母创业的教学辅导成员比例	36	0.492	0.142	0.408	0.471	0.573	0.182	0.765
熟人创业的教学辅导成员比例	36	0.684	0.148	0.588	0.690	0.812	0.375	1.000
在新创企业工作过的教学辅导成员比例	36	0.266	0.108	0.185	0.294	0.333	0.056	0.538
是创业者的教学辅导成员比例	36	0.066	0.073	0.000	0.059	0.108	0.000	0.250
教学辅导成员之前接触创业的程度	36	1.027	0.309	0.765	1.050	1.244	0.500	1.650
教学辅导成员参加过的创业课程	36	0.084	0.121	0.000	0.057	0.118	0.000	0.562
教学辅导变量								
教学辅导规模（学生数量）	36	22.583	2.781	20.000	21.000	26.000	19.000	26.000
观测到的教学辅导成员比例	36	0.684	0.191	0.500	0.762	0.850	0.375	0.950
单位教学辅导的团队数量	36	4.444	—	—	—	—	4.000	5.000

五、研究结果

本部分是对第三部分中提到的研究模型的估算。在这之前，我将讨论团队的"拟随机"分配问题，在此基础上阐述了有关同伴效应大小和性质的描述性结果。

（一）对团队随机分配的检验

表 7-4 表明，学生对调查问卷的回复显示（除年龄外，此项保密），个体前测创业自我效能或背景性特征与每位同伴创业自我效能平均值或

表 7-4 随机团队分配的测试

估算方法		OLS	OLS	Probit	Probit	OLS	Probit
因变量		前测创业自我效能	创业意向	女性(0/1)	外籍(0/1)	年龄	父母创业(0/1)
同伴层面	个体层面						
前测创业自我效能		0.074 (0.111)					
前测创业意向			−0.109 (0.100)				
女性(比例)				0.310 (0.288)			
外籍(比例)					0.099 (0.360)		
年龄						−0.157* (0.091)	
父母创业(同伴比例)							0.356 (0.240)
熟人创业(同伴比例)							
在新创企业工作过(同伴比例)							
创业者(比例)							
之前接触创业的程度							
参加过创业课程							
常量		4.587*** (0.545)	4.627*** (0.433)	−0.085 (0.163)	−1.026*** (0.105)	25.090** (2.011)	−0.219 (0.138)
测试数据							
观察对象		388	388	388	388	388	388
校正决定系数		0.000	0.002			0.006	
F 检验		0.446(1)	1.178(1)			3.011(1)	
F 显著性检验		0.505	0.280			0.085	
伪拟合优度(Pseudo R-squared)				0.003	0.000		0.006
对数似然函数值				−277.6	−168.7		−267.1

注：括号内的稳健标准误差是根据团队层面得出的，* 表示在 10% 时显著，** 表示在 5% 时显著，*** 表示在 1% 显著。

续表

估算方法		Probit	Probit	Probit	OLS	OLS	OLS
因变量		熟人创业(0/1)	在新创企业工作过(0/1)	创业者(0/1)	之前接触创业的程度(0/1)	参加过创业课程(0/1)	前测创业自我效能(0/1)
同伴层面	个体层面						
前测创业自我效能							0.025 (0.115)
前测创业意向							−0.038 (0.038)
女性（比例）							−0.187 (0.159)
外籍（比例）							0.173 (0.175)
年龄							— (0.026)
父母创业（同伴比例）							0.165 (0.124)
熟人创业（同伴比例）		0.236 (0.260)					0.074 (0.135)
在新创企业工作过（同伴比例）			−0.141 (0.384)				0.138 (0.154)
创业者（比例）				0.081 (0.779)			0.036 (0.275)
之前接触创业的程度					0.037 (0.085)		
参加过创业课程						−0.072 (0.069)	−0.070 (0.139)
常量		0.275 (0.176)	−0.598*** (0.119)	−1.545*** (0.114)	1.432*** (0.108)	0.073*** (0.021)	6.276** (0.911)
测试数据							
观察对象		388	388	388	388	388	388
校正决定系数					−0.002	0.000	0.002
F 检验					0.185(1)	3.414(1)	1.343(1)
F 显著性检验					0.668	0.067	0.213
伪拟合优度（Pseudo R-squared）		0.002	0.001	0.000			
对数似然函数值		−246.2	−223.4	−90.03			

注：括号内的稳健标准误差是根据团队层面得出的，* 表示在 10% 时显著，** 表示在 5% 时显著，*** 表示在 1% 时显著。

背景性特征之间并没有关系。表格展示了各个变量上个体数值对同伴数值的 OLS 回归或 probit 回归的结果。最后一列展示了个体前测创业自我效能对所有同伴变量的回归。表中的 F 检验数据表明这一模型无法提供相关信息。虽然个体年龄和同伴年龄的相关性很显著,但是我认为团队分配的过程与随机的个体创业背景经历相似。因此这一问题似乎并不会导致研究结果的任何偏差。

(二)与同伴效应有关的描述性结果

图 7-2 中初步的描述性结果展示了团队成员对个体创业自我效能的影响。图中第一列展现了整体样本受到的平均影响,以及对于四个子样本的影响:男性学生、女性学生、之前接触创业较多的学生,之前接触创业较少的学生(低说明变量之前接触创业的程度为 0 或 1)。每个样本都是根据不同的同伴效应进行分析的,这些效应取决于同伴在前测创业自我效能分布中的位置:第一列表示个体创业自我效能在同伴中处于后 25%时所受到的影响,第二列表示个体创业自我效能在同伴中处于中间 50%时所受到的影响,第三列表示个体创业自我效能在同伴群体处于前 25%时所受到的影响。表 7-5 给出了样本容量的大小。

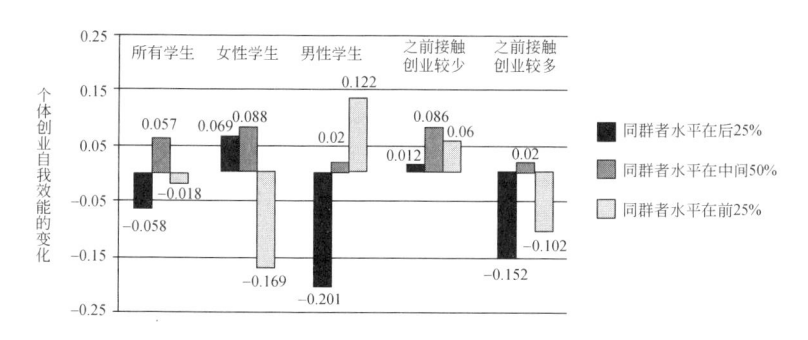

图 7-2 不同背景性特征下创业自我效能的变化

根据图中的数据,同伴效应所起的作用至多也就是中等程度,不过这种影响十分特别。在平均同伴效应方面,当某一学生的同伴的前测创业自我效能分布于中间的 50%时,该学生的创业自我效能可以得到最大提

表 7-5 有关前测创业自我效能水平以及背景性变量的样本容量

子样本 同伴前测创业自我效能	性别		之前接触创业的程度	
	女性	男性	低	高
后 25%	37	33	40	30
中间 50%	144	122	147	119
前 25%	25	27	27	25

升。对于个体创业自我效能而言，不管是"不好的"还是"好的"同伴，这二者都对个体创业自我效能产生不利影响，但是当个体同伴来自后 25%时，这种不利影响会更加明显。

女性学生似乎更能从创业自我效能低或中等的同伴中获益，而当和水平最高的同伴组成团队时，则会受到相对较大的消极影响。而对于男性学生来讲，情况则完全不同。一个水平较低的同伴对男性个体的创业自我效能有非常大的消极影响，而当他们与水平较高的同伴合作时，则会受到积极的影响。原因可能是女性学生在与优秀的同伴合作时会失去信心，不能全力以赴地投入到团队合作中。男性学生却可能会在这样的情况下受到激励。而当他们与水平较低的学生合作时，就会失去动力。

就学生之前接触创业这一变量而言，在这个变量上有较低值的学生可以很明显地从团队活动中获益。但当他们和前测创业自我效能中等的同伴合作时，才会从中获益。然而对于那些已经有非常丰富创业经历的学生来说，他们的创业自我效能往往会下降，除非与他们合作的是那些创业自我效能位于中部的学生。这表明之前没有创业经历的学生会从同伴中获益，因为这些同伴会成为他们的创业榜样，即使他们合作的创业项目只是一次课堂练习。后 25%的学生在与拥有丰富创业经历的学生合作时，会作为"负面"榜样发挥消极影响，但如果这些拥有丰富创业经历的学生在与优秀同伴（在团队中起到领导作用）合作时，又会感到动力受阻。图 7-3 展示了前测创业自我效能水平不同（分为低、中、高三个层次）的个体因受同伴前测创业自我效能水平的影响，所产生的创业自我效能的变化。同样,第一列展示了平均同伴效应,第二列展示了前测创业自我效能分布在低水平的学生子样本的同伴效应,第三列则是针对分布于中间和高水平的学生子样本。表7-6展示了样本容量大小。

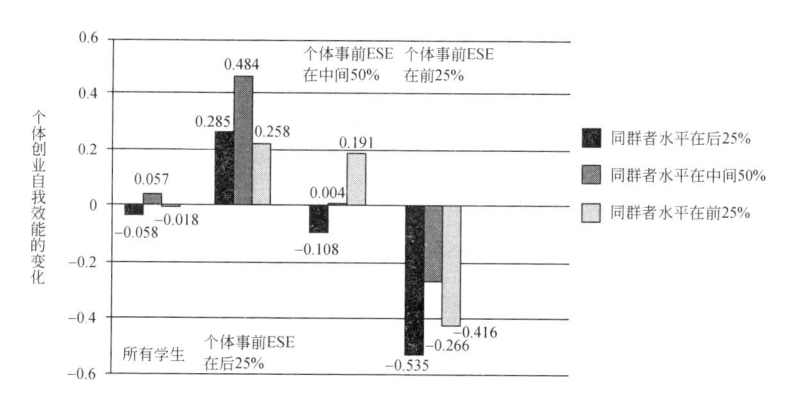

图 7-3 课程期间个体和同伴前测创业自我效能不同水平下
个体创业自我效能的变化

表 7-6 个体和同伴前测创业自我效能不同水平下的样本容量大小

个体前测创业自我效能 同伴前测创业自我效能	后 25%	中间的 50%	前 25%
后 25%	23	34	13
中间 50%	71	121	74
前 25%	10	23	19

很显然,前测创业自我效能较低的学生与各个水平的同伴一起合作时都能受益,而他们与中等水平的同伴合作时获益最大。当和水平较低的同伴合作时,个体创业自我效能的提升依靠的可能是掌握性经验(也就是说,当团队缺少"领导者"时,他们需要为整个项目付出更多,因此他们自我效能的提升是靠"做中学"完成的)。当他们与水平较高的同伴合作时,则会向这些榜样学习。而当个体和水平一般的同伴合作时,这两种影响可能会同时出现,从而给个体创业自我效能带来最大的益处。

通常，同伴效应对于前测创业自我效能处于中等水平的学生的影响相对较小，他们往往靠直觉行动。这些学生在与创业自我效能水平较低的学生一起合作时能够获益，而与水平较高的学生一起合作时，他们的自我效能则会减少。这两种效应可能是由榜样的力量引起的，不管是好榜样还是坏榜样。而同处于中等水平的同伴似乎对个体创业自我效能没有什么影响。

前测创业自我效能水平较高的学生无论与何种水平的学生合作，都会受到消极的影响。当这些学生与水平较低或中等的学生组成团队时，他们会受到负面榜样产生的消极影响，即他们的水平会因其他学生的影响而变低。而如果他们和同样优秀的学生合作，则可能会阻碍他们各自在创业项目中的表现。当他们与中等水平的学生合作时，这种消极影响最小。

总体而言，如果课程设计者想要通过同伴效应全面提高学生的创业自我效能时，前测创业自我效能位于中等水平的学生似乎是最有价值的。当水平中等的学生与同等水平的学生同组时，其创业自我效能水平并没有产生变化；当他们与最初水平较低的学生同组时，水平较低的学生正面效应会最大化；而当他们与最初水平较高的学生同组时，后者的负面效应会最小化。在上述情况中，中等水平的学生个体创业自我效能并不会发生很大的变化。因此，在创业课程中将中等水平学生和低水平或高水平的学生组合到一起，能够提高创业自我效能方面的"社会增益"。

（三）平均同伴效应

表 7-7 显示了方程 7-2 的估算结果，即同伴的创业自我效能对个体后测创业自我效能的平均影响。对此我做了三种估算。我首先对每一组进行了回归分析，数据收集基于全部样本，即 388 名学生和他们的同伴。之后的估算我只考虑这些学生的 60% 以上的同伴（也就是当团队规模为五六个人时，我只会将三个学生作为同伴，而对于四人组成的团队，我只会将两位团队成员视为同伴进行观察）。最后，对每组进行的

表 7-7　平均同伴效应的估算(OLS 回归)

因变量 个体后测创业 自我效能	模型 1 全部样本	模型 2 至少有 60% 同伴受 到观察	模型 3 至少有 60% 同伴受 到观察 教学辅导的 固定效应	模型 4 全部样本	模型 5 至少有 60% 同伴受 到观察	模型 6 至少有 60% 同伴受 到观察 教学辅导的 固定效应
个体创业自我效能						
个体前测创业自我效能				0.500*** (0.077)	0.496*** (0.084)	0.481*** (0.074)
同伴创业自我效能						
同伴前测创业自我效能				0.060 (0.074)	0.161** (0.070)	0.147* (0.087)
个体背景性变量						
女性(0/1)	−0.285*** (0.084)	−0.279*** (0.089)	−0.237** (0.095)	−0.116* (0.070)	−0.133* (0.075)	−0.075 (0.084)
外籍(0/1)	0.048 (0.114)	−0.010 (0.109)	−0.055 (0.121)	0.096 (0.106)	0.044 (0.104)	−0.018 (0.105)
年龄	−0.029 (0.023)	−0.024 (0.025)	−0.037 (0.026)	−0.023 (0.023)	−0.018 (0.025)	−0.022 (0.026)
之前接触创业的程度	0.164*** (0.045)	0.161*** (0.047)	0.139*** (0.051)	0.072** (0.036)	0.074* (0.038)	0.052 (0.044)
参加过创业课程	0.113 (0.118)	0.096 (0.118)	0.107 (0.104)	0.052 (0.088)	0.03 (0.088)	0.045 (0.082)
同伴的背景性变量						
女性同伴比例	−0.212 (0.188)	−0.243 (0.199)	0.003 (0.177)	−0.069 (0.157)	−0.05 (0.158)	0.135 (0.155)
外籍同伴比例	0.218 (0.173)	0.311 (0.196)	0.137 (0.228)	0.143 (0.144)	0.213 (0.165)	0.030 (0.170)
同伴年龄	−0.031 (0.030)	−0.038 (0.037)	−0.068** (0.033)	−0.002 (0.026)	0.005 (0.030)	−0.001 (0.029)
同伴之前接触创业程度	0.018 (0.090)	0.067 (0.101)	−0.006 (0.101)	−0.065 (0.078)	−0.05 (0.086)	−0.144 (0.102)
同伴参加过创业课程	−0.051 (0.129)	−0.028 (0.137)	−0.033 (0.123)	−0.022 (0.101)	0.002 (0.101)	0.006 (0.087)
团队控制变量						
团队规模	0.733 (1.080)	0.955 (1.300)	−0.111 (1.189)	−0.061 (1.064)	−0.648 (1.181)	−1.699 (1.087)
团队规模平方	−0.047 (0.105)	−0.066 (0.126)	0.037 (0.115)	0.016 (0.101)	0.072 (0.113)	0.178* (0.106)

续表

因变量 个体后测创业 自我效能	模型1 全部样本	模型2 至少有60% 同伴受 到观察	模型3 至少有60% 同伴受 到观察 教学辅导的 固定效应	模型4 全部样本	模型5 至少有60% 同伴受 到观察	模型6 至少有60% 同伴受 到观察 教学辅导的 固定效应
教学辅导控制变量						
教学辅导规模	−0.126 (0.543)	−0.003 (0.584)		0.174 (0.507)	0.377 (0.549)	
教学辅导规模平方	0.002 (0.012)	−0.001 (0.013)		−0.004 (0.011)	−0.009 (0.012)	
常数	5.501 (6.447)	3.517 (6.963)	6.776** (3.195)	1.003 (6.234)	−0.460 (6.721)	6.439** (2.909)
测试数据						
观察对象	388	349	349	388	349	349
决定系数	0.070	0.072	0.110	0.246	0.251	0.261
F检验(自由度)	3.096(14)	2.606(14)	3.609(12)	7.776(16)	7.511(16)	11.78(14)
F显著性检验	0.000	0.003	0.000	0.000	0.000	0.000

注：括号内的稳健标准误差是在团队层面得出的，* 表示在10%时显著，** 表示在5%时显著，*** 表示在1%时显著。

第三阶回归计算建立在第二阶估算的基础上，另外还增加了教学辅导的固定效应。

模型1到模型3中，我对个体的后测创业自我效能在个体和同伴的背景性变量方面进行了回归分析。根据曼斯基的分类方法（见本章第二部分），与同伴背景性变量有关的影响可以看作外部影响。模型2表明女性学生的得分比男性学生低0.279；之前更多接触创业的学生，其后测创业自我效能水平更高。在模型3中加入教学辅导固定效应后，这些影响仍然显著。此外，年龄较大的同伴似乎对个体后测创业自我效能有一些负面影响。模型4到模型6展示了方程7-2的估算结果。在实证研究框架下，这些系数可以解读为存在因果关系且不会受到反射问题的影响。我将主要的解释性变量——同伴前测创业自我效能包括在内，并且控制个体前测创业自我效能保持不变。个体前测创业自我效能所产生的影响在这三个模型中都比较显著。模型5显示，个体前测创业自我效能可以将个体后测创业自我效能显著提升 0.496,同时可以将同伴创业自我效能显著提升 0.161。这些数字表明,同伴创业自我效能的标准偏差每提升一个单位,个体后测创业自我效能就会提高 0.08。[①] 正如前一小节中的描述性结果一样,该系数大小适中。在模型 6 中加入教学辅导固定效应时,同伴效应有较强的稳健性。

因此我认为个体后测创业自我效能会显著地受到同伴创业自我效能的影响这一假设是成立的。在下一小节,我会用表示前测创业自我效能水平的虚拟变量代替个体和同伴创业自我效能的平均值。

(四) 不同自我效能水平下的同伴效应

表 7-8 中的模型 1 到模型 3 展示了在控制个体前测创业自我效能与所有背景性变量不变的情况下,个体后测创业自我效能对虚拟变量的回归结果,这些虚拟变量代表了同伴的前测创业自我效能水平。同伴创业自我效能中间 50%(以及在第二组中的个体创业自我效能中间 50%)是一个被遗漏的类别(omitted category)。与之前的表 7-7 的形式一致,实验结果是分组呈现的。例如,模型 2 展示了个体后测创业自我效能对同伴前测创业自我效能后 25% 及前 25% 这两个虚拟变量的回归结果。回归建立在所有学生的基础上,并且我观察了他们 60% 的同伴。结果表明,表格 7-7 中显著的正面平均同伴效应在很大程度上是由前测创业自我效能水平较低的同伴所带来的显著负面影响促成的。同伴前测创业自我效能前 25% 的系数并不显著。在加入教学辅导固定效应时,同伴效应的显著性就会消失。回归模型 4 到模型 6 表明,当加入个体前测创业自我效能后 25% 和个体前测创业自我效能前 25% 的虚拟变量时,同伴效应的性质并不会改变。中间的 50% 仍然是被遗漏的类别。表示个体前测创业自我效能水平的虚拟变量的系数非常显著,并且具有明显的预期暗

[①] 与本章第五部分第一小节(没有展示回归结果)中提到的子样本相同,同伴创业自我效能标准偏差每提升一个单位,男性学生后测创业自我效能就会提高 0.14,之前接触创业较少的学生提高 0.12。对女性学生和之前经常接触创业较多的学生来说,其平均同伴效应系数不显著。

示。同伴前测创业自我效能后25%的显著性水平从5%降至10%。与遗漏类相比,前测创业自我效能后25%的学生的个体后测创业自我效能降低了0.413。如果个体的同伴处于前测创业自我效能的后25%,那么个体的后测创业自我效能就会降低0.170。以上数字表明,同伴效应是个体效应的41%,这一比例是比较大的。然而,在模型6中增加教学辅导固定效应时,这一发现并不具稳健性。

表7-8 同伴效应的估计(OLS回归,考虑到同伴水平的非线性)

因变量 个体后测创业 自我效能	模型1 全部样本	模型2 至少有60% 同伴受 到观察	模型3 至少有60% 同伴受 到观察 教学辅导的 固定效应	模型4 全部样本	模型5 至少有60% 同伴受 到观察	模型6 至少有60% 同伴受 到观察 教学辅导的 固定效应
个体创业自我效能						
个体前测创业自我效能	0.500*** (0.077)	0.496*** (0.084)	0.477*** (0.075)			
个体前测创业自我效能在后25%				−0.413*** (0.087)	−0.413*** (0.092)	−0.426*** (0.089)
个体前测创业自我效能在前25%				0.554*** (0.093)	0.586*** (0.098)	0.603*** (0.111)
同伴创业自我效能						
同伴前测创业自我效能在后25%	−0.132 (0.091)	−0.212** (0.093)	−0.161 (0.108)	−0.079 (0.096)	−0.170* (0.098)	−0.095 (0.121)
同伴前测创业自我效能在前25%	0.009 (0.088)	0.044 (0.089)	0.052 (0.125)	0.021 (0.093)	0.058 (0.093)	0.077 (0.127)
个体的背景性变量						
女性(0/1)	−0.117* (0.070)	−0.138* (0.075)	−0.084 (0.083)	−0.165** (0.075)	−0.180** (0.080)	−0.098 (0.084)
外籍(0/1)	0.092 (0.106)	0.038 (0.103)	−0.026 (0.105)	0.059 (0.106)	0.006 (0.104)	−0.050 (0.106)
年龄	−0.022 (0.023)	−0.018 (0.024)	−0.023 (0.026)	−0.025 (0.021)	−0.021 (0.023)	−0.026 (0.023)
之前接触创业的程度	0.072** (0.036)	0.077** (0.038)	0.055 (0.044)	0.087** (0.039)	0.088** (0.041)	0.059 (0.046)
参加过创业课程	0.055 (0.090)	0.032 (0.091)	0.043 (0.085)	0.075 (0.098)	0.052 (0.098)	0.074 (0.083)

续表

因变量 个体后测创业 自我效能	模型 1 全部样本	模型 2 至少有 60% 同伴受 到观察	模型 3 至少有 60% 同伴受 到观察 教学辅导的 固定效应	模型 4 全部样本	模型 5 至少有 60% 同伴受 到观察	模型 6 至少有 60% 同伴受 到观察 教学辅导的 固定效应
同伴的背景性变量						
女性同伴比例	−0.077 (0.158)	−0.085 (0.162)	0.098 (0.156)	−0.03 (0.173)	−0.042 (0.175)	0.211 (0.153)
外籍同伴比例	0.150 (0.143)	0.230 (0.164)	0.028 (0.170)	0.157 (0.143)	0.252 (0.164)	0.059 (0.170)
同伴年龄	0.002 (0.026)	0.006 (0.031)	−0.004 (0.028)	0.004 (0.028)	0.012 (0.033)	0.006 (0.032)
同伴之前接触创业程度	−0.072 (0.078)	−0.05 (0.088)	−0.135 (0.101)	−0.053 (0.080)	−0.030 (0.091)	−0.130 (0.095)
同伴参加过创业课程	−0.029 (0.101)	0.000 (0.100)	−0.001 (0.090)	0.003 (0.106)	0.033 (0.108)	0.082 (0.094)
团队控制变量						
团队规模	−0.195 (1.049)	−0.623 (1.158)	−1.587 (1.039)	−0.218 (1.039)	−0.664 (1.183)	−1.891* (1.031)
团队规模平方	0.028 (0.100)	0.069 (0.111)	0.167 (0.102)	0.031 (0.100)	0.075 (0.115)	0.198* (0.101)
教学辅导控制变量						
教学辅导规模	0.175 (0.506)	0.388 (0.549)		0.168 (0.507)	0.359 (0.546)	
教学辅导规模平方	−0.004 (0.011)	−0.009 (0.012)		−0.004 (0.011)	−0.009 (0.012)	
常数	1.586 (6.116)	0.174 (6.618)	6.993** (2.854)	4.148 (5.977)	2.885 (6.452)	9.822*** (2.655)
测试数据						
观察对象	388	349	349	388	349	349
决定系数	0.246	0.25	0.259	0.236	0.251	0.288
F 检验(自由度)	7.58(17)	7.203(17)	9.552(15)	10.13(18)	11.05(18)	12.65(16)
F 显著性检验	0.000	0.000	0.000	0.000	0.000	0.000

注:括号内的稳健标准误差是在团队层面得出的,* 表示在 10% 时显著,** 表示在 5% 时显著,*** 表示在 1% 时显著。

表 7-9 和表 7-10 提供了个体后测创业自我效能对四个虚拟变量的回归,这四个虚拟变量分别代表了女性学生、男性学生、之前接触创业较少以及较多的学生的个体和同伴前测创业自我效能的水平。表中的数据证实了本章第五部分中的描述性结果。对于女性学生来说,与前测创业自我效能处于后 25% 的同伴合作时,同伴效应对其个体后测创业自我效能的影响并不显著;然而与前测创业自我效能后 25% 的同伴合作对男性学生却会产生消极的影响(依据基于简化样本第二种设置方法)。与个体前测创业自我效能后 25% 显著的负系数相比,同伴效应对男性学生的影响是个体效应的 71%,这个数值依然很大。然而,当引入教学辅导固定效应时,这种影响就不显著了。

表 7-9 不同性别下同伴效应的估算

因变量 个体后测创业 自我效能	女性学生			男性学生		
	全部样本	至少有 60% 同伴受 到观察	至少有 60% 同伴受 到观察 教学辅导的 固定效应	全部样本	至少有 60% 同伴受 到观察	至少有 60% 同伴受 到观察 教学辅导的 固定效应
同伴创业自我效能						
同伴前测创业自我效能在后 25%	0.112 (0.129)	−0.038 (0.123)	0.145 (0.174)	−0.219 (0.147)	−0.271* (0.149)	−0.262 (0.185)
同伴前测创业自我效能在前 25%	−0.104 (0.129)	−0.016 (0.115)	−0.072 (0.160)	0.140 (0.135)	0.163 (0.156)	0.032 (0.216)
是否包含控制变量	是	是	是	是	是	是
常数	−0.681 (8.020)	−1.683 (8.452)	8.766** (4.380)	14.600 (10.410)	13.370 (11.400)	9.184** (3.722)
测试数据						
观察对象	206	188	188	182	161	161
决定系数	0.225	0.273	0.376	0.226	0.234	0.188
F 检验(自由度)	4.913(17)	5.598(17)	6.628(15)	7.719(17)	7.568(17)	6.195(15)
F 显著性检验	0.000	0.000	0.000	0.000	0.000	0.000

注:括号内的稳健标准误差是在团队层面得出的,* 表示在 10% 时显著,** 表示在 5% 时显著,*** 表示在 1% 时显著;常规的控制变量已经包括在内。

表 7-10　之前接触创业不同程度下同伴效应的估算

因变量 个体后测创业 自我效能	之前接触创业程度较低的学生			之前接触创业较高的学生		
	全部样本	至少有60% 同伴受 到观察	至少有60% 同伴受 到观察 教学辅导的 固定效应	全部样本	至少有60% 同伴受 到观察	至少有60% 同伴受 到观察 教学辅导的 固定效应
同伴创业自我效能						
同伴前测创业自我效能在后25%	0.004 (0.112)	−0.139 (0.113)	0.076 (0.166)	−0.138 (0.160)	−0.214 (0.177)	−0.206 (0.186)
同伴前测创业自我效能在前25%	0.127 (0.154)	0.254* (0.151)	0.228 (0.180)	−0.011 (0.173)	−0.016 (0.190)	0.113 (0.307)
是否包含控制变量	是	是	是	是	是	是
常数	1.082 (7.279)	−2.932 (7.580)	11.04*** (3.619)	4.674 (8.862)	6.079 (9.278)	5.852 (5.833)
测试数据						
观察对象	214	192	192	174	157	157
决定系数	0.313	0.331	0.471	0.102	0.141	0.086
F 检验(自由度)	7.941(17)	8.031(17)	9.319(15)	4.648(17)	5.864(17)	7.008(15)
F 显著性检验	0.000	0.000	0.000	0.000	0.000	0.000

注:括号内的稳健标准误差是在团队层面得出的,* 表示在10%时显著,** 表示在5%时显著,*** 表示在1%时显著;常规的控制变量已经包括在内。

通过观察根据之前接触创业不同程度区分的两个子样本,我发现之前接触创业较少的学生在和前测创业自我效能前25%的同伴合作时,会受到积极且显著的影响。通过比较这一系数和个体前测创业自我效能前25%的系数,我发现同伴效应是个体效应的31%。

综上所述,在以团队合作为基础的创业教育中,(随机)分配的团队成员对个体后测创业自我效能所产生的平均影响在规模和统计显著性上都适中。我们可以将这一模型与塞舍尔德特(2001)或者齐默尔曼(2003)在高等教育中对同伴效应的研究结果进行比较,虽然他们关注的是综合学业成绩。水平较低的同伴所带来的消极影响似乎会增大同伴和个体创业自我效能之间的显著性。我认为我的研究结果证明了同伴效应在创业自我效能感方面的存在。以团队合作的方式研究创业项目可以向学生传递一些现实主义的想法,帮助他们更好地调整对自身创业自我效能的判断,因为他们最初可能会高估自己的水平。但同时，学生的创业自我效能可能会由于消极榜样的存在而降低。

结果表明，为了整体上提升创业自我效能（"社会净增益"），基于团队合作的创业课程的设计者应该在团队分配时预见上述影响的存在，即使这种影响并不大。与塞舍尔德特的发现相反，团队重组并不是提升整体后测创业自我效能的方法，而是致力于在整体上最小化负面同伴效应。在下一小节中，我会展示方程 7-4 的估算结果。这一方程关注学生在不同前测创业自我效能水平下产生的不同的同伴效应，从而得出有关团队分配的启示，以提升社会净增益。

（五）同伴效应的非线性

正如我讨论过的，非线性同伴效应是一个关系到经济效益的问题。表 7-8 表明，个体后测创业自我效能会受到前测创业自我效能较低的同伴的负面影响，而似乎并没有受到高水平同伴的任何影响。为了评估某种组合的学生团队是否要比其他组合表现更优秀，并且为了探究如何重组学生团队以在后测创业自我效能方面获得最优"社会增益"，我根据塞舍尔德特的研究结果对方程 7-4 进行了估算。本研究以及齐默尔曼（2003）的研究，都证明了个体和同伴前测创业自我效能之间的相互作用对个体后测创业自我效能的影响。为了检验非线性因素，我使用了三个虚拟变量，这些变量分别表示了同伴和个体前测创业自我效能水平的分布（后 25%，中间的 50%，前 25%），并把这三个虚拟变量相互联系起来。表 7-11 显示了来自于个体后测创业自我效能在交互项上的回归系数。如个体水平中等，同伴水平中等这种组合属于遗漏类。

当个体前测创业自我效能很高时，个体后测创业自我效能自然也会更高，反之亦然。但同时，同伴前测创业自我效能的水平会影响到个体后测创业自我效能，个体后测创业自我效能也依赖于个体前测创业自我效能。我们可以参照个体前测创业自我效能后 25% 那一行数值，个体水平低，同伴水平高的组合方式要比个体水平较低，同伴水平较低的组合产生

表 7-11 通过个体和同伴前测创业自我效能估计同伴效应

		同伴前测创业自我效能		
		后 25%	中间 50%	前 25%
个体前测创业自我效能	后 25%	−0.484*** (0.164)	−0.442*** (0.111)	−0.648*** (0.243)
	中间 50%	−0.118 (0.128)	0	0.220* (0.116)
	前 25%	0.487** (0.200)	0.645*** (0.127)	0.535*** (0.187)

注:通过一元回归得出系数;(个体水平中等,同伴水平中等)是遗漏类;括号内的稳健标准误差是在团队层面得出的,* 表示在 10% 时显著,** 表示在 5% 时显著,*** 表示在 1% 时显著。

的同伴效应小,这在图 7-3 中也有所体现。相应地,个体水平高,同伴水平低的组合要比个体水平高,同伴水平高的组合产生的同伴效应更小。这在图 7-3 有相应体现。总体来看,第一行和第三行表明,前测创业自我效能在中间 50% 的同伴对低水平学生和高水平学生的帮助最大。第二行表明,中等水平的学生从高水平学生那里获益最多。为了衡量这些系数之间的差异是否显著,并确定某些特定组合分配是否要比其他组合总体表现更好,我对这些系数进行了 F 检验。表 7-12 展示了这些检验的结果。

表 7-12 不同团队组合下的同伴效应

组合 1		组合 2		测试数据	
个体	同伴	个体	同伴	F 检验	F 显著性检验
低	低	低	中	0.07(1,138)	0.791
低	低	低	高	0.35(1,138)	0.557
低	中	低	高	0.68(1,138)	0.411
中	低	中	中	0.84(1,138)	0.360
中	**低**	**中**	**高**	**5.48(1,138)**	**0.021**
中	**中**	**中**	**高**	**3.61(1,138)**	**0.060**
高	低	高	中	0.53(1,138)	0.467
高	低	高	高	0.03(1,138)	0.853
高	中	高	高	0.28(1,138)	0.599

注:后测估计对比是根据表 7-11 中的回归结果得出的;数量=388。

这些结果表明,首先,当水平中等的学生与水平较高的同学组成团队时,他们的表现比其余水平较低的同学组合要好。如果将这种组合方式广泛地运用到创业课程中,那么创业课程的设计者能够在创业自我效能方面获得社会净增益。他们可以将高水平的同伴从低水平或者高水平的学生中去除,因为这两类学生并不会从高水平的同伴处获益。但是显然,高水平的同伴可能对于那些前测创业自我效能分布在中间的学生很有帮助,这体现为中等水平学生后测创业自我效能的提升。下面这个例子能够具体展示该实验构想[1]:

我们设想两个团队。团队 1 的成员个体水平属于中等,同伴水平较低,而团队 2 的成员个体水平较高,且同伴水平也较高。现在将这两队重组为:团队 1a(个体水平中等,同伴水平高)和团队 2a(个体水平高,同伴水平较低)。由于重新分组,团队 1 中的焦点学生(个体水平中等)大约能提高 $0.220-(-0.118)=0.338$,而她的同伴的后测创业自我效能会因此减少,变化为 $-0.648-(-0.442)=-0.206$。因此焦点学生及其同伴使得整体团队的创业自我效能增长了 0.132。对于团队 2 我们也进行了同样的计算,社会增益为 0.062。因此,把团队 1 和团队 2 重组为团队 1a 和团队 2a,可以使社会增益总体提高 0.194。但是,对社会增益的 F 检验产生了 0.708 的 p 值。因此这种团队重组的实验并不能使社会增益显著提高。表 7-13 显示了社会增益,同时也显示了对每种团队组合所带来的社会增益进行 F 检验的测试数据,其中水平中等的学生可以与高水平或低水平同伴分为一组。尽管因团队重组产生的社会增益相对较高,但是其影响在数据上表现得并不是那么显著。

课程设计者可能不会通过重组团队使学生的后测创业自我效能产生社会净增益,但他们应该时刻考虑到这种非线性效应的作用。显然,前测创业自我效能中等水平的学生,与同为中等水平的同伴合作可以受益,而

---

[1] 这些实验构想是基于塞舍尔德特的研究(2001)。他认为,这些实验得出的结果更具有指导性而非总结性,我也这样认为。除此之外,这里作出的计算只有在我设定每个学生的同伴只有一名学生的情况下才是有效的。

与水平更高的同伴们合作时,他们会得到更大的提升。然而对于低水平或高水平的学生来说,类似的非线性影响并不显著。

表 7-13 重组带来的创业自我效能的社会增益

初始情况				重新分组				社会增益		
团队 1		团队 2		团队 1		团队 2		值	F 检验	F 显著性检验
个体	同伴	个体	同伴	个体	同伴	个体	同伴			
中	低	高	高	中	高	高	低	0.192	0.14(1,138)	0.708
中	中	高	高	中	高	高	中	0.660	0.25(1,138)	0.619
中	低	低	高	中	高	低	低	0.618	2.03(1,138)	0.156
中	中	低	高	中	高	低	中	0.466	1.53(1,138)	0.218

注:后测估计对比是根据表 7-11 中的回归结果得出的;数量=388。

六、结论

培养创业技能是创业教育的一个主要作用。在创业课程中,社会互动效应(具体为同伴效应)在提高学生创业技能方面的作用仍然处于被忽视的状态。针对创业教育影响的研究主要集中于优化课程内容和教师资源分配。但这些研究中却忽略了一个方面,即参加课程学生的素质。基于团队合作的创业计划项目在创业教育中十分常见(Krueger et al., 2000),根据社会乘数效应,课程设计者可以对团队组成和分配给予更多的关注,以提升学生的创业技能。

为了研究同伴效应是否会产生这样的作用,我在本章提出了三个问题:社会互动效应是否存在于创业教育的环境中?初始技能水平比较低的学生是否更容易受到同组较高水平学生的影响,从而收获更多(或者与之相反)?课程设计者将如何根据学生的初始技能水平进行分组而使所有学生创业技能的"社会增益"达到最大化?为了研究这些问题,我把参与"创业计划"课程的 158 个由 4 到 6 人组成的学生团队作为数据来源。实证分析是基于 388 个观察对象进行的。

结果表明,学生素质(这里指个体前测创业自我效能水平)确实可以作为一项参考资源,课程设计者在开设创业课程之初就应该考虑到这一点。在创业课程中,焦点学生同伴的水平对个体创业技能(即创业自我效能)的提升有着重要的影响。同伴效应中的非对称因素表明,焦点学生的技能和其他组员的技能之间的平均相互作用在很大程度上是受低水平学生与低水平组员的合作产生的显著负面效应推动的。因此,相比提升学生的创业技能,细致分组的作用更在于帮助课程设计者避免学生整体技能的降低。而且,前测创业自我效能中等的学生应该和前测创业自我效能较高的学生分到一组。这样在参加课程之后,前者的创业自我效能会得到显著提升。然而对低水平或高水平的学生来说,这种分组方式并不理想。对这个结论的进一步研究表明,有证据(但并不显著)可以证明,课程设计者可以通过以下方式提升学生创业自我效能中的"社会净增益":将水平较高的学生从水平较低的学生中分离出来,并将其重新分配到前测水平中等的学生中(这些高水平学生本来与低水平的学生一组)。在重新分组的过程中,前测能力水平中等的学生能够起到很大的作用,并且提升整个团队的创业技能,对于这一点的解释可以参考社会学习理论(Bandura,1977;1982)。水平中等的学生能够从水平较低和水平较高的学生处获益。水平中等的学生和水平较低的学生合作时,他们会主动承担更多,并且通过实践学到更多创业行为。另一方面,和水平较高的学生一起工作时,水平中等的学生会通过观察其高水平团队成员的行为来向他们学习。

  然而,除了第三章第七部分中提及的内容(例如,样本选择问题,和两个调查数据库的混合问题),仍有一些由假设产生的事项需要注意。首先,由于学生是按照之前参加的大学课程进度而分组的,这就可能会导致"自我选择"偏差,而所有团队都会受到这种偏差的影响。虽然每个团队的学生在大多数人口学变量以及所有与前测创业经历有关的变量方面并没有展现出任何相似性,但是如果是完全的随机分配,得出的结果会更加可靠。其次,创业自我效能的概念是否能够完全无误地衡量创业技能(除了调查问卷要求回答技能时产生的衡量误差),这一点尚不确定。第三,本研究对同伴效应的估算仅代表了社会互动效应在最小范围内影响创业技能形成的情形。因此,假设团队成员都是互相关联的同伴,以及未被观察到的背景性变量对同伴效应没有影响,是有局限性的。

　　本章首先研究了创业教育中的社会互动效应。这为课程设计者如何利用学生的当前水平来提升其整体的创业技能提供了宝贵的意见,同时为未来的研究指明了更多方向。首先,为了验证我的研究发现,在接下来的课程中对社会互动效应进行进一步研究是很重要的。其次,我的研究结果表明社会互动效应对男性和女性学生和创业相关经历较少或较多的学生有着不同程度的影响,同样,创业相关经历较少的学生和创业相关经历较多的学生也会受到不同程度的影响。因此,衡量同伴效应的时候充分地考虑背景性特征是非常有意义的。我发现,男性学生比女性学生更容易受到同伴的影响,之前几乎没有创业经历的学生比之前创业经历丰富的学生更容易受到影响。对背景性变量做进一步的研究能够为创业课程的团队分配提供重要的启示。最后,针对不同问题的其他结果变量或许也能提供一些有意义的启示,例如,随机分配的团队在完成创业课程的学业任务之后会创建他们自己的公司吗?

第八章 研究结论以及未来研究展望

　　创业是经济发展的重要驱动力,从宏观角度看,创业在社会福利方面起到了非常重要的作用(Fritsch and Müller,2008)。因此,创业者的失败无论对社会还是个体,都是极大的损失。一方面,从创业投资考虑,有学者认为将资金投入到初创业者身上可能会导致社会浪费(De Meza and Soutey,1996;De Meza,2002;Shane,2009)。如果让一个"错误"的人去创业,可能会错失机会,并由此导致工作机会和价值的创造方面损失巨大。另一方面,一次失败的创业"实验"可能会给创业者带来心理上和经济上(损失和机会成本)的毁灭性打击(zhao et al.,2010)。

　　出于上述方面的考虑,不同利益相关者开始将创业视为一种职业选择,对创业信息和创业准备也越来越感兴趣。特别是受过高等教育的学生,他们被赋予了重要使命。有实证研究显示,这些受过高等教育的创业者会比那些没有大学学位的创业者为社会创造更多的工作机会(Dietrich,1999),并且他们为自己创立的企业投入也更多(Reynolds et al.,1994)。创业教育在塑造人的态度、技能以及文化形成方面起到了非常重要的作用(World Economic Forum,2009)。一些利益相关者认为创业课程可以减少成为创业者的成本。然而,虽然创业教育被认为是一种重要的投入要素,其产生的影响却鲜为人知。不仅如此,对创业教育的研究目前还不能对其影响的大小和性质提供可靠的实证结果(Cox,2002;Souitaris et al.,2007)。本研究则致力于在高等教育中推动人们对创业教育重要性的认识和理解。

根据公认的创业教育定义以及先前对其影响的研究,我认为该领域中的课程目标有两个:一是提高学生的创业技能,帮助其了解自己是否适合创业。二是帮助学生更好地选择职业生涯路径。

基于这些基本假设,我提出了三个主要研究问题:第一,从经济学视角来看,创业教育对学生的职业规划是否有影响,影响会有多大?第二,从培养技能和明确职业意向的角度来看,这种影响是如何作用于个体的?第三,学生作为教育产业的一种投入要素,是如何在技能传授方面体现创业教育的影响的?

为了回答这些问题,我采用前测后测对照组的研究方法,对德国一所重点大学的一门大型创业必修课进行了研究。实验数据分别采集于创业课程前后,样本为509名工商管理专业的学生(其中403名是实验组的学生,他们参加了这门课程的学习;其余的106名为对照组学生)。计划行为理论作为研究分析的理论基础,明确了影响行为意向的三种态度因素,而行为意向又可以有效地预测实际行为。这三种因素分别为:感知合意性(行为的感知吸引力,在本书中指选择创业职业生涯),感知社会规范(实践某一行为的感知压力),以及感知行为控制(对自身是否能够完成某项任务的感知能力)。

总体而言,经实证分析,我们研究发现(第五章到第七章)可以总结如下[①]:

一、参照前人的一些研究方法,我在第五章中使用双重差分法分析了创业课程对平均创业态度和意向的影响。结果表明,实验组的平均创业意向并没有重大的改变。在影响意向的态度因素方面,我发现学生的感知社会规范和感知行为控制有了显著提高。我用三重差分法研究了创业教育对不同学生群体产生的影响。研究结果表明创业课程对学生的影响并不均衡。根据人口统计变量、个性特质以及前期经历,我发现学生对在课程中所接收到的新信息有着不同的反应。当学生的意向和影响意向

---

① 在这里我只回顾了一些重要的发现,更详细的内容请参见每章的结论部分。

的因素发生变化时,这种不同反应会变得很明显。

二、由于课程对平均创业意向并没有太显著的影响,这又催生了另外一个问题:创业教育课程是否对这个关键的结果变量产生了影响?第六章展示了相关研究结果。结果表明个体之间创业意向的改变可能会相互抵消。所以,在平均创业意向方面并没有发现显著的变化。但是,创业意向的方差在创业课程中变大了。这一发现表明,学生们已经能够判别他们自己是否适合创业,并且能够相应地对职业做出正确的选择。

三、除了计划行为理论的框架结构,我在第七章中还研究了学生之间的社会互动效应在创业教育的过程中是否会提升学生的创业技能。鉴于"创业计划"课程是创业教育重要的组成部分且是基于团队合作的,我研究了团队成员之间相互学习、相互促进的可能性。结果表明,课程设计者应该对团队分配给予更多的关注。他们可以根据前测创业技能的不同进行团队分配,从而更好地利用创业项目中的团队合作来培养学生的创业技能。

本书介绍的概念和展示的研究结果对创业教育的利益相关者(在第一章第一部分中提到)有着重要意义。发现一和发现二展示的研究结果验证了创业教育的两个重要功能,即有助于提高学生完成创业任务的必要技能和帮助他们更好地评估自身的创业天赋。发现三中提到的研究结果为提升个人技能提供了一条行之有效的途径。

总的来说,我的研究成果支持这样一种教育理念,即把创业培训作为帮助学生进行职业生涯选择的一种有效途径,帮助学生调整并强化他们的职业规划。劝阻那些不适合创业的学生放弃创业与鼓励合适的学生毕业后立即创业一样,都不失为一种成功。沙恩(2009)认为,创业并不是一个数字游戏,仅仅提高创业者的数量并不能帮助政治家达到创造就业和社会福利这两个方面的目标,但高水平的新创企业以及优秀的创业者是能够做到这一点的。如果创业教育能够将学生进行分类,并且帮助发现合适的创业者,政治家就能够更有针对性地为一些有前途的新企业提供更多的援助。避免对缺乏心理准备和必要技能的毕业生提供过多支持,也减少对公众资源浪费。与冯·拉维尼茨等学者(2010)一样,我也没有提出具体方法来评估这种错误到底会浪费多少社会资源,而且量化创业教育在经济方面的影响也十分困难。然而,"生产"更多的创业者并不是一个很好的目标,也不应该是将创业教育纳入大学课程体系的一个理由。

在此基础上,我的研究结果也可以促进投资者与受益方在创业教育方面开展交流。创业教育能够强化学生职业意向,这一观点与发现二中的结论一起,可以为双方提供一个评价创业教育成功与否的新标准。此外,发现一中所提到的研究结果表明,由于学生们的确学到了一些完成创业任务所必须的技能,因此公共投资者和私人投资者都能从中获益。技能水平高并且创业意向更强的学生能够成为创业者,能够创造就业岗位,并对经济产生一定影响。那些发现自己并不适合创业的学生也学到了与创业相关的必要技能。他们可以成为企业中具有创业思维的管理者,同样发挥重要作用。

本研究为课程设计者提供了一些十分有价值的观点,设计者可以将本研究中提到的课程作为"蓝图",完善创业课程设计。通过对比和调整本研究使用的概念,他们可以改进自己的课程。我认为课程设计者应该将创业教育分两个阶段开展。

首先,他们应该在创业教育课程体系的最初阶段为学生开设一门创业必修课,让学生能够对自己的创业天赋做出自我评价。有关该课程的设计建议可以参考第六章中的研究结果。比如,考虑到感知社会规范的重要性,学生需要从同学和导师那里获得更多的反馈来支持他们的自我评价。

其次,他们应该为学生提供一些选修课程,使学生进一步具备创业相关技能。主动选修这些课程的学生可能在选择的时候就已经下定决心成为创业者了。在发现一、发现三以及第五章、第七章中提到的研究结果都具有重要意义。正如第五章所述,学生的创业技能在课程进行中是有提高的(具体表现在感知行为控制方面)。因此课程设计者可以复制这种课程"蓝图"来实现这一目标。进一步说,分析创业课程在不同学生身上产生的影响,能够帮助课程设计者在班级规模有限时对学生进行选择,因为课程传授的知识并不适合所有学生。除此之外,第七章中提到了团队合作和团队组成的重要性。其研究结果也表明,学生不仅可以向导师学习,也可以向他们的同伴学习。课程设计者可以利用这些社会互动效应,促进学生创业技能的形成。

当然,研究结果对于那些想要参加创业课程的学生而言是十分有吸引力的。与大学开设的其他传授实用知识的课程不同,创业教育针对的是学生的职业态度和意向。我的研究结果可以让学生明白,创业课程在大学教育中有着非常突出的地位。这些课程帮助学生强化自身的职业意向,从而降低了做出"错误"职业选择的风险,因为"错误"的职业选择会让学生付出很大的代价。准备不足造成的创业失败可能会带给个体经济上和心理上双重毁灭性打击。而如果适合创业的人没有创业反而成为管理者,也会受到消极情绪的影响。

最后,本研究也给利益相关者带来一定启示。在此领域内的其他研究者可以利用本书中提到的概念和方法,反复进行实证研究。之前详细介绍的理论模型以及数据生成过程也可以为他们的研究提供支持。

本研究确立了三个未来研究方向[①]。首先,除了冯·拉维尼茨等学者(2010)的研究外,还有一种观点把创业教育视作支持学生对个体创业天赋进行自我评价的途径。这种观点与之前在此领域内的主流观点有非常明显的不同。因此我们需要更多这方面的评价来证实本研究的发现。其次,对创业教育领域内社会互动效应进行更加深入的研究,可以为实现课程目标提供非常有效的方式。最后,将本书中提到的方法运用到创业教育中是非常有意义的。若学生能根据自己的创业天赋进行自我评价,高等教育就可以专注于传授创业技能,这将大大减少各级学校在此方面的开销。

---

① 在每章的结论部分,我已提出了相关建议,即在现有实证研究上做一些小幅的延伸和改动。

接下来这部分是对未来研究的建议。通过利用实验组和对照组数据获得的内部效度是以牺牲外部效度为代价的。我的研究发现和启示仅仅基于一门课程。正如欧斯特贝克等学者所提议的那样(2010),进一步评价和研究创业课程变量的有效性是具有指导意义的。这些变量可能包括课时、必修或选修、学分以及课程目标群体(例如,不同领域的研究、跨学科学生数量和学生在学习过程中的进展等等)。本研究仍存在一些明显的局限性,比如样本构成(我只调查了工商管理背景的学生)以及样本容量(特别是对照组的容量)。此外,实验组和对照组并非是随机分配的,相信更符合实际情况的实验将会提供更可靠的结果。

正如前文所述,我详细描述了理论框架和数据的生成过程。因此,其他研究者在开展相似研究时可以降低研究成本,并与我的研究成果进行比较。通过利用本书提供的概念和工具,他们可以尝试解决本研究的局限性,并拓展研究范围,从而加深对于创业教育效果的理解,为创业课程的设计提供更多启示。

参考文献

Abelson, R. P. (1982): "Three modes of attitude behavior consistency" in: Zanna, M. P. (Ed.): *Consistency in social behavior*, Ontario 1982, pp. 131-146.

Ajzen, I. (1985): "From intentions to actions: A theory of planned behavior" in: Kuhl, J. and Beckman, J. (Eds.): *Action-control: From cognition to behavior*, pp. 11-39, Heidelberg.

Ajzen, I. (1987): "Attitudes, traits, and actions: Dispositional prediction of behavior in personality and social psychology" in: Berkowitz, L. (Ed.): *Advances in experimental social psychology*, New York 1987, pp. 1-63.

Ajzen, I. (1991): "The theory of planned behavior" in: *Organizational Behavior and Human Decision Processes*, Vol. 50, No. 2, pp. 179-211.

Ajzen, I. (2002): "Perceived Behavioral Control, Self-Efficacy, Locus of Control, and the Theory of Planned Behavior" in: *Journal of Applied Social Psychology*, Vol. 32, No. 4, pp. 665-683.

Ajzen, I. and Fishbein, M. (1980): *Understanding attitudes and predicting social behavior*, New York.

Ajzen, I. and Madden, T. J. (1986): "Prediction of goal-directed behavior: Attitudes, intentions, and perceived behavioral control" in: *Journal of experimental social psychology*, Vol. 22, No. 5, pp. 453-474.

Akerlof, G. A. and Kranton, R. E. (2000): "Economics and Identity" in: *Quarterly Journal of Economics*, Vol. 115, No. 3, pp. 715-753.

Alberti, F. (1999): "Entrepreneurship education: scope and theory" in: Salvato, C., Davidsson, P. and Persson, A. (Eds.): *Entrepreneurial knowledge and learning: conceptual advances and directions for future research*, Research Report No 1999-6, Jonkoping, Jonkoping International Business School.

Ammermueller, A. and Pischke J. S. (2009): "Peer effects in European primary schools: Evidence from the progress in international reading literacy stody" in: *Journal of Labor Economics*, Vol. 27, No. 3, pp. 315-348.

Anna, A. L. , Chandler, G. N. , Jansen, E. and Mero, N. P. (2000):"Women business owners in traditional and non-traditional industries" in: *Journal of Business Venturing*, Vol. 15, No. 3, pp. 279-303.

Arcidiacono, P. and Nicholson, S. (2005):"Peer effects in medical school" in: *Journal of Public Economics*, Vol. 89, No. 2-3, pp. 327-350.

Armitage, C. J. and Conner, M. (1999):"The theory of planned behaviour: Assessment of predictive validity and perceived control" in: *British Journal of Social Psychology*, Vol. 38, No. I, pp. 35-54.

Armitage, C. J. and Conner, M. (2001):"Efficacy of the Theory of Planned Behaviour: A meta-analytic review" in: *British Journal of Social Psychology*, Vol. 40, No. 4, pp. 471-499.

Armitage, C. J. , Norman, P. and Conner, M. (2002):"Can the Theory of Planned Behaviour mediate the effects of age, gender and multidimensional health locus of control?" in: *British Journal of Health Psychology*, Vol. 7, No. 3, pp. 299-316.

Autio, E. , Keeley, R. H. , Klofsten, M. and Ulfstedt, T. (1997):" Entrepreneurial intent among students: testing an intent model in Asia, Scandinavia and USA", Frontiers of Entrepreneurship Research, Babson.

Autio, E. , Keeley, R. H. , Klofsten, M. , Parker, G. G. C. and Hay, M. (2001):" Entrepreneurial Intent among Students in Scandinavia and in the USA" in: *Enterprise & Innovation Mgmt Std*, Vol. 2, No. 2, pp. 145-160.

Bagozzi, R. P. and Yi, Y. (1989):"The degree of intention formation as a moderator of the attitude-behavior relationship" in: *Social Psychology Quarterly*, Vol. 52, No. 4, pp. 266-279.

Bandura, A. (1977):" Self-efficacy: Toward a unifying theory of behavioral change" in: *Psychological review*, Vol. 84, No. 2, pp. 191-215.

Bandura, A. (1982):"Self-efficacy mechanism in human agency" in: *American psychologist*, Vol. 37, No. 2, pp. 122-147.

Bandura, A. (1986): *Social foundations of thought and action: A social cognitive theory*, Englewood Cliffs.

Bandura, A. (1992):"Exercise of personal agency through the self-efficacy mechanism" in: Schwartzer, R. (Ed.): *Self-efficacy: Thought control of action*, Washinglon, D. C. 1992, pp. 3-38.

Bandura, A. (1997): *Self-efficacy: The exercise of control*, New York.

Bandura, A. , Barbaranelli, C. , Caprara, G. V. and Paslorelli, C. (2001):"Self Efficacy Beliefs as Shapers of Children's Aspirations and Career Trajeclories" in: *Child development*, Vol. 72, No. 1, pp. 187-206.

Baron, R. A. (2004):" The cognitive perspective: a valuable tool for answering entrepreneurship's basic 'why' questions" in: *Journal of Business Venturing*, Vol. 19, No. 2, pp. 221-239.

Barrick, M. R. and Monot, M. K. (1991): "The Big Five Personality Dimensions and Job Performance: A Meta-Analysis" in: *Personnel Psychology*, Vol. 44, No. 1, pp. 1-26.

Béchard, J. P. and Grégoire, D. (2005): "Entrepreneurship education research revisited: the case of higher education" in: *Academy of Management Learning & Education*, Vol. 4, No. 1, pp. 22-43.

Béchard, J. P. and Toulouse, J. M. (1998): "Validation of a didactic model for the analysis of training objectives in entrepreneurship" in: *Journal of Business Venturing*, Vol. 13, No. 4, pp. 317-332.

Bernardo, A. E. and Welch, I. (2001): "On the Evolution of Overconfidence and Entrepreneurs" in: *Journal of Economics & Management Strategy*, Vol. 10, No. 3, pp. 301-330.

Bicchieri, C. and Fukui, Y. (1999): "The Great Illusion: Ignorance Informational Cascades, and the Persistence of Unpopular Norms" in: *Business Ethics Quarterly*, Vol. 9, No. 1, pp. 127-155.

Bikhchandani, S., Hirshleifer, D. and Welch, I. (1998): "Learning from the Behavior of Others: Conformity, Fads, and Informational Cascades" in: *The Journal of Economic Perspectives*, Vol. 12, No. 3, pp. 151-170.

Bird, B. (1988): "Implementing entrepreneurial ideas: The case for intention" in: *Academy of Management Review*, Vol. 13, No. 3, pp. 442-453.

Block, Z. and Stumpf, S. A. (1992): "Entrepreneurship education research: experience and challenge" in: Sexton, D. L. and Kasarda, J. M. (Eds.): *The state of the art of entrepreneurship*, pp. 17-45, Boston.

Boyd, N. G. and Vozikis, G. S. (1994): "The influence of self-efficacy on the development of entrepreneurial intentions and actions" in: *Entrepreneurship: Theory and Practice*, Vol. 18, No. 4, pp. 63-77.

Brock, W. A. and Durlauf, S. N. (2001): "Interactions-based models" in: *Handbook of econometrics*, Vol. 5, No. pp. 3297-3380.

Brockhaus, R. H. (1980): "Risk taking propensity of entrepreneurs" in: *Academy of Management Journal*, Vol. 23, No. 3, pp. 509-520.

Brockhaus, R. H. (1987): "Entrepreneurial Folklore" in: *Journal of Small Business Management*, Vol. 25, No. pp. 1-6.

Brockhaus, R. H. (1994): "Entrepreneurship and Family Business Research: Comparisons, Critique, and Lessons" in: *Entrepreneurship: Theory and Practice*, Vol. 19, No. 1, pp. 25-38.

Brockhaus, R. H. and Horwitz, P. S. (1982): "The psychology of the entrepreneur" in: Kent, C., Sexton, D. and Vesper, K. (Eds.): *The Encyclopaedia of Entrepreneurship*, pp. 25-48, Englewood Cliffs.

Brown, R. (1990): "Encouraging enterprise: Britain's graduate enterprise program" in: *Journal of Small Business Management*, Vol. 28, No. 4, pp. 71-77.

Brown, M. B. and Forsythe, A. B. (1974): "Robust tests for the equality of variances" in: *Journal of the American Statistical Association*, Vol. 69, No. 346, pp. 364-367.

Budd, R. J. (1987): "Response bias and the theory of reasoned action" in: *Social Cognition*, Vol. 5, No. 2, pp. 95-107.

Burris, R. W. (1976): "Human Learning" in Dunnette, M. D. (Ed.): *Handbook of industrial and organizational psychology*, Chicago IL.

Carland, J. W., Hoy, F., Boulton, W. R. and Carland, J. A. C. (1984): "Differentiating entrepreneurs from small business owners: A conceptualization" in: *Academy of Management Review*, Vol. 9, No. 2, pp. 354-359.

Carrier, C. (2005): "Pedagogical challenges in entrepreneorship education" in: Kyrö, P. and Carrier, C. (Eds.): *The dynamics of learning entrepreneurship in a cross-cultural university context*, pp. 136-158, Hämmeenlinna.

Carsrud, A. L., Gaglio, C. M. and Olm, K. W. (1987): "Entrepreneurs-mentors, networks, and successful new ventore development: an exploratory study" in: *American Journal of Small Business*, Vol. 12, No. 2, pp. 13-18.

Cattell, R. B. (1943): "The description of personality: Basic traits resolved into clusters" in: *Journal of Abnormal and Social Psychology*, Vol. 38, No. 4, pp. 476-506.

Chamard, J. (1989): "Public education: Its effect on entrepreneurial characteristics" in: *Journal of Small Business and Entrepreneurship*, Vol. 6, No. 2, pp. 23-30.

Chamorro-Premuzic, T. and Furnham, A. (2005): *Personality and intellectual competence*, Mahwah NY.

Chandler, G. N. and Lyon, D. W. (2001): "Issues of Research Design and Construct Measurement in Entrepreneurship Research: The Past Decade" in: *Entrepreneurship: Theory and Practice*, Vol. 25, No. 4, pp. 101-114.

Chen, C. C., Greene, P. G. and Crick, A. (1998): "Does entrepreneurial self efficacy distinguish entrepreneurs from managers?" in: *Journal of Business Venturing*, Vol. 13, No. 4, pp. 295-316.

Chrisman, J. J. (1997): "Program Evaluation and the Ventore Development Program at the University of Calgary: A Research Note" in: *Entrepreneurship Theory and Practice*, Vol. 22, No. 1, pp. 59-74.

Clark, B. W. , Davis, C. H. and Harnish, V. C. (1984): "Do courses in entrepreneurship aid in new ventore creation?" in: *Journal of Small Business Management*, Vol. 22, No. 2, pp. 26-31.

Coleman, J. S. , Campbell, E. , Hobson, C. , McPartland, J. , Mood, A. , Weinfield, F. and York, R. (1966): "Equality of educational opportunity Washington", U. S. Department of Health, Education, and Welfare, Office of Education.

Colquit, J. A. , LePine, J. A. and Noe, R. A. (2000): "Toward an integrative theory of training motivation: A meta-analytic path analysis of 20 years of research" in: *Journal of Applied Psychology*, Vol. 85, No. 5, pp. 678-707.

Conner, M. and Armitage, C. J. (1998): "Extending the Theory of Planned Behavior: A Review and Avenues for Further Research" in: *Journal of Applied Social Psychology*, Vol. 28, No. 15, pp. 1429-1464.

Cooper, A. C. (1985): "The role of incubator organizations in the founding of growth-oriented firms" in: *Journal of Business Venturing*, Vol. 1, No. 1, pp. 75-86.

Cooper, A. C. (1993): "Challenges in predicting new firm performance" in: *Journal of Business Venturing*, Vol. 8, No. 3, pp. 241-253.

Costa, P. T. , McCrae, R. R. and Holland, J. L. (1984): "Personality and vocational interests in an adult sample" in: *Journal of Applied Psychology*, Vol. 69, No. 3, pp. 390-400.

Cox, L. W. (1996): "The Goals and Impact of Educational Interventions in the Early Stages of Entrepreneur Career Development", Internationalising Entrepreneurship Education and Training Conference, Arnbem.

Cox, L. W. , Mueller, S. L. and Moss, S. E. (2002): "The impact of entrepreneurship education on entrepreneurial self-efficacy" in: *International Journal of Entrepreneurship Education*, Vol. 1, No. 2, pp. 229-245.

Curran, J. and Stanworth, J. (1989): "Education and training for enterprise: Problems of classification, evaluation, policy and research" in: *International Small Business Journal*, Vol. 7, No. 2, pp. 11-22.

Davidsson, P. (1995): "Determinants Of Entrepreneurial Intentions", RENT IX Workshop, Piacenza.

Dean, M. A. , Conte, J. M. and Blankenhorn, T. R. (2006): "Examination of the predictive validity of Big Five personality dimensions across training performance criteria" in: *Personality and Individual Differences*, Vol. 41, No. 7, pp. 1229-1239.

Delmar, F. and Davidsson, P. (2000): "Where do they come from? Prevalence and characteristics of nascent entrepreneurs" in: *Entrepreneurship and Regional Development*, Vol. 12, No. 1, pp. 1-23.

De Meza, D. (2002):"Overlending?" in: *Economic Journal*, Vol. 112, No. 477, pp. 17-31.

De Meza, D. and Southey, C. (1996):"The borrower's curse: Optimism, finance and entrepreneurship" in: *The Economic Journal*, Vol. 106, No. 435, pp. 375-386.

De Noble, A. F., Jung, D. and Ehrlich, S. B. (1999):"Entrepreneurial self efficacy: The development of a measure and its relationship to entrepreneurial action", Frontiers of Entrepreneurship Research, Babson.

De Raad, B. and Schouwenburg, H. C. (1996):"Personality in learning and education: a review" in: *European Journal of Personality*, Vol. 10, No. 5, pp. 303-336.

Dietrich, H. (1999):"Empirische Befunde zur selbständigen Erwerbstätigkeit unter besonderer Beräcksichtigung scheinselbständiger Erwerbsverhältnisse " in: *Mitteilungen aus der Arbeitsmarkt-und Berufsforschung*, Vol. 32, No. 1, pp. 85-101.

Donckels, R. (1991):"Education and entrepreneurship experiences from secondary and university education in Belgium" in: *Journal of Small Business*, Vol. 9, No. 1, pp. 35-42.

Drucker, P. F. (1985): *Innovation and Entrepreneurship*, New York.

Epple, D. and Romano, R. E. (1998):"Competition between private and public schools, vouchers, and peer-group effects" in: *The American Economic Review*, Vol. 88, No. 1, pp. 33-62.

Epstein, S. (1984):" Entwurf einer integrativen Persönlichkeitstheorie " in: *Selbstlwnzepiforschung. Probleme, Befonde, Perspektiven*, Vol. 2, No. pp. 15-45.

Epstein, S. and O'Brien, E. J. (1985):"The personnsitunation debate in historical and current perspective" in: *Psychological Bulletin*, Vol. 98, No. 3, pp. 513-537.

European Commission (2006):" Entrepreneurship Education in Europe: Fostering Entrepreneurial Mindsets through Education and Learning".

Eysenck, H. J. (1992):"Personality and education: The influence of extraversion, neuroticism and psychoticism" in: *Zeitschrift for Pädagogische Psychologie/ German Journal of Educational Psychology*, Vol. 2, No. pp. 133-144.

Facteau, J. D., Dobbins, G. H., Russell, J. E. A., Ladd, R. T. and Kudisch, J. D. (1995):"The influence of general perceptions of the training environment on pretraining motivation and perceived training transfer " in: *Journal of Management*, Vol. 21, No. 1, pp. 1-25.

Falck, O., Heblich, S. and Luedemann, E. (2010):"Identity and entrepreneurship: do school peers shape entrepreneurial intentions?" in: *Small Business Economics*, Vol. 35, No. pp. 1-21.

Fayolle, A. , Gailly, B. and Lassas-Clerc, N. (2006a):"Effect and Counter-effect of Entrepreneurship Education and Social Context on Student's Intentions" in: *Estudios de Economia Aplicada*, Vol. 24, No. 2, pp. 509-523.

Fayolle, A. , Gailly, B. and Lassas-Clerc, N. (2006b):"Assessing the impact of entrepreneurship education programmes: a new methodology" in: *Journal of European Industrial Training*, Vol. 30, No. 9, pp. 701-720.

Fiet, J. O. (2001):"The theoretical side of teaching entrepreneurship" in: *Journal of Business Venturing*, Vol. 16, No. 1, pp. 1-24.

Fishbein, M. and Ajzen, I. (1975): *Belief, attitude, intention and behavior: An introduction to theory and research*, Reading.

Fishbein, M. and Ajzen, I. (2010): *Predicting and changing behavior: The reasoned action approach*, New York.

Foster, G. (2006):"It's not your peers, and it's not your friends: Some progress toward understanding the educational peer effect mechanism" in: *Journal of Public Economics*, Vol. 90, No. 8-9, pp. 1455-1475.

Frank, H. , Lueger, M. and Korunka, C. (2007):"The significance of personality in business start-up intentions, start-up realization and business success" in: *Entrepreneurship & Regional Development*, Vol. 19, No. 3, pp. 227-251.

Franke, N. and Lüthje, C. (2004):"Entrepreneurial Intentions of Business Students: A Benchmarking Study" in: *International Journal of Innovation and Technology Management*, Vol. 1, No. 3, pp. 269-288.

Fritsch, M. and Müller, P. (2008):"The effect of new business formation on regional development over time: the case of Germany" in: *Small Business Economics*, Vol. 30, No. 1, pp. 15-29.

Garavan, T. N. and O'Cinneide, B. (1994a):"Entrepreneurship Education and Training Programmes: A Review and Evaluation—Part 1" in: *Journal of European Industrial Training*, Vol. 18, No. 11, pp. 13-21.

Garavan, T. N. and O'Cinneide, B. (l994b):"Entrepreneurship Education and Training Programmes:: A Review and Evaluation—Part 2" in: *Journal of European Industrial Training*, Vol. 18, No. 11, pp. 13-21.

Gartner, W. B. (1988):"Who is an entrepreneur? Is the wrong question" in: *American Journal of Small Business*, Vol. 12, No. 4, pp. 11-32.

Gasse, Y. (1985):"A strategy for the promotion and identification of potential entrepreneurs at the secondary school level", Frontiers of Entrepreneurship Research, Babson.

Gatewood, E. J. , Shaver, K. G. , Powers, J. B. and Gartner, W. B. (2002):"Entrepreneurial Expectancy, Task Effort, and Performance" in: *Entrepreneurship: Theory and*

Practice, Vol. 27, No. 2, pp. 187-207.

Gaviria, A. and Raphael, S. (2001): "School-Based Peer Effects and Juvenile Behavior" in: *Review of Economics and Statistics*, Vol. 83, No. 2, pp. 257-268.

Giannetti, M. and Simonov, A. (2009): "Social interactions and entrepreneurial activity" in: *Journal of Economics & Management Strategy*, Vol. 18, No. 3, pp. 665-709.

Gibb, A. A. (1987): "Education for enterprise: training for small business initiation—some contrasts" in: *Journal of Small Business and Entrepreneurship*, Vol. 4, No. 3, pp. 42-70.

Gibb Dyer, W. (1994): "Toward a Theory of Entrepreneurial Careers" in: *Entrepreneurship Theory and Practice*, Vol. 19, No. 2, pp. 7-21.

Giner-Sorolla, R. (1999): "Affect in attitude" in: Chaiken, S. and Trope, Y. (Eds.): *Dual process theories in social psychology*, pp. 441-461, New York.

Gist, M. E. and Mitchell, T. R. (1992): "Self-efficacy: A theoretical analysis of its determinants and malleability" in: *Academy of Management Review*, Vol. 17, No. 2, pp. 183-211.

Goldberg, L. R. (1992): "The development of markers for the Big-Five factor structure" in: *Psychological assessment*, Vol. 4, No. 1, pp. 26-42.

Goldstein, I. and Ford, J. (2002): *Training in organizations: Needs assessment, development, and evaluation*, Belmont CA.

Gompers, P., Lerner, J. and Scharfstein, D. (2005): "Entrepreneurial Spawning: Public Corporations and the Genesis of New Ventures, 1986 to 1999" in: *The Journal of Finance*, Vol. 60, No. 2, pp. 577-614.

Gorman, G., Hanlon, D. and King, W. (1997): "Some Research Perspectives on Entrepreneurship Education, Enterprise Education and Education for Small Business Management: A Ten Year Literature Review" in: *International Small Business Journal*, Vol. 15, No. 3, pp. 56-77.

Gosling, S. D., Rentfrow, P. J. and Swann, W. B. (2003): "A very brief measure of the Big-Five personality domains" in: *Journal of Research in Personality*, Vol. 37, No. 6, pp. 504-528.

Gough, H. G. (1966): "Graduation from high school as predicted from the California psychological inventory" in: *Psychology in the Schools*, Vol. 3, No. 3, pp. 208-216.

Gundry, L. K. and Welch, H. P. (2001): "The ambitious entrepreneur: High growth strategies of women-owned enterprises" in: *Journal of BusinessVenturing*, Vol. 16, No. 5, pp. 453-470.

Gupta, A. (1992): "The informal education of the Indian entrepreneur" in: *Journal of*

Small Business and Entrepreneurship, Vol. 9, No. 4, pp. 63-70.

Hack, A., Rettberg, F. and Witt, P. (2008): "Grundungsausbildung und Grundungsabsicht: eine empirische Untersuchung an der TU Dortmund" in: *ZfKE-Zeitschrift für KMU und Entrepreneurship*, Vol. 56, No. 3, pp. 148-171.

Hagen, E. E. (1962): *On the Theory of Social Change. How Economic Growth Begins*, Homewood, IL.

Hamilton, B. H. (2000): "Does entrepreneurship pay? An empirical analysis of the returns of self-employment" in: *Journal of Political Economy*, Vol. No. pp. 604-631.

Hansemark, o. C. (1998): "The effects of an entrepreneurship programme on need for achievement and locus of control of reinforcement" in: *International Journal of Entrepreneurial Behaviour & Research*, Vol. 4, No. 1, pp. 28-50.

Hansemark, O. C. (2003): "Need for achievement, locus of control and the prediction of business start-ups: A longitudinal study" in: *Journal of Economic Psychology*, Vol. 24, No. 3, pp. 301-319.

Hanushek, E. A. (1998): "Conclusions and controversies about the effectiveness of school resources" in: *Economic Policy Review*, Vol. 4, No. 1, pp. 11-27.

Hanushek, E. A., Kain, J. F., Markman, J. M. and Rivkin, S. G. (2003): "Does peer ability affect student achievement?" in: *Journal of Applied Econometrics*, Vol. 18, No. 5, pp. 527-544.

Harhoff, D. (1999): "Finn formation and regional spillovers-evidence from Germany" in: *Economics of Innovation and New Technology*, Vol. 8, No. 1, pp. 27-55.

Hayton, J. C., George, G. and Zahra, S. A. (2002): "National Culture and Entrepreneurship: A Review of Behavioral Research" in: *Entrepreneurship: Theory and Practice*, Vol. 26, No. 4, pp. 33-53.

Heckman, J. J. (1979): "Sample selection bias as a specification error" in: *Econometrica: Journal of the econometric society*, Vol. 47, No. 1, pp. 153-161.

Henry, C., Hill, F. M. and Leitch, C. M. (2004): "The Effectiveness of Training for New Business Creation: A Longitudinal Study" in: *International Small Business Journal*, Vol. 22, No. 3, pp. 249-269.

Henry, C., Hill, F. and Leitch, C. (2005): "Entrepreneurship education and training: can entrepreneurship be taught? Part I" in: *Education+ Training*, Vol. 47, No. 2, pp. 98-111.

Hills, G. E. (1988): "Variations in university entrepreneurship education: an empirical study of an evolving field" in: *Journal of Business Venturing*, Vol. 3, No. 2, pp. 109-22.

Hills, G. E. and Morris, M. H. (1998): "Entrepreneurship education: A conceptual model and review" in:Scott,M. G. ,Rosa,P. and Klandt,H. (Eds.): *Educating entrepreneurs for wealth creation*,pp. 38-58,Hants.

Honig,B. (2004):"Entrepreneurship education:Toward a model of contiogency-based business planniog" in:*Academy of Management Learning & Education*,Vol. 3, No. 3,pp. 258-273.

Hornaday,J. A. (1982):"Research about living entrepreneurs" in: Kent, C. A. , Sexton,D. and Vesper,K. H. (Eds.):*Encyclopedia of entrepreneurship*" pp. 21-22,Englewood Cliffs.

Hostager,T. J. and Decker,R. L. (1999):"The effects of an entrepreneurship program on achievement motivation: A preliminary study",Small Business Institute Director's Association,San Francisco.

Hoxby,C. M. (2001):"Peer effects in the classroom:Learning from gender and race variation",National Bureau of Economic Research Cambridge,MA.

Iacus,S. M. ,King,G. and Porro,G. (2008):"Matching for causal inference without balance checking",Working Paper,Harvard University.

Iacus,S. M. ,King,G. and Porro,G. (2009):"CEM:Software for Coarsened Exact Matching" in:*Journal of Statistical software*,Vol. 30,No. 9,pp. 1-27.

Iacus,S. M. ,King,G. and Porro,G. (2011):"Multivariate matching methods that are monotonic imbalance bounding" in: *Journal of the American Statistical Association*,Vol. 106,No. 493,pp. 345-361.

Isfan,K. , Moog, P. and Backes-Gellner,U. (2004):"Die Rolle der Hochschullehrer für Gründungen aus deutschen Hochschulen-tlrste empirische Erkenntnisse" in: Achleituer, A. -K. (Ed.):*Jahrbuch Entrepreneurship*, Berlin 2004,pp. 339-361.

Jamieson,I (1984):"Schools and enterprise" in: Watts, A. G. and Moran,P. (Eds.): *Education for Enterprise*,pp. 19-27,Cambridge.

Johannisson,B. (1991):"University training for entrepreneurship:Swedish approaches" in: *Entrepreneurship & Regional Development*,Vol. 3,No. 1,pp. 67-82.

Kaiser,H. F. (1970):"A second generation little jiffy" in:*Psychometrika*, Vol. 35, No. 4,pp. 401-415.

Kandel,E. and Lazear,E. P. (1992):"Peer Pressure and Partuerships" in:*The Journal of Political Economy*,Vol. 100,No. 4,pp. 801-817.

Kang,C. (2007):"Academic interactions among classroom peers:a crosscountry comparison using TIMSS" in: *Applied Economics*, Vol. 39,No. 12,pp. 1531-1544.

Kantor,J. (1988):"Can entrepreneurship be taught? —a Canadian experiment" in: *Journal of Small Business and Entrepreneurship*,Vol. 5,No. 4,pp. 12-19.

Katz, J. (1992):" Modeling entrepreneurial career progressions: Concepts and considerations" in:*Entrepreneurship Theory and Practice*,Vol. 19,No. 2,pp. 23-

39.
Katz, J. and Gartner, W. B. (1988):"Properties of emerging organizations" in: *Academy of Management Review*, Vol. 13, No. 3, pp. 429-441.

Kelley, D., Bosma, N. and Amorós, J. E. (2010):"Global Entrepreneurship Monitor: 2010 Global Report".

Kickul, J., Gundry, L. and Whitcanack, L. (2009):"Intuition versus Analysis?: Testing differential models of cognitive style on entrepreneurial self-efficacy and intentionality" in: *Entrepreneurship Theory and Practice*, Vol. March 2009, No. pp. 439-453

Kim, M. S. and Hunter, J. E. (1993):"Relationships among attitudes, behavioral intentions, and behavior: A meta-analysis of past research, part 2" in: *Communication Research*, Vol. 20, No. 3, pp. 331-364.

Klandt, H. and Heil, A. H. (2001):"FGF-Report: Gründungslehrstühle 2001. Eine Studie zum Stand der Gründungsprofessuren an deutschsprachigen Hochschulen." Förderkreis Gründungs-Forschung eV, Oestrich-Winkel.

Klandt, H., Koch, L. T., Schmude, J. and Knaup, U. (2008): "EntrepreneurshipProfessuren and deutschsprachigen Hochschulen: Ausrichtung, Organisation und Vernetzung." Förderkreis Gründungs-Forschung eV, Oestrich-Winkel.

Kolvereid, L. (1996a):"Prediction of Employment Status Choice Intentions" in: *Entrepreneurship: Theory and Practice*, Vol. 21, No. 1, pp. 47-57.

Kolvereid, L. (1996b):"Organizational Employment versus Self-Employment: Reasons for Career Choice Intentions" in: *Entrepreneurship: Theory and Practice*, Vol. 20, No. 3, pp. 23-31.

Kolvereid, L. and Isaksen, E. (2006):"New business start-up and subsequent entry into self-employment" in: *Journal of Business Venturing*, Vol. 21, No. 6, pp. 866-885.

Kolvereid, L. and Moen, ф. (1997):"Entrepreneurship among business graduates: does a major in entrepreneurship make a difference?" in: *Journal of European Industrial Training*, Vol. 21, No. 4, pp. 154-160.

Kourilsky, M. L. (1995):"Entrepreneurship education: Opportunity in search of curriculum", Kauffman Center for Entrepreneurial Leadership, Kauffman Foundation.

Kourilsky, M. L. and Walstad, W. B. (1998):"Entrepreneurship and female youth: knowledge, attitudes, gender differences, and educational practices" in: *Journal of Business Venturing*, Vol. 13, No. 1, pp. 77-88.

Krueger, N. F. (1993):"The Impact of Prior Entrepreneurial Exposure on Perceptions of New Venture Feasibility and Desirability" in: *Entrepreneurship: Theory and Practice*, Vol. 18, No. 1, pp. 5-21.

Krueger, N. F. and Brazeal, D. V. (1994): "Entrepreneurial Potential and Potential Entrepreneursll in: *Entrepreneurship: Theory and Practice*, Vol. 18, No. 3, pp. 91-104.

Krueger, N. F. and Carsrud, A. L. (1993): "Entrepreneurial intentions: Applying the theory of planned behaviour" in: *Entrepreneurship & Regional Development*, Vol. 5, No. 4, pp. 315-330.

Krueger, N. F., Reilly, M. D. and Carsrud, A. L. (2000): "Competing models of entrepreneurial intentions" in: *Journal of Business Venturing*, Vol. 15, No. 5-6, pp. 411-432.

Kulicke, M. (2006): *EXIST —Existenzgriindungen aus Hochschulen - Bericht der wissenschaftlichen Begleitung zum Förderzeitraum 1998 his 2005*, Stuttgart.

Kuratko, D. F. (2005): "The emergence of entrepreneurship education: development, trends, and challenges" in: *Entrepreneurship Theory and Practice*, Vol. 29, No. 5, pp. 577-598.

Lent, R. W. (1994): "Toward a unifying social cogoitive theory of career and academic interest, choice, and performance" in: *Journal of Vocational Behavior*, Vol. 45, No. 1, pp. 79-122.

Lerner, J. and Malmendier, U. (2011): "With a little help from my (random) friends: Success and failure in post-business school entrepreneurship", National Bureau of Economic Research.

Levene, H. (1960): "Robust Tests for Equality of Variances" in: Olkin, I., Ghurye, S. G., Hoeffding, W., Madow, W. G. and Mann, H. B. (Eds.): *Contributions to probability and statistics: Essays in honor of Harold Hotelling*, pp. 278-292, Menlo Park.

Linán, F. (2004): "Intention-based models of entrepreneurship education" in: *Piccolla Impresa/Small Business*, Vol. 3, No. pp. 11-35.

Linán, F. and Chen, Y. W. (2009): "Development and cross-cultural application of a specific instrument to measure entrepreneurial intentions" in: *Entrepreneurship Theory and Practice*, Vol. 33, No. 3, pp. 593-617.

Lindsay, P. H. and Norman, D. A. (1977): *An introduction to psychology*, New York.

Lüthje, C. and Franke, N. (2002): "Fostering entrepreneurship through university education and training: Lessons from Massachusetts Institute of Technology", Innovative Research in Management, Stockhohn.

Manski, C. F. (1993): "Identification of endogenous social effects: The reflection problem" in: *The Review of Economic Studies*, Vol. 60, No. 3, pp. 531-542.

Manski, C. F. (2000); "Economic analysis of social interactions" in: *The Journal of Economic Perspectives*, Vol. 14, No. 3, pp. 115-136.

Manski, C. F. (2010). "Identification of treatment response with social interactions. " Northwestern University Department of Economics working paper.

Markman, G. D., Balkin, D. B. and Baron, R. A. (2002); "Inventors and New Ventore Formation: The Effects of General Self-Efficacy and Regretful Thinking" in: *Entrepreneurship: Theory and Practice*, Vol. 27, No. 2, pp. 149-166.

Matthews, C. H. and Moser, S. B. (1996); "A longitodinal investigation of the impact of family background and gender on interest in small firm ownership" in: *Journal of Small Business Management*, Vol. 34, No. 2, pp. 29-43.

McCall, M. W., Lombardo, M. M. and Morrison, A. M. (1988); *The lessons of experience: How successful executives develop on the job*, Lexington.

McClelland, D. C. (1961); *The Achieving society*, New York

McMullan, W. E., Chrisman, J. J. and Vesper, K. (2001); "Some problems in using subjective measures of effectiveness to evaluate entrepreneurial assistance programs" in: *Entrepreneurship: Theory and Practice*, Vol. 26, No. 1, pp. 37-55.

McMullan, W. E. and Gillin, L. M. (1998); "Developing technological start-up entrepreneurs: a case study of a graduate entrepreneurship programme at Swinburne University" in: *Technovation*, Vol. 18, No. 4, pp. 275-293.

McMullan, W. E. and Long, W. (1987); "Entrepreneurship education in the nineties" in: *Journal of Business Venturing*, Vol. 2, No. 3, pp. 261-275.

McMullan, E., Long, W. and Wilson, A. (1985); " MBA concentration on entrepreneurship" in: *Journal of Small Business*, Vol. 3, No. 1, pp. 18-22.

Meyer, B. (1995); "Natural and Quasi-Experiments in Economics" in: *Journal of Business and Economic Statistics*, Vol. 13, No. 2, pp. 151-161.

Middleton Jr, G. and Guthrie, G. M. (1959); "Personality syndromes and academic achievement" in: *Journal of Educational Psychology*, Vol. 50, No. 2, pp. 66-69.

Miller, G. A. (1956); "The magical number seven, plus or minus two: some limits on our capacity for processing information" in: Psychological review, Vol. 63, No. 2, pp. 81-97.

Minniti, M. and Bygrave, W. (2001); "A Dynamic Model of Entrepreneurial Learning" in: *Entrepreneurship: Theory and Practice*, Vol. 25, No. 3, pp. 5-16.

Mischel, W. (1968); *Personality and assessment*, New York.

Mitchell, R. K., Busenitz, L., Lant, T., McDougall, P. P., Morse, E. A. and Smith, J. B. (2002); "Toward a Theory of Entrepreneurial Cognition: Rethinking the People Side of Entrepreneurship Research" in: *Entrepreneurship Theory and Practice*, Vol. 27, No. 2, pp. 93-104.

Mueller, S. L. and Thomas, A. S. (2001): "Cultute and entrepreneurial potential: A nine country study of locus of control and innovativeness" in: *Journal of Business Venturing*, Vol. 16, No. 1, pp. 51-75.

Nanda, R. and Smensen, J. B. (2010): "Workplace Peers and Entrepreneurship" in: *Management Science*, Vol. 56, No. 7, pp. 1116-1126.

Norman, W. T. (1963): "Toward an adequate taxonomy of personality attributes: Replicated factor structure in peer nomination personality ratings" in: *Journal of Abnormal and Social Psychology*, Vol. 66, No. 6, pp. 574-583.

Notani, A. S. (1998): "Moderators of perceived behavioral control's predictiveness in the theory of planned behavior: A meta-analysis" in: *Journal of Consumer Psychology*, Vol. 7, No. 3, pp. 247-271.

Nunnally, J. C. (1978): *Psychometric theory*, New York.

Oakland, J. A. (1969): "Measurement of personality correlates of academic achievement in high school students" in: *Journal of Counseling Psychology*, Vol. 16, No. 5, Part 1, pp. 452-457.

Ogden, J. (2003): "Some problems with social cognition models: A pmgmatic and conceptual analysis" in: *Health Psychology -Hillsdale-*, Vol. 22, No. 4, pp. 424-428.

Oosterbeek, H., van Praag, M. and Ijsselstein, A. (2010): "The impact of entrepreneurship education on entrepreneurship skills and motivation" in: *European Economic Review*, Vol. 54, No. 3, pp. 442-454.

Ouellette, J. A. and Wood, W. (1998): "Habit and intention in everyday life: The multiple processes by which past behavior predicts future behavior" in: *Psychological Bulletin*, Vol. 124, pp. 54-74.

Peter, J. P. (1979): "Reliability: A review of psychometric basics and recent marketing practices" in: *Journal of Marketing Research*, Vol. 16, No. 1, pp. 6-17.

Peterman, N. E. and Kennedy, J. (2003): "Enterprise Education: Influencing Students' Perceptions of Entrepreneurship" in: *Entrepreneurship Theory and Practice*, Vol. 28, No. 2, pp. 129-144.

Plaschka, G. R. and Welsch, H. P. (1990): "Emerging structures in entrepreneurship education: curricular designs and strategies" in: *Entrepreneurship Theory and Practice*, Vol. 14, No. 3, pp. 55-71.

Randall, D. M. and Wolff, J. A. (1994): "The time interval in the inteotion behaviour relationship: Meta-analysis" in: *British Journal of Social Psychology*, Vol. 33, No. pp. 405-418.

Rauch, A. and Frese, M. (2007): "Born to be an entrepreneur? Revisiting the personality approach to entrepreneurship" in: Baum, J. R., Frese, M. and Baron,

R. A. (Eds.): *The psychology of entrepreneurship*, pp. 41-65.

Reuber, R., Dyke, L. and Fischer, E. M. (1990): "Experientially acquired knowledge and Entrepreneurial venture success", Academy of Management Best Paper Proceedings.

Reynolds, P. D. (1997): "Who Starts New Firms? --Preliminary Explorations of Firms-in-Gestation" in: *Small Business Economics*, Vol. 9, No. 5, pp. 449-462.

Reynolds, P., Storey, D. J. and Westhead, P. (1994): "Cross-national Comparisons of the Variation in New Firm Formation Rates" in: *Regional Studies*, Vol. 28, No. 4, pp. 443-456.

Robinson, P. B., Stimpson, D. V., Hueilier, J. C. and Hunt, H. K. (1991): "An attitude approach to the prediction of entrepreneurship" in: *Entrepreneurship Theory and Practice*, Vol. 15, No. 4, pp. 13-31.

Rogers, J. L., Howard, K. I. and Vessey, J. T. (1993): "Using significance tests to evaluate equivalence between two experimental groups" in: *Psychological Bulletin*, Vol. 113, No. 3, pp. 553-565.

Rondstadt, R. (1990): "The educated entrepreneur: A new era of entrepreneurial education is beginning" in: Kent, C. (Eds.): *Entrepreneurship education: Current developments, future directions*, pp. 69-88, Westport.

Ross, L. and Ward, A. (1996): "Naive realism in everyday life: Implications for social conflict and misunderstanding" in: Brown, T., Reed, E. and Turiel, E. (Eds.): *Values and knowledge*, pp. 103-136, Mahwah.

Rothstein, M. G., Paunonen, S. V., Rush, J. C. and King, G. A. (1994): "Personality and Cognitive Ability Predictors of Performance in Graduate Business School" in: *Journal of Educational Psychology*, Vol. 86, No. 4, pp. 516-530.

Sacerdote, B. (2001): "Peer Effects with Random Assignment: Results for Dartmouth Roommates" in: *Quarterly Journal of Economics*, Vol. 116, No. 2, pp. 681-704.

Salgado, J. F. (1997): "The Five Factor Model of Personality and Job Performance in the European Community" in: *Journal of Applied Psychology*, Vol. 82, No. 1, pp. 30-43.

Sandberg, T. and Conner, M. (2008): "Anticipated regret as an additional predictor in the theory of planned behaviour: A meta-analysis" in: *British Journal of Social Psychology*, Vol. 47, No. 4, pp. 589-606.

Sapsford, R. (2007): *Survey research*, London.

Saxenian, A. L. (1996): *Regional advantage: Culture and competition in Silicon Valley and Route 128*, Cambridge MA.

Scherer, R. F., Adams, J. S., Carley, S. S. and Wiebe, F. A. (1989): "Role model performance effects on development of entrepreneurial career preference" in:

Entrepreneurship Theory and Practice, Vol. 13, No. 3, pp. 53-71.

Schmit, M. J. and Ryan, A. M. (1993): "The Big Five in Personnel Selection: Factor Structure in Applicant and Nonapplicant Populations" in: *Journal of Applied Psychology*, Vol. 78, No. 6, pp. 966-974.

Schneeweis, N. and Winter-Ebmer, R. (2007): "Peer effects in Austrian schools" in: *Empirical Economics*, Vol. 32, No. 2, pp. 387-409.

Scott, M. G. and Twomey, D. F. (1988): "The Long-Term Supply of Entrepreneurs: Students' Career Aspirations in Relation to Entrepreneurship" in: *Journal of Small Business Management*, Vol. 26, No. 4, pp. 5-13.

Shadish, W. R., Cook, T. D. and Campbell, D. T. (2002): *Experimental and quasi-experimental designs for generalized causal inference*, Boston, MA.

Shane, S. (2000): "Prior Knowledge and the Discovery of Entrepreneurial Opportunities" in: *Organization Science*, Vol. 11, No. 4, pp. 448-469.

Shane, S. (2004): *Academic entrepreneurship: University spinojft and wealth creation*, Northampton.

Shane, S. (2009): "Why encouraging more people to become entrepreneurs is bad public policy" in: *Small Business Economics*, Vol. 33, No. 2, pp. 141-149.

Shane, S., Locke, E. A. and Collius, C. J. (2003): "Entrepreneurial motivation" in: *Human Resource Management Review*, Vol. 13, No. 2, pp. 257-279.

Shane, S. and Venkataraman, S. (2000): "The promise of entrepreneurship as a field of research" in: *Academy of Management Review*, Vol. 25, No. 1, pp. 217-226.

Shapero, A. (1975): "The displaced uncomfortable Entrepreneur" in: *Psychology Today*, Vol. 8, No. pp. 83-88

Shapero, A. and Sokol, L. (1982): "The social dimensions of entrepreneurship" in: Kent, C., Sexton, D. and Vesper, K. (Eds.): *Encyclopedia of entrepreneurship*, pp. 72-90, Englewood Cliffs.

Sharan, S. (1980): "Cooperative Learning in Small Groups: Recent Methods and Effects on Achievement, Attitudes, and Ethnic Relations" in: *Review of Educational Research*, Vol. 50, No. 2, pp. 241-271.

Shelton, L. M. (2006): "Female entrepreneurs, work-family conflict, and venture performance: New insights into the work-family interface" in: *Journal of Small Business Management*, Vol. 44, No. 2, pp. 285-297.

Shepherd, D. A. and DeTienne, D. R. (2005): "Prior Knowledge, Potential Fiuancial Reward, and Opportunity Identification" in: *Entrepreneurship: Theory and Practice*, Vol. 29, No. 1, pp. 91-113.

Shook, C. L., Priem, R. L. and McGee, J. E. (2003): "Venture creation and the enterprising iudividual: A review and synthesis" in: *Journal of Management*,

Vol. 29, No. 3, pp. 379-399.

Souitaris, V., Zerbiuati, S. and AI-Laham, A. (2007):" Do entrepreneurship programmes raise entrepreneurial intention of science and engineering students? The effect of learniug, inspiration and resources" in: *Journal of Business Venturing*, Vol. 22, No. 4, pp. 566-591.

Stevenson, H. H., Roberts, M. J. and Grousbeck, H. 1. (1989): *New business ventures and the entrepreneur*, Homewook, IL.

Stewart, W. H. (2001):" Risk Propensity Differences Between Entrepreneurs and Managers: A Meta-Analytic Review" in: *Journal of Applied Psychology*, Vol. 86, No. I, pp. 145-153.

Stewart, W. H. and Roth, P. L. (2007):"A Meta Analysis of Achievement Motivation Differences between Entrepreneurs and Managers" in: *Journal of Small Business Management*, Vol. 45, No. 4, pp. 401-421.

Storey, D. J. (2000): *Six steps to heaven: evaluating the impact of public policies to support small businesses in developed economies*, Warwick.

Stuart, T. E. and Ding, W. W. (2006):" When Do Scientists Become Entrepreneurs? The Social Structural Antecedents of Commercial Activity in the Academic Life Sciences" in: *American Journal of Sociology*, Vol. 112, No. I, pp. 97-144.

Timmons, J. A. (1994): *New Venture Creation: Entrepreneurship For The 21ˢᵗ Century*, revised 4th Edition, Chicago.

Tkachev, A. and Kolvereid, L. (1999):" Self-employment intentions among Russian students" in: *Entrepreneurship & Regional Development*, Vol. 11, No. 3, pp. 269-280.

Tubbs, M. E. and Ekeberg, S. E. (1991):"The role of intentions in work motivation: Implications for goal-setting theory and research" in: *Academy of Management Review*, Vol. 16, No. 1, pp. 180-199.

van der Sluis, J., van Praag, M. and Vijverberg, W. (2005):" Entrepreneurship Selection and Performance: A Meta-Analysis of the Impact of Education in Developing Economies" in: *The World Bank Economic Review*, Vol. 19, No. 2, pp. 225-261.

van Praag, C. and Versloot, P. (2007):"What is the value of entrepreneurship? A review of recent research" in: *Small Business Economics*, Vol. 29, No. 4, pp. 351-382.

Veciana, J. M., Aponte, M. and Urbano, D. (2005):" University students' attitudes towards entrepreneurship: A two countries comparison" in: *International Entrepreneurship and Management Journal*, Vol. 1, No. 2, pp. 165-182.

Venkataraman, S. (1997):"The distinctive domain of entrepreneurship research" in:

Advances in entrepreneurship, firm emergence and growth, Vol. 3, No. 1, pp. 119-138.

Vesper, K. H. and Gartner, W. B. (1997): "Measuring progress in entrepreneurship education" in: *Journal of Business Venturing*, Vol. 12, No. 5, pp. 403-421.

Vesper, K. and McMullan, E. (1997): "New venture scholarship versus practice: When entrepreneurship academics try the real thing as applied research" in: *Technovation*, Vol. 17, No. 7, pp. 349-358

von Graevenitz, G., Harhoff, D. and Weber, R. (2010): "The effects of entrepreneurship education" in: *Journal of Economic Behavior & Organization*. Vol. 76, No. 1, pp. 90-112.

Walter, S. G. and Walter, A. (2008): "Deutsche Universitiiten als Gründungsinkubaloren: Der Beitrag der Gründungsausbildung zur Gründungsintention von Slodierenden" in: *Schmalenbachs Zeitschrift flir betriebswirtschafiliche Forschung*, Vol. 60, September 2008, pp. 542-569.

Webb, N. M. (1982): "Slodent Interaction and Learning in Small Groups" in: *Review of Educational Research*, Vol. 52, No. 3, pp. 421-445.

Webb, T. L. and Sheeran, P. (2006): "Does changing behavioral intentions engender behavior change? A meta-analysis of the experimental evidence" in: *Psychological Bulletin*, Vol. 132, No. 2, pp. 249-268.

Webster, J. and Martocchio, J. J. (1995): "The differential effects of software training previews on training outcomes" in: *Journal of Management*, Vol. 21, No. 4, pp. 757-787.

Weinrauch, J. D. (1984): "Educating the entrepreneur: understanding adult learning behaviour" in: *Journal of Small Business Management*, Vol. 22, No. 2, pp. 32-37.

Westlake, W. J. (1976): "Symmetrical confidence intervals for bioequivalence trials" in: *Biometrics*, Vol. 32, No. 4, pp. 741-744.

Westlake, W. J. (1988): "Bioavailability and bioeqnivalence of pharmaceutical formulations" in: Peace, K. E. (Eds.): *Biopharmaceutical statistics for drug development*, pp. 329-352, New York.

Wilson, F., Kickul, J. and Marlino, D. (2007): "Gender, Entrepreneurial Self-Efficacy, and Entrepreneurial Career Intentions: Implications for Entrepreneurship Education 1" in: *Entrepreneurship Theory and Practice*, Vol. 31, No. 3, pp. 387-406.

Whitlock, D. M. and Masters, R. J. (1996): "Influences on business students' decisions to pursue entrepreneurial opportunities or traditional career paths", Proceedings of the Small Business institute Directors Association.

Whitmore, D. (2005):"Resource and peer impacts on girls' academic achievement: Evidence from a randomized experiment" in: *American Economic Review*, Vol. 95, No. 2, pp. 199-203.

Woessmann, L. (2003):"Schooling resources, educational institutions and student performance: the international evidence" in: *Oxford Bulletin of Economics and Statistics*, Vol. 65, No. 2, pp. 117-170.

Woessmann, L. and West, M. (2006):"Class-size effects in school systems around the world: Evidence from between-grade variation in TIMSS" in: *European Economic Review*, Vol. 50, No. 3, pp. 695-736.

Wood, R. and Bandura, A. (1989):"Impact of conceptions of ability on self regulatory mechanisms and complex decision making" in: *Journal of Personality and Social Psychology*, Vol. 56, No. 3, pp. 407-415.

World Economic Forum (2009):"Educating the Next Wave of Entrepreneurs: Unlocking Entrepreneurial Capabilities to Meet the Global Challenges of the 21st Century: A Report of the Global Education Initiative", Switzerland.

Wortman, M. S. (1986):" A unified framework, research typologies, and research prospectoses for the interface between entrepreneurship and small business" in: Sexton, D. and Smilor, R. (Eds.): *The Art and Science of Entrepreneurship*, pp. 273-332, Cambridge.

Wyckham, R. G. (1989):"Ventores launched by participants of an entrepreneurial education program" in: *Journal of Small Business Management*, Vol. 27, No. 2, pp. 54-61.

Zhao, H., Seibert, S. E. and Hills, G. E. (2005):"The Mediating Role of Self-Efficacy in the Development of Entrepreneurial Intentions" in: *Journal of Applied Psychology*, Vol. 90, No. 6, pp. 1265-1272.

Zhao, H., Seibert, S. E. and Lumpkin, G. T. (2010):"The Relationship of Personality to Entrepreneurial Intentions and Performance: A Meta-Analytic Review" in: *Journal of Management*, Vol. 36, No. 2, pp. 381-404.

Zimmerman, D. J. (2003):"Peer effects in academic outcomes: Evidence from a natural experiment" in: *Review of Economics and Statistics*, Vol. 85, No. 1, pp. 9-23.

译后记

"大众创业、万众创新"的时代背景下,创业的重要性已经不言而喻。然而,随着创业教育课程和项目的不断增多,教育者开始不断思索:创业教育到底能对学生产生哪些影响?《创业教育评价》一书,便是对这一问题的理性思索。

在本书中,作者认为创业教育成功与否,不应只看创办企业的数量,抑或是一味追求学生创业意识的提高。相反,作者认为创业教育应该使学生更好地认知自我,更加科学合理地选择职业生涯路径。在此过程中,学生个体创业意识可能会提高,也可能会降低,但是总体趋势应该是更加理性的。"让不适合创业的人去创办企业,对个人将会是心理和经济上的双重灾难"。在研究方法上,作者分别用准实验的方法、贝叶斯更新法以及计量经济学的相关研究方法等对创业意识、学生对个人创业天赋的认识以及同伴效应等与创业教育效果密切相关的因素进行了评价和测量。研究方法令人耳目一新,数据分析严密可信。在提倡创业教育应该面向全体学生开展的今天,对创业教育的评价,不能仅仅局限在创业实体,应该回归学生本身,让思维更加开阔。《创业教育评价》一书的面世,是对以上问题的大胆尝试,对全校性创业教育的开展和评价都具有指导和借鉴意义。

该书的作者是德国青年学者理查德·韦伯博士。他具有非常强的实证研究以及数据分析能力,这与作者曾经在德国雷根斯堡大学学习数学密不可分。攻读博士学位期间,他师从慕尼黑大学迪特马尔·哈霍夫教授进行研究，参与筹建慕尼黑大学创业中心，致力于在该校非商科专业学生中推广创业教育课程，并积极指导学生创业团队。与此同时，作者积极投入商业领域，曾作为顾问加入麦肯锡咨询公司，专注于电子商务、电子商务平台以及数字化，并且积极参与德国互联网搜索领域的新创企业运营，任产品经理。在本书的翻译过程中，我们与作者建立了联系，他十分耐心地为我们解释了相关研究背景，并对译文的多处译法给出了合理化建议。

译著《创业教育评价》能够顺利面世，尤其要衷心感谢丛书主编杨晓慧教授和王占仁教授的悉心指导和全力支持，给团队成员以强大的精神信念支撑；还要感谢浙江大学教育学院的叶映华老师、东北师范大学就业创业教育研究院的刘志老师、刘海滨老师和东北师范大学经济学院的官国宇老师，他们对译著相关术语提供了专业指导；还要感谢汪溢和吴瑕两位老师，她们与我们并肩作战，攻克了很多语言翻译上的难题；杨欣、王安琪、张希汀等三位外语专业研究生帮助完成了大量文字校对工作。

创业之所以魅力无穷，是因为它可以让每一个参与其中的人获得将创意付诸行动的自我实现感。我们也不例外，参与"创新创业教育译丛"的工作，尽管我们团队成员常常夜以继日、加班加点翻译与研讨，但每当大家共同攻克难题，共同找到某个特别合适的中文译法，我们都发自内心感到充实与喜悦。我们以自己最大的诚意，完成着我们的作品，欢迎大家批评指正！

常飒飒　武晓哲

2016 年 7 月 29 日

图书在版编目(CIP)数据

创业教育评价／(德)理查德·韦伯著；常飒飒,武晓哲译.—北京:商务印书馆,2017
(创新创业教育译丛)
ISBN 978-7-100-14360-8

Ⅰ.①创… Ⅱ.①理…②常…③武… Ⅲ.①创造教育—教育评估 Ⅳ.①G40-012

中国版本图书馆 CIP 数据核字(2017)第 146662 号

权利保留,侵权必究。

创新创业教育译丛
杨晓慧　王占仁　主编
创业教育评价
〔德〕理查德·韦伯　著
常飒飒　武晓哲　译
吴瑕　杨欣　王安琪　张希汀　校

商　务　印　书　馆　出　版
(北京王府井大街36号　邮政编码100710)
商　务　印　书　馆　发　行
北　京　冠　中　印　刷　厂　印　刷
ISBN 978-7-100-14360-8

2017年11月第1版　　开本 787×960　1/16
2017年11月北京第1次印刷　印张 19½
定价:54.00元